STEVEN LEVITT nació en 1967, en Estados Unidos, se doctoró en Economía y en la actualidad es profesor en la Universidad de Chicago. Ha recibido, entre otros, el Premio John Bates Clark al mejor economista estadounidense menor de cuarenta años.

STEPHEN J. DUBNER es periodista, vive en Nueva York y publica con frecuencia en el *New York Times* y en el *New Yorker.* Es autor de *Turbulent Souls (Choosing My Religion). Confessions of a Hero-Worshiper* y del libro infantil *The Boy With Two Belly Bottons.*

Fotografía de la cubierta: © Getty Images

Papel certificado por el Forest Stewardship Council®

Título original: *Freakonomics*

Primera edición en B de Bolsillo: marzo de 2007
Decimosexta reimpresión: enero de 2024

Diseño de la cubierta: Chika Azuma
Fotografía de la cubierta: © Getty Images

Printed in Spain – Impreso en España

ISBN: 978-84-96581-81-4
Depósito legal: B-428-2018

Impreso en Liberdúplex
Sant Llorenç d'Hortons (Barcelona)

BB 8 1 8 1 D

Freakonomics

STEVEN D. LEVITT y STEPHEN J. DUBNER

Traducción de Andrea Montero

NOTA EXPLICATIVA

En el verano de 2003, *The New York Times* encargó a Stephen J. Dubner, escritor y periodista, que escribiera un perfil de Steven D. Levitt, un economista joven y aclamado de la Universidad de Chicago.

Dubner, que por aquel entonces trabajaba en un libro acerca de la psicología del dinero, había estado entrevistando a multitud de economistas y halló que con frecuencia éstos hablaban su propio idioma como si se tratase de una cuarta o quinta lengua. Levitt, que acababa de recibir el Premio John Bates Clark (una especie de Premio Nobel para jóvenes economistas), había sido entrevistado recientemente por multitud de periodistas y halló que el pensamiento de éstos no resultaba muy... «sólido», como diría un economista.

Pero Levitt decidió que Dubner no era un completo idiota. Y Dubner creyó que Levitt no era una regla de cálculo humana. El escritor quedó deslumbrado ante el ingenio que demostraba el economista en su trabajo y su don para explicarlo. A pesar de los selectos antecedentes de Levitt —alumno de Harvard, doctorado por el Instituto de Tecnología de Massachusetts, y una gran cantidad de premios—, abordaba la economía de un modo notablemente poco convencional. Parecía contemplar el mundo no tanto como un académico, sino como un explorador inteligente y muy curioso, como un director de documentales, quizás, o un investigador forense, o un corredor de apuestas cuyos mercados variasen desde el deporte al crimen y a la cultura popular. Manifestaba escaso interés por la clase de asuntos monetarios que vienen a la cabeza cuando la mayoría de la gente piensa en la economía; prácticamente se defendía con modestia. «No sé mucho del campo de la economía —le confesó a Dubner en una ocasión, retirándose el cabello de los ojos—. No se me dan bien las matemáticas, y no sé mucho de econometría, y tampoco sé teorizar. Si me preguntas si el mercado de valores está al alza o a la baja, si me preguntas si la economía va a crecer o a hundirse, si me preguntas si la deflación es buena o mala, si me preguntas acerca de los impuestos... quiero decir que mentiría por completo si te dijese que sé algo de alguna de esas cosas.»

Lo que interesaba a Levitt eran los misterios de la vida cotidiana. Sus investigaciones constituían un festín para cualquiera que desease saber cómo funciona realmente el mundo. Su singular actitud fue mencionada por Dubner en el siguiente artículo:

> Para Levitt, la economía es una ciencia que cuenta con herramientas excelentes para la obtención de respuestas, pero que sufre una seria escasez de preguntas interesantes. Su don especial consiste en la capacidad de formular esas preguntas. Por ejemplo: si los traficantes ganan tanto dinero, ¿por qué siguen viviendo con sus madres? ¿Qué es más peligroso: un arma o una piscina? ¿Cuál fue la verdadera causa de que los índices de criminalidad cayesen en picado durante la década pasada? ¿Los agentes inmobiliarios realmente velan por los intereses de sus clientes? ¿Por qué los padres negros ponen a sus hijos nombres que pueden perjudicar su futuro laboral? ¿Los profesores mienten para alcanzar los estándares de alto índice? ¿Es corrupto el sumo?
>
> Muchas personas —incluido un gran número de sus colegas— quizá no reconozcan el trabajo de Levitt como economista. Simplemente ha reducido la denominada ciencia sombría a su objetivo esencial: explicar cómo la gente obtiene lo que desea. A diferencia de la mayoría de los estudiosos, no teme servirse de observaciones y curiosidades personales; tampoco teme la anécdota o la narración de historias (aunque sí tiene miedo al cálculo). Cree en la intuición. Revisa una montaña de datos para hallar una historia que nadie más ha hallado. Inventa el modo de calcular un efecto que economistas veteranos han declarado incalculable. Sus intereses persistentes —pese a que

afirma no haber participado en ellos— son las trampas, la corrupción y el crimen.

Su notoria curiosidad también resultó atractiva a miles de lectores del *New York Times*. Se vio acosado por preguntas y dudas, enigmas y peticiones, tanto por parte de General Motors, los Yankees de Nueva York y senadores estadounidenses, como también de presos y padres, y hasta un hombre que durante veinte años había guardado datos precisos acerca de sus ventas de rosquillas. Un antiguo ganador del Tour de Francia acudió a Levitt para pedirle ayuda con el fin de demostrar que actualmente en el Tour cunde el dopaje; la CIA deseaba saber cómo podría utilizar Levitt los datos para atrapar a blanqueadores de dinero y terroristas.

Todos respondían a la fuerza de la idea subyacente de Levitt: que el mundo moderno, a pesar del exceso de confusión, complicación y descarado engaño, no es inescrutable, no es incomprensible y —si se formulan las preguntas adecuadas— es incluso más fascinante de lo que pensamos. Lo único que se necesita es una nueva forma de ver las cosas.

En la ciudad de Nueva York, los editores le decían que debía escribir un libro.

«¿Escribir un libro? —respondió—. No quiero escribir un libro.» Ya contaba con un millón más de misterios que resolver que tiempo para hacerlo. Y tampoco se creía muy buen escritor. Así que se negó, no le interesaba, «salvo que —propuso— Dubner y yo pudiéramos hacerlo juntos».

La colaboración no está hecha para todo el mundo, pero ambos —en lo sucesivo conocidos como «nosotros»— decidieron hablarlo para comprobar si tal libro podría funcionar. Resolvimos que sí, y esperamos que el lector esté de acuerdo.

PRÓLOGO

En el momento de escribir *Freakonomics*, albergábamos serias dudas de que alguien lo leyera realmente, y sin duda nunca previmos la necesidad de esta edición revisada y ampliada. Pero nos sentimos muy felices, y agradecidos, de habernos equivocado.

¿Y por qué molestarnos con una edición revisada?

Existen varias razones. La primera es que el mundo es algo que vive, respira y cambia, mientras que un libro no lo es. Una vez un autor termina un manuscrito, se ve forzado a permanecer sentado, bloqueado, durante casi un año hasta que el editor lo prepara para su presentación. Esto no supone un problema importante si has escrito, por ejemplo, una historia de la Tercera Guerra Púnica. Sin embargo, dado que *Freakonomics* explora todo tipo de temas relacionados con el mundo moderno, y dado que el mundo moderno tiende a cambiar a gran velocidad, hemos revisado el libro y realizado una serie de actualizaciones menores.

Asimismo, cometimos algunos errores. Normalmente fue un lector quien atrajo nuestra atención sobre el error, y agradecemos enormemente dicha colaboración. De nuevo, la mayor parte de estos cambios son bastante leves.

La parte del libro que se ha revisado de forma más agresiva es el comienzo del capítulo 2, que narra la historia de la cruzada de un solo hombre contra el Ku Klux Klan. Unos meses después de la publicación de *Freakonomics*, se nos llamó la atención acerca de que la descripción de la cruzada de dicho hombre, y de diferentes asuntos relacionados con el Klan, exageraba considerablemente. Para obtener una explicación más detallada, léase el ensayo titulado «Engañados», en la pág. 235. Dado lo desagradable que ha sido conocer este error, y mermar la reputación de un hombre querido en muchos lugares, consideramos importante presentar directamente el archivo histórico.

También hemos modificado la composición del libro. En la versión original, cada capítulo se hallaba precedido de un extracto del perfil que uno de nosotros (Dubner) escribió acerca del otro (Levitt) en *The New York Times Magazine*, y que llevó a que este libro se publicara en primer lugar. Debido a que algunos lectores encontraron estos fragmentos molestos (y/o ególatras, y/o aduladores), los hemos retirado para introducir el artículo completo del *Times* al final de esta edición, en la página 201, en una sección titulada «Material adicional». Así dispuesto, puede saltarse si se desea, o leerse por separado.

El resto del material adicional es lo que nos ha llevado a denominar esta edición «ampliada» en lugar de «revisada». Poco después de la publicación original de *Freakonomics*, en abril de 2005, comenzamos a escribir una columna mensual para *The New York Times Magazine*. Hemos incluido en esta edición varias de dichas columnas, sobre temas que van desde el comportamiento electoral a la caca de perro o la economía de la preferencia sexual.

También hemos incluido aquí diferentes textos de nuestro *blog* (*www.freakonomics.com/blog/*), que, como esta edición revisada, no estaba planeado. Al principio, construimos una página *web* sencillamente para llevar a cabo funciones de archivo y tráfico de datos. Escribíamos a regañadientes, vacilantes y con poca frecuencia. Pero a medida que pasaban los meses, y al descubrir a un público que había leído *Freakonomics* y estaba deseoso de rebatir sus ideas, lo tomamos de un modo más entusiasta. Resulta que un *blog* es el antídoto perfecto para un autor ante esa horrible sensación de hallarse bloqueado una vez ha terminado el manuscrito. Especialmente en el caso de un libro como éste, un libro de ideas, no existe nada más embriagador que ser capaz de ampliar dichas ideas y continuar puliendo y cuestionando y lidiando con ellas, incluso cuando el mundo sigue avanzando.

INTRODUCCIÓN:
EL LADO OCULTO DE TODAS LAS COSAS

A cualquiera que haya vivido en Estados Unidos a principios de los noventa y prestase una pizca de atención a las noticias de la noche o al periódico de cada día se le perdonaría el haberse muerto de miedo.

El culpable era el crimen. Había ido aumentando implacablemente —una gráfica que trazara el índice de criminalidad en cualquier ciudad norteamericana durante las últimas décadas semejaba una pista de esquí de perfil— y parecía anunciar el fin del mundo tal y como lo conocíamos. La muerte por arma de fuego, intencionada o no, se había convertido en algo corriente, al igual que el asalto y el robo de coches, el atraco y la violación. El crimen violento era un compañero horripilante y cotidiano. Y las cosas iban a peor. Así lo afirmaban todos los expertos.

La causa era el denominado «superdepredador». Durante un tiempo estuvo omnipresente: fulminando con la mirada desde la portada de los semanarios, abriéndose paso con arrogancia entre los informes gubernamentales de treinta centímetros de grosor. Era un adolescente canijo de la gran ciudad con una pistola barata en la mano y nada en el corazón salvo crueldad. Había miles como él ahí fuera, nos decían, una generación de asesinos a punto de sumir al país en el más profundo caos.

En 1995, el criminólogo James Alan Fox redactó un informe para la oficina del fiscal general del Estado que detallaba con gravedad el pico de asesinatos perpetrados por adolescentes que se avecinaba. Fox proponía un escenario optimista y otro pesimista. En el escenario optimista, creía que la tasa de homicidios cometidos por adolescentes se incrementaría en otro 15% en la década siguiente; en el escenario pesimista, sería más del doble. «La próxima oleada criminal será de tal envergadura —sentenció—, que hará que 1995 se recuerde como los buenos tiempos.»

Otros criminólogos, politólogos y doctos analistas plantearon el mismo futuro horrible, como lo hizo el presidente Clinton. «Sabemos que tenemos alrededor de seis años para solucionar el problema de la delincuencia juvenil —declaró—, o nuestro país se verá inmerso en el caos y mis sucesores no pronunciarán discursos acerca de las maravillosas oportunidades de la economía global, sino que tratarán de que la gente consiga sobrevivir en las calles de nuestras ciudades.» El dinero de los inversores inteligentes se encontraba claramente en el crimen.

Y entonces, en lugar de seguir aumentando, la criminalidad comenzó a descender. A descender y descender y descender aún más. La caída resultó sorprendente en varios sentidos: era omnipresente, las actividades criminales, en todas sus categorías, disminuían a lo largo y ancho del país; era constante, con descensos cada vez mayores año tras año; y completamente imprevista, sobre todo para los grandes expertos que venían prediciendo lo contrario.

La magnitud del cambio resultaba increíble. El índice de asesinato adolescente, en lugar de aumentar el 100% o incluso el 15%, como había advertido James Alan Fox, cayó más del 50% en cinco años. En 2000, el índice de asesinatos en Estados Unidos había descendido al menor nivel en treinta y cinco años. También lo hicieron los índices de todos los tipos de actos criminales restantes, desde las agresiones hasta los robos de coches.

Aun cuando los expertos no habían anticipado el descenso de la criminalidad —que, de hecho, ya se estaba produciendo cuando realizaron sus espeluznantes predicciones—, ahora se apresuraban a explicarlo. La mayor parte de sus teorías resultaban perfectamente lógicas. La economía emergente de los noventa, argumentaban, ayudó a hacer retroceder el crimen. Fue la proliferación de las leyes para el control de las armas, decían. Era el tipo de estrategias policiales innovadoras que se aplicaron en la ciudad de Nueva York, donde los asesinatos descendieron de 2.262 en 1990 a 540 en 2005.

Estas teorías no sólo eran lógicas, sino que además resultaban alentadoras, porque atribuían el descenso de la criminalidad a iniciativas humanas específicas y recientes. Si lo que había acabado con el crimen era el control de armas y las estrategias policiales inteligentes, bueno, entonces el poder de detener a los criminales siempre se había hallado a nuestro alcance. Como lo haría la siguiente vez, Dios nos libre, que el crimen se agravara de semejante forma.

Estas teorías se abrieron paso, al parecer sin cuestionamiento alguno, desde las bocas de los expertos a los oídos de los periodistas y a la opinión pública. En breve pasaron a formar parte de la sabiduría convencional.

Sólo presentaban un problema: que no eran ciertas.

Entretanto, existía otro factor que había contribuido enormemente al extraordinario descenso de la criminalidad en los noventa. Había tomado forma veinte años antes e implicaba a una joven de Dallas llamada Norma McCorvey.

Como la mariposa del proverbio que bate sus alas en un continente y finalmente provoca un huracán en otro, Norma McCorvey alteró de forma espectacular el curso de los acontecimientos sin pretender hacerlo. Lo único que ella quería era abortar. Era una mujer de veintiún años, pobre, sin educación, no cualificada, alcohólica y consumidora de drogas, que ya había entregado a dos hijos en adopción y ahora, en 1970, se encontraba de nuevo embarazada. Pero en Texas, como en casi todos los estados del país en esa época, el aborto era ilegal. La causa de McCorvey fue adoptada por gente mucho más poderosa que ella. La convirtieron en la litigante principal en una demanda colectiva por la legalización del aborto. El demandado era Henry Wade, fiscal del distrito del Condado de Dallas. El caso llegó finalmente al Tribunal Supremo de Estados Unidos; para entonces, el nombre de McCorvey había sido disfrazado como Jane Roe. El 22 de enero de 1973, el tribunal falló a favor de la señorita Roe, permitiendo así el aborto legalizado en todo el país. Aunque entonces ya era demasiado tarde para que la señorita McCorvey/Roe abortase: había dado a luz y entregado al niño en adopción. (Años más tarde renunciaría a la causa de la legalización del aborto y se convertiría en una activista pro vida.)

En lo que respecta al crimen, resulta que no todos los niños nacen iguales. Ni mucho menos. Décadas de estudios han demostrado que un niño que nace en un entorno familiar adverso tiene muchas más probabilidades de convertirse en un delincuente. Y los millones de mujeres con mayores probabilidades de abortar tras el caso «Roe contra Wade» —madres pobres, solteras, adolescentes para quienes el aborto ilegal resultaba excesivamente costoso o inaccesible— con frecuencia constituían ese modelo de adversidad. Eran esas mujeres cuyos hijos, en caso de nacer, tendrían muchas más probabilidades que la media de convertirse en delincuentes. Pero como consecuencia del caso «Roe contra Wade», esos niños no nacían. Esta causa poderosa tendría un efecto tan drástico como lejano: años más tarde, justo cuando esos niños que no nacieron habrían alcanzado la edad de convertirse en delincuentes, el índice de criminalidad comenzó a caer en picado.

No fue el control de armas o un fuerte crecimiento económico o las nuevas estrategias policiales lo que finalmente atemperó la ola de crimen en Estados Unidos. Fue, entre otros factores, el hecho de que la fuente de criminales potenciales se había visto reducida de forma drástica.

Ahora bien, cuando los expertos en la caída de la criminalidad (antiguos catastrofistas) relataban sus teorías a los medios de comunicación, ¿cuántas veces citaron la legalización del aborto como una causa?

Ninguna.

Contratar a un agente inmobiliario para vender una casa constituye la combinación por excelencia del comercio y la camaradería.

Él evalúa los encantos de la vivienda, toma algunas fotos, establece el precio, redacta un anuncio tentador, muestra la casa con entusiasmo, negocia las ofertas y lleva la operación a buen término. En la venta de una casa valorada en 300.000 dólares, los típicos honorarios del 6% de un agente alcanzan los 18.000 dólares. Dieciocho mil dólares, repetimos: eso es mucho dinero. Pero también es cierto que nunca habríamos podido vender la casa y obtener 300.000 dólares por nuestra cuenta. El agente sabía cómo —¿cuáles fueron sus palabras?— «maximizar el valor de la casa». Nos consiguió la máxima cantidad de dinero posible, ¿no?

¿No?

Un agente inmobiliario no tiene nada que ver con un criminólogo, pero es el verdadero experto. Es decir, conoce su campo mucho mejor que el lego en cuyo nombre actúa. Está más informado acerca del valor de la casa, el estado del mercado inmobiliario, incluso el perfil psicológico del comprador. Dependemos de él por su información. Por eso, en definitiva, hemos contratado a un experto.

A medida que el mundo se ha ido especializando, esos incontables expertos se han hecho a sí mismos igualmente indispensables. Médicos, abogados, contratistas, agentes de Bolsa, mecánicos del automóvil, asesores hipotecarios y financieros... todos ellos disfrutan de una ventaja informativa enorme. Y utilizan esa ventaja para ayudarnos, a nosotros, las personas que les contrataron, a conseguir exactamente lo que queremos al mejor precio.

¿No?

Nos encantaría creerlo. Pero los expertos son humanos, y los humanos responden a incentivos. El modo en que un experto determinado nos trate dependerá de cómo se fijan sus incentivos. En ocasiones estos últimos pueden actuar a nuestro favor. Por ejemplo: un estudio sobre mecánicos de coches de California descubrió que con frecuencia éstos dejaban pasar una factura de alguna pequeña reparación permitiendo que automóviles con problemas superasen las inspecciones técnicas; la razón es que un mecánico indulgente se ve recompensado con un nuevo negocio. Según un estudio médico, en las zonas con índices de natalidad descendentes resultaba mucho más probable que los tocólogos realizasen partos con cesárea que los de zonas en proceso de crecimiento, lo que sugiere que, cuando el negocio va mal, los médicos tratan de registrar (en caja) procedimientos más costosos.

Una cosa es elucubrar acerca del abuso de posición dominante por parte de los expertos y otra demostrarlo. La mejor forma de hacerlo sería comparar cómo nos trata un experto y cómo llevaría a cabo el mismo servicio para sí mismo. Por desgracia, un cirujano no se opera a sí mismo. Ni su historial médico es una cuestión de conocimiento público; ni la reparación del coche del mecánico aparece registrada.

Las ventas inmobiliarias, no obstante, sí son una cuestión de dominio público. Y los agentes inmobiliarios venden sus casas con frecuencia. Un estudio reciente sobre la venta de casi cien mil casas de las afueras de Chicago revela que más de tres mil de éstas pertenecían a los mismos agentes.

Antes de sumergirnos en los datos, formulémonos una pregunta: ¿cuál es el incentivo de un agente inmobiliario cuando vende su propia casa? Muy simple: hacer el mejor negocio posible. Es de suponer que ése es también nuestro incentivo cuando vendemos nuestra casa. De modo que nuestro incentivo y el incentivo del agente inmobiliario al parecer coincidirían. Después de todo, su comisión se basa en el precio de venta.

Pero mientras los incentivos funcionan, las comisiones son una cuestión delicada. Para empezar, la comisión inmobiliaria del 6% generalmente se divide entre el agente que se encarga de la venta y el del comprador. Cada agente entrega aproximadamente la mitad de su parte a la agencia. Lo cual significa que sólo el 1,5% del precio de adquisición va directamente al bolsillo de nuestro agente.

De modo que, de nuestra casa de 300.000 dólares, su parte de la comisión de 18.000 dólares es 4.500. De todas formas, no está mal, pensamos. Pero ¿qué ocurre si la casa en realidad vale más de 300.000? ¿Y si con un poco más de esfuerzo y unos pocos anuncios más en el periódico hubiese podido venderla por 310.000? Tras descontar la comisión, eso añade 9.400 dólares a nuestro bolsillo. Pero la parte adicional del agente —su 1,5% personal de los 10.000 adicionales— son 150 insignificantes dólares. Si nosotros ganamos 9.400 mientras él sólo recibe 150, después de todo, quizá nuestros incentivos no coincidan tanto. (Especialmente cuando es él quien paga los anuncios y hace todo el trabajo.) ¿Está dispuesto el agente a prestar todo ese tiempo, dinero y energía extras por sólo 150 dólares más?

Existe un modo de averiguarlo: calcule la diferencia entre los datos de ventas referentes a las casas que pertenecen a agentes inmobiliarios y las casas que éstos venden en nombre de los clientes. Utilizando los datos de las ventas de esas 100.000 casas de Chicago, y controlando todo tipo de variables —ubicación, antigüedad y calidad de la casa, estética, si la propiedad era una inversión o no, etc.—, resulta que un agente inmobiliario mantiene su propia casa en el mercado una media de diez días más y la vende por un 3% más, o 10.000 dólares en el caso de una casa de 300.000. Cuando vende su propia casa, un agente inmobiliario espera a que llegue la mejor oferta; cuando vende la nuestra, nos alienta a aceptar la primera oferta decente que aparece. Como un corredor de bolsa que pierde en comisiones, el agente quiere cerrar tratos y hacerlo rápido. ¿Por qué no? Lo que le corresponde de una oferta mejor —150 dólares— es un incentivo demasiado insignificante para alentarlo a actuar de un modo distinto.

De todos los tópicos acerca de la política, existe uno que se defiende con más fuerza que el resto: el dinero compra elecciones. Arnold Schwarzenegger, Michael Bloomberg, Jon Corzine son sólo algunos histriónicos ejemplos recientes de dicho tópico. (Sin tener en cuenta los ejemplos contrarios de Steve Forbes, Michael Huffington y especialmente Thomas Golisano, que en el curso de tres elecciones para gobernador de Nueva York invirtió 93 millones de dólares de su propio bolsillo y obtuvo un 4%, un 8%, y un 14% de los votos respectivamente.) La mayoría de la gente estaría de acuerdo en que el dinero influye excesivamente en las elecciones y que en las campañas políticas el gasto económico es desmesurado.

En efecto, los datos de las elecciones demuestran que el candidato que más dinero invierte en una campaña generalmente gana. Pero ¿es el dinero la causa de la victoria?

Podría resultar lógico creer que es así, tanto como habría parecido lógico que la floreciente economía de los noventa contribuyera en la reducción de la criminalidad. Pero el simple hecho de que dos cosas guarden correlación no implica que una sea la causa de la otra. Una correlación significa, sencillamente, que existe una relación entre dos factores —llamémoslos X e Y—, pero no explica el sentido de dicha relación. Es posible que X cause Y; también es posible que Y cause X; y también lo es que tanto X como Y sean causadas por algún otro factor, Z.

Pensemos en la siguiente correlación: las ciudades en las que se produce un gran número de asesinatos también tienden a tener muchos efectivos policiales. Ahora consideremos la correlación policía/asesinato en un par de ciudades reales. Denver y Washington D. C. tienen aproximadamente la misma población, pero Washington cuenta con el triple de policías que Denver, y en su territorio también se producen ocho veces más asesinatos. Si no disponemos de mayor información, resulta difícil definir qué causa qué. Alguien podría limitarse a considerar estas cifras y concluir que son todos esos policías de más en Washington quienes están causando el número mayor de asesinatos. Este caprichoso razonamiento, que tiene una larga historia, generalmente provoca una respuesta caprichosa. Pensemos en ese cuento popular del zar que se enteró de que la provincia de su imperio más afectada por las enfermedades era al mismo tiempo aquella en que había más médicos. ¿Su solución? Inmediatamente ordenó que mataran a todos los médicos.

Ahora bien, volviendo al tema de los gastos de las campañas electorales, para averiguar la relación entre el dinero y las elecciones, conviene considerar los incentivos que intervienen en las finanzas de la campaña. Pongamos por caso que usted es la clase de persona que podría realizar una aportación de 1.000 dólares a un candidato. Es probable que done el dinero en una de estas dos situaciones: una carrera igualada, en cuyo caso cree que el dinero influirá en el resultado; o una campaña en la que un candidato es un vencedor seguro, en cuyo caso le gustaría disfrutar de la gloria o recibir alguna futura compensación en especies. La candidatura en la que no contribuirá es la segura perdedora. (Sólo tiene que preguntar a cualquier candidato esperanzado que fracasa en Iowa o New Hampshire.) De modo que los favoritos y los políticos en ejercicio recaudan mucho más dinero que las posibilidades remotas. ¿Y qué hay del gasto de ese dinero? Los políticos en ejercicio y los favoritos poseen más dinero en efectivo, pero sólo desembolsan gran parte de éste cuando reconocen una posibilidad legítima de perder; de lo contrario, ¿por qué echar mano de fondos reservados para un fin especial que podrían resultar de mayor utilidad en el futuro, cuando se presente un oponente más temible?

Ahora imagine a dos candidatos, uno intrínsecamente atractivo, y el otro no tanto. El candidato atractivo recauda mucho más dinero y gana fácilmente. Pero ¿fue el dinero lo que le ganó los votos, o fue su atractivo lo que le ganó los votos y el dinero?

Se trata de una pregunta crucial, pero muy difícil de responder. El atractivo para el votante, después de todo, no resulta fácil de cuantificar. ¿Cómo se puede medir?

Yo no puedo, de verdad... excepto en un caso particular. La

clave se halla en medir al candidato frente a... sí mismo. Es decir, el Candidato A de hoy es probable que se parezca al Candidato A dentro de dos o tres años. Podría decirse lo mismo en el caso del Candidato B. Si el Candidato A se enfrentase al Candidato B en dos elecciones consecutivas, pero en cada caso invirtiese diferentes cantidades de dinero, entonces, si el atractivo de los candidatos se mantiene más o menos constante, podríamos calcular el impacto del dinero.

Resulta que los mismos dos candidatos se enfrentan entre sí en elecciones consecutivas todo el tiempo, de hecho, en casi mil contiendas para el Congreso de Estados Unidos desde 1972. ¿Qué dicen los números acerca de casos así?

Ahí llega la sorpresa: la cantidad de dinero invertida por los candidatos apenas influye. Un candidato vencedor puede reducir su gasto a la mitad y perder un 1% de los votos. Mientras tanto, un candidato perdedor que duplica su gasto puede esperar cambiar el voto a su favor en tan sólo ese mismo 1%. Lo que realmente importa para un candidato político no es cuánto gasta, sino quién es. (Lo mismo podría decirse —y se dirá, en el capítulo 5— de los padres.) Algunos políticos poseen un atractivo inherente para los votantes del que otros sencillamente carecen, y ninguna suma de dinero puede hacer mucho por cambiarlo. (Forbes, Huffington y Golisano ya lo saben, claro.)

¿Y qué hay de la otra parte del tópico de las elecciones: que la suma invertida en las campañas electorales es escandalosamente desorbitada? En un período de elecciones típico que incluye campañas por la Presidencia, el Senado y la Cámara de Representantes, se invierten alrededor de mil millones de dólares al año, lo cual parece un montón de dinero, a no ser que lo comparemos con algo aparentemente menos importante que unas elecciones democráticas.

Es la misma cantidad, por ejemplo, que los estadounidenses gastan anualmente en chicle.

Éste no es un libro sobre el coste del chicle frente al coste de una campaña electoral, o acerca de los agentes inmobiliarios poco sinceros, o el impacto de la legalización del aborto en la criminalidad. Ciertamente, tratará esos escenarios y docenas más, desde el arte de la educación de los hijos hasta la mecánica del engaño, desde el funcionamiento interno de una banda de traficantes de crack hasta la discriminación racial en *El eslabón más débil.* De lo que sí trata este libro es de retirar una o dos capas de la superficie de la vida moderna y observar lo que está ocurriendo debajo. Formularemos multitud de preguntas, algunas frívolas y otras referentes a cuestiones de vida o muerte. Las respuestas quizá parezcan extrañas a menudo, pero tras los hechos, también resultarán bastante obvias. Buscaremos dichas respuestas en los datos, ya procedan de los resultados de exámenes escolares, de las estadísticas del crimen en Nueva York o de los registros financieros de un traficante de crack. Con frecuencia aprovecharemos las pautas en los datos que quedaron atrás por casualidad, como la estela de condensación de un avión en lo alto del cielo. Opinar o teorizar acerca de un tema, como la humanidad acostumbra a hacer, está muy bien, pero cuando la pose moral se ve sustituida por una valoración sincera, con frecuencia el resultado es una revelación nueva y sorprendente.

Se podría sugerir que la moral representa el modo en que a las personas les gustaría que funcionase el mundo, mientras que la economía representa cómo funciona éste en realidad. La economía es, ante todo, una ciencia de medición. Comprende un conjunto de herramientas extraordinariamente poderoso y flexible capaz de evaluar de manera fiable un montón de información y determinar el efecto de cualquier factor individual, o incluso el efecto global. En eso consiste «la economía» después de todo: un montón de información acerca de empleos, mercado inmobiliario, banca e inversión. Pero las herramientas de la economía pueden aplicarse con la misma facilidad a cuestiones que resultan más... bueno, más interesantes.

Por lo tanto, este libro se ha redactado desde una visión del mundo muy particular, basada en varias ideas fundamentales:

Los incentivos constituyen la piedra angular de la vida moderna. Y comprenderlos —o, a menudo, descubrir algo a partir de ellos— es la clave para resolver prácticamente cualquier misterio, desde el crimen violento hasta las trampas en el mundo del deporte o las citas *online*.

La sabiduría convencional a menudo se equivoca. La criminalidad no siguió aumentando durante la década de los noventa, el dinero no gana elecciones por sí solo, y —sorpresa— nunca se ha demostrado que beber ocho vasos de agua al día influya de manera alguna en la salud. La sabiduría convencional a menudo se halla mal fundamentada y resulta endemoniadamente difícil de comprender, pero puede lograrse.

Los efectos drásticos frecuentemente tienen causas lejanas, incluso sutiles. La respuesta a un enigma determinado no siempre está delante de nosotros. Norma McCorvey ejerció en la criminalidad un impacto mucho mayor que la suma del control de armas, una economía fuerte y unas estrategias policiales innovadoras. También lo hizo, como veremos más adelante, un hombre llamado Oscar Danilo Blandon, alias el Johnny Applesseed* del Crack.

Los «expertos» —desde criminólogos hasta agentes inmobiliarios— utilizan su información privilegiada en beneficio propio. No obstante, se les puede vencer en su propio juego. Y ante Internet, su ventaja a la hora de manejar información disminuye cada día, como evidencian, entre otras cosas, la caída del precio de los ataúdes y las primas de los seguros de vida.

Saber qué evaluar y cómo hacerlo vuelve el mundo mucho menos complicado. Si usted aprende a observar los datos del modo correcto, estará en condiciones de explicar misterios que de otra forma habrían parecido insondables. Porque no hay nada como la pura fuerza de los números para retirar capas de confusión y contradicción.

Así pues, el objetivo de este libro es explorar el lado oculto de... todas las cosas. Ocasionalmente, esto puede constituir un ejercicio frustrante, puede parecer que observemos el mundo a través de una pajita o incluso distorsionado como en una casa de los espejos; pero la idea es contemplar numerosos escenarios diferentes y examinarlos de un modo en que rara vez han sido examinados. En algunos sentidos, éste representa un concepto extraño en el caso de un libro. La mayor parte de los libros presentan un solo tema, resueltamente formulado en una o dos frases, y después cuentan la historia completa: la historia de la sal; la fragilidad de la democra-

* Alias de John Chapman, pionero americano que viajó hacia el Oeste a principios del siglo XIX llevando consigo bolsas de semillas de manzana que plantaba dondequiera que iba. *(N. de la T.)*

cia; el uso y abuso de la puntuación. Este libro no contiene un tema unificador semejante. Durante seis minutos aproximadamente consideramos la posibilidad de escribir un libro que girase en torno a un solo tema —la teoría y práctica de la microeconomía aplicada, ¿interesante, verdad?—, pero en lugar de ello optamos por una especie de enfoque de búsqueda del tesoro. Sí, este enfoque se sirve de las mejores herramientas analíticas que puede ofrecer la economía, pero además nos permite seguir cualquier extraña curiosidad que se nos ocurra. De ahí el campo de estudio que hemos inventado: la economía de lo raro. La clase de historias que se narran en este libro a menudo no se tratan en clase de Introducción a la Economía, pero eso puede cambiar. Puesto que la economía como ciencia consiste fundamentalmente en un conjunto de herramientas, más que una cuestión de contenido, ningún tema se halla fuera de su alcance.

Cabe destacar que Adam Smith, fundador de la economía clásica, era ante todo filósofo. Se esforzó por ser moralista, y en el proceso se convirtió en economista. Cuando en 1759 publicó su *Teoría de los sentimientos morales*, el capitalismo moderno apenas estaba surgiendo. Smith se sentía embelesado por los cambios radicales que trajo esta nueva fuerza, pero no sólo le interesaban los números. Era el efecto humano, el hecho de que las fuerzas económicas estuviesen cambiando enormemente el modo de pensar y de comportarse de las personas en situaciones determinadas. ¿Qué podía llevar a una persona, y no a otra, a engañar o robar? ¿Cómo afectaba la decisión aparentemente inofensiva de alguien, ya fuese bueno o malo, a un gran número de personas? En la época de Smith, causa y efecto habían comenzado a acelerarse de forma desenfrenada; los incentivos se decuplicaban. La gravedad y el impacto de estos cambios fueron tan abrumadores para los ciudadanos de su tiempo como nos lo puede parecer hoy en día la vida moderna.

El verdadero tema de Smith eran las desavenencias entre el deseo individual y las normas sociales. Robert Heilbroner, historiador económico, en *The Worldly Philosophers* se preguntaba cómo era capaz Smith de separar los actos del hombre, una criatura que actuaba por interés personal, del plano moral mayor en el que se desenvolvía. «Smith —escribió Heilbroner— defendía que la respuesta se hallaba en nuestra capacidad para colocarnos en la posición de una tercera persona, un observador imparcial, y de este modo formar una noción... del valor objetivo de cada caso.»

Por consiguiente, piense usted en sí mismo en compañía de una tercera persona —o, si lo desea, de un par de terceras personas— ansiosa por explorar las características de los casos interesantes. Estas exploraciones generalmente comienzan con la formulación de una pregunta simple que no se ha realizado antes. Como: ¿qué tienen en común un maestro de escuela y un luchador de sumo?

1

¿QUÉ TIENEN EN COMÚN UN MAESTRO DE ESCUELA Y UN LUCHADOR DE SUMO?

Imagine por un momento que es el director de una guardería. Tiene una política que establece claramente que los niños han de ser recogidos a las cuatro de la tarde. Pero los padres se retrasan con mucha frecuencia. El resultado: al final del día tiene a varios niños preocupados y al menos a un cuidador que ha de esperar a que lleguen los padres. ¿Qué hacer?

Un par de economistas que tuvieron noticia de este dilema —resultó ser bastante común— ofrecieron una solución: multar a los padres que llegaban tarde. Después de todo, ¿por qué la guardería debería cuidar de esos niños gratuitamente?

Los economistas decidieron probar su solución realizando un estudio en diez guarderías de Haifa, Israel. El estudio duró veinte semanas, pero la medida de multar a los tardones no se introdujo de inmediato. Durante las primeras cuatro semanas, los economistas se limitaron a llevar la cuenta del número de padres que llegaban tarde. Se producían, de media, ocho retrasos por semana y guardería. En la quinta semana se introdujo la multa. Se anunció que los padres pagarían tres dólares por niño cada vez que llegasen más de diez minutos tarde. La cifra se sumaría a la factura mensual, que ascendía a 380 dólares aproximadamente.

Inmediatamente después de que se introdujera la multa, el número de retrasos... aumentó. En poco tiempo, el número de padres que llegaban tarde a recoger a sus hijos ascendió a veinte, más del doble de la media original. El incentivo había fracasado de manera estrepitosa.

La economía parte de la base del estudio de los incentivos: cómo obtienen las personas lo que desean, o necesitan, especialmente cuando otros desean o necesitan lo mismo. A los economistas les encantan los incentivos. Les encanta idearlos e introducirlos, estudiarlos y retocarlos. El economista típico cree que el mundo aún no ha inventado un problema que él no sea capaz de resolver si se le da carta blanca para idear el plan de incentivos apropiado. Su solución quizá no siempre resulta agradable —puede implicar coacción o sanciones desorbitadas o la violación de los derechos civiles—, pero no cabe duda de que el problema original estará solucionado. Un incentivo es una bala, una palanca, una llave: con frecuencia se trata de un objeto minúsculo con un poder sorprendente para cambiar una situación.

Aprendemos a responder a incentivos, ya sean positivos o negativos, desde el comienzo de nuestras vidas. Si uno gatea hasta la estufa caliente y la toca, se quema un dedo. Pero si sus notas de la escuela son excelentes, obtiene una bici nueva. Si lo pillan hurgándose la nariz en clase, lo ridiculizan. Pero si juega en el equipo de baloncesto, asciende en la escala social. Si se pasa del toque de queda, lo castigan. Pero si se luce en los exámenes de selectividad, logra entrar en una buena universidad. Si sale de la Facultad de Derecho suspendido, tiene que ir a trabajar a la compañía de seguros de su padre. Pero si trabaja tan bien que una compañía de la competencia lo llama, asciende a vicepresidente y ya no tiene que trabajar más para su padre. Si se entusiasma con su nuevo trabajo de vicepresidente hasta el punto de regresar a casa a ciento treinta por hora, la policía le para y le multa con cien dólares. Pero si alcanza su proyección de ventas y recibe una bonificación al final del año, no sólo no le preocupa la multa de cien dólares, sino que además puede permitirse comprar esa cocina que siempre ha deseado, y a la que ahora su hijo puede acercarse a gatas y quemarse su propio dedo.

Un incentivo es, sencillamente, un medio de exhortar a alguien a hacer *más* algo bueno, y *menos* algo malo. Pero la mayor parte de los incentivos no surgen de forma natural. Alguien —un economista, un político o un padre— tiene que inventarlos. ¿Que su pequeña de tres años se come todas las verduras durante una semana? Gana una excursión a la juguetería. ¿Que un fabricante de acero desprende demasiado humo al aire? La compañía es multada por cada centímetro cúbico de sustancias contaminantes que sobrepase el límite legal. ¿Hay demasiados norteamericanos que no están pagando el impuesto sobre la renta? El economista Milton Friedman ayudó a encontrar una solución a este problema: la retención fiscal automática del sueldo del empleado.

Existen tres clases de incentivos: económicos, sociales y morales. A menudo un mismo plan de incentivos incluirá los tres tipos. Piénsese en la campaña antitabaco realizada en Estados Unidos durante los últimos años. La adición del impuesto de tres dólares sobre cada cajetilla constituye un incentivo económico fuerte contra la compra de tabaco. La prohibición de fumar en restaurantes y bares supone un incentivo social poderoso. Y cuando el gobierno estadounidense afirma que los terroristas recaudan fondos a través de la venta de tabaco de contrabando, eso actúa como un incentivo moral bastante impresionante.

Algunos de los incentivos más persuasivos que se han inventado tienen por objeto impedir la comisión de crímenes. Teniendo este hecho en cuenta, tal vez resulte útil formular una pregunta familiar: ¿por qué existe tanto crimen en la sociedad moderna?, y dándole la vuelta: ¿por qué no existe mucho más crimen?

Al fin y al cabo, todos dejamos pasar regularmente oportunidades de lastimar, de robar y defraudar. La idea de ir a la cárcel —y con ello perder trabajo, casa y libertad, todos ellos castigos fundamentalmente económicos— supone sin lugar a dudas un fuerte incentivo. Pero en lo que al crimen se refiere, las personas también responden a incentivos morales (no desean hacer algo que consideran incorrecto) e incentivos sociales (no quieren que otros les vean hacer algo incorrecto). En el caso de determinados tipos de mala conducta, los incentivos sociales resultan enormemente poderosos. Recordando a la letra escarlata de Hester Prynne, muchas ciudades estadounidenses luchan ahora contra la prostitución con una ofensiva «humillante», colgando fotografías de prostitutas y clientes condenados en páginas *web* o en la televisión de acceso local. ¿Qué posee mayor fuerza disuasoria: una multa de quinientos dólares por solicitar los servicios de una prostituta o la idea de que su familia y amigos le contemplen en alguna página del tipo *www.HookersAndJohns.com*?

De modo que, a través de una red complicada, caprichosa y constantemente modificada de incentivos económicos, sociales y morales, la sociedad moderna se esfuerza al máximo para luchar contra el crimen. Algunos dirán que no se está haciendo un buen trabajo. Pero si se adopta una perspectiva amplia, queda claro que no es cierto. Considérese la tendencia histórica del homicidio (sin incluir las guerras), que constituye el crimen evaluado de forma más fiel y el mejor barómetro del índice de criminalidad de una sociedad en general. Estas estadísticas, reunidas por el criminólogo Manuel Eisner, recogen los niveles históricos de homicidios en cinco regiones europeas.

HOMICIDIOS
(Por cada 100.000 habitantes)

	Inglaterra	*Países Bajos y Bélgica*	*Escandinavia*	*Alemania y Suiza*	*Italia*
ss. XIII y XIV	23,0	47,0	sin datos	37,0	56,0
s. XV	sin datos	45,0	46,0	16,0	73,0
s. XVI	7,0	25,0	21,0	11,0	47,0
s. XVII	5,0	7,5	18,0	7,0	32,0
s. XVIII	1,5	5,5	1,9	7,5	10,5
s. XIX	1,7	1,6	1,1	2,8	12,6
1900-1949	0,8	1,5	0,7	1,7	3,2
1950-1994	0,9	0,9	0,9	1,0	1,5

El descenso pronunciado de estas cifras a lo largo de los siglos sugiere que, en lo que se refiere a una de las preocupaciones humanas más serias —ser asesinado—, los incentivos que inventamos de forma conjunta funcionan cada vez mejor.

Entonces, ¿qué le fallaba al incentivo de la guardería israelí?

Probablemente ya haya adivinado usted que la multa de tres dólares era sencillamente demasiado pequeña. Por ese precio, el padre de un niño podía permitirse llegar tarde todos los días y pagar sólo 60 dólares más al mes, una sexta parte de la cuota base. Teniendo en cuenta lo que cobra una canguro, resulta bastante barato. ¿Y si la multa hubiese sido de cien dólares en lugar de tres? Eso probablemente habría terminado con los retrasos, aunque también habría producido mucho encono. (Todo incentivo es inherentemente una compensación; el truco consiste en equilibrar los extremos.)

Pero la multa de la guardería presentaba otro problema. Sustituía un incentivo económico (la sanción de tres dólares) por un incentivo moral (la culpabilidad que se suponía que sentían los padres cuando llegaban tarde). Por sólo unos dólares al día, los padres podían comprar esa culpa. Además, la menudencia de la multa enviaba a los padres el mensaje de que llegar tarde a recoger a los niños no era tan grave. Si la guardería sólo sufre un inconveniente valorado en tres dólares, ¿por qué preocuparse de abreviar la partida de tenis? Es más, cuando en la decimoséptima semana del estudio los economistas eliminaron la multa de tres dólares, el número de padres que llegaban tarde no cambió. Ahora podían llegar tarde, no pagar sanción alguna y no sentirse culpables.

Así es la extraña y poderosa naturaleza de los incentivos. Un ligero pellizco puede producir resultados drásticos y a menudo imprevistos. Thomas Jefferson lo percibió al reflexionar acerca del minúsculo incentivo que condujo a los incidentes de la Fiesta del Té de Boston y, a su vez, a la Revolución americana: «La disposición de causas y consecuencias de este mundo es tan inescrutable que un impuesto de dos peniques sobre el té, aplicado injustamente en una parte aislada, cambia la condición de todos sus habitantes.»

En los años setenta, varios investigadores llevaron a cabo un estudio que, al igual que el de la guardería israelí, enfrentaba un incentivo moral a un incentivo económico. En este caso, querían averiguar la motivación tras las donaciones de sangre. Descubrieron que, cuando la gente recibe un pequeño estipendio por donar sangre en lugar de un simple elogio por su altruismo, las donaciones decrecen. El estipendio convirtió un noble acto de caridad en una dolorosa forma de ganarse unos dólares, y no merecía la pena.

¿Y si a los donantes de sangre se les hubiese ofrecido un incentivo de 50, 500 o 5.000 dólares? Sin duda el número de donantes habría cambiado drásticamente.

Pero algo más habría cambiado drásticamente, porque todo incentivo posee un lado oscuro. Si medio litro de sangre valiese

5.000 dólares, podemos estar seguros de que mucha gente lo tendría en cuenta. Más de uno robaría sangre a punta de cuchillo, literalmente. Intentaría hacer pasar sangre de cerdo por su propia sangre. Burlaría los límites de donación utilizando documentos de identidad falsos. Ante cualquier incentivo, cualquier situación, la gente deshonesta tratará de obtener un beneficio sin importar los medios a emplear.

O como W. C. Fields dijo en una ocasión: algo que merece la pena tener es algo por lo que merece la pena engañar.

¿Quién engaña?

Bueno, si el interés es razonable, casi todo el mundo. Uno puede decirse a sí mismo: «Yo no engaño, no importa cuáles sean los intereses.» Y entonces quizá recuerde la vez en que hizo trampas, por ejemplo, en un juego de mesa. La semana pasada. O la pelota de golf que empujó suavemente para sacarla de una mala posición. O la vez que quería de verdad una rosquilla en la sala de descanso de la oficina y no contaba con el dólar que se suponía debía introducir en el bote de café. Y se comió la rosquilla de todas formas. Y se dijo a sí mismo que pagaría el doble la próxima vez.

Por cada persona inteligente que se molesta en crear un esquema de incentivos, existe un ejército de gente, inteligente o no, que inevitablemente invertirá incluso más tiempo en tratar de burlarlos. El engaño puede formar parte de la naturaleza humana o no, pero sin duda constituye un rasgo destacado en prácticamente cualquier empeño del hombre. Engañar es un acto económico primitivo: obtener más a cambio de menos. Así que no sólo los nombres en mayúsculas —presidentes de empresa, deportistas adictos a las pastillas y políticos con sueldos abusivos— engañan. También lo hace la camarera que se guarda la propina en el bolsillo en lugar de echarla en el bote. O el encargado de la plantilla del supermercado Wal-Mart, que recorta las horas de sus empleados en el ordenador para que su rendimiento parezca mayor. O el niño que, preocupado por pasar de curso, copia las respuestas del examen.

Algunos engaños dejan escasos atisbos de evidencia. En otros casos, la evidencia es sólida. Pensemos en lo que ocurrió una medianoche de la primavera de 1987: siete millones de niños norteamericanos desaparecieron repentinamente. ¿La mayor ola de secuestros de la historia? No precisamente. Se trataba de la noche del 15 de abril, y Hacienda acababa de cambiar una ley. En lugar de anotar el nombre de cada niño a cargo, los declarantes de impuestos debían proporcionar un número de Seguridad Social. De repente, siete millones de niños —que habían existido sólo como deducciones fantasma en los formularios del año anterior— se desvanecieron, lo cual representaba uno de cada diez niños a cargo en Estados Unidos.

El incentivo para esos contribuyentes morosos era bastante claro; tanto como para la camarera, el encargado de plantilla y el niño de tercer curso. Pero ¿y qué hay de esa maestra de tercero? ¿Podría contar con un incentivo para engañar? Y si es así, ¿cómo lo haría?

Ahora imaginemos que en lugar de dirigir una guardería en Haifa, dirigimos la red de Escuelas Públicas de Chicago (CPS, según sus siglas en inglés), un sistema del que depende la educación de unos cuatrocientos mil estudiantes al año.

El debate actual más volátil entre administraciones de escuelas públicas, profesores, padres y alumnos de Estados Unidos concierne a las pruebas de «alto índice».* Los índices se consideran altos porque en lugar de simplemente examinar a los estudiantes para evaluar su progreso, cada vez más se atribuyen los resultados a la responsabilidad de las escuelas.

El gobierno federal exigió las pruebas de alto índice como parte de la ley Que Ningún Niño Quede Atrás, firmada por el presidente Bush en 2002. Pero aun antes de esa ley, la mayoría de los estados realizaban exámenes estandarizados anuales a los estudiantes de escuela primaria y secundaria. Veinte estados recompensaban a las escuelas con buenos resultados o mejoras radicales; treinta y dos estados sancionaban a las escuelas con malos resultados.

El sistema de Escuelas Públicas de Chicago adoptó las pruebas de alto índice en 1996. Bajo la nueva política, una escuela con ba-

* Evaluaciones en todo el estado que generalmente se realizan a los alumnos de primaria, media y secundaria. *(N. de la T.)*

jos resultados de lectura se vería sometida a un período de prueba y se enfrentaría a la amenaza de cierre, con el consiguiente despido o redesignación del personal. El CPS también suprimió lo que se conoce como promoción social. En el pasado, sólo un estudiante completamente inepto o difícil repetía curso. Ahora, para pasar de curso, todo estudiante en tercero, sexto y octavo debe lograr una puntuación mínima en el examen estandarizado de tipo test conocido como Examen de Aptitudes Básicas Iowa.

Los que defienden las pruebas de alto índice argumentan que éstas elevan los parámetros de aprendizaje y proporcionan a los alumnos un mayor aliciente para estudiar. Asimismo, si el examen evita que los malos estudiantes avancen sin hacer mérito para ello, éstos no entorpecerán cursos superiores y lentificarán a los buenos alumnos. Entretanto, a quienes se oponen a ello les preocupa que determinados estudiantes se vean injustamente penalizados si resulta que no obtienen buenos resultados en el examen, y que los profesores se concentren en los temas para el examen en detrimento de lecciones más importantes.

Los estudiantes, por supuesto, han dispuesto de alicientes para hacer trampas desde que existen los exámenes. Pero las pruebas de alto índice han cambiado los incentivos para los profesores de un modo tan radical que ahora son ellos quienes tienen un motivo añadido para engañar. Con las pruebas de alto índice, un profesor cuyos alumnos obtienen malos resultados puede ver cómo se lo censura o se le niega un aumento de sueldo o un ascenso. Si la escuela en su totalidad obtiene malos resultados, corre el riesgo de que se le retiren fondos federales; si la escuela entra en período de prueba, el profesor se enfrenta al despido. Las pruebas de alto índice también plantean a los profesores algunos incentivos positivos. Si sus alumnos lo hacen lo bastante bien, recibirán elogios, ascensos y recompensas económicas: en un momento dado el estado de California introdujo bonificaciones de 25.000 dólares para los profesores que produjeran grandes aumentos en las calificaciones de las pruebas de alto índice.

Y si un profesor resuelve examinar este nuevo panorama incentivado y considerar de algún modo inflar los resultados de sus alumnos, contaría, para convencerse de ello, con un incentivo final: el engaño llevado a cabo por profesores rara vez se persigue, difícilmente se detecta y casi nunca se castiga.

¿Qué podría hacer un profesor para engañar? Existen infinidad de posibilidades, desde el descaro hasta la sutileza. Recientemente, una alumna de quinto curso de Oakland regresó a casa y muy suelta de lengua le dijo a su madre que su superamable profesor había escrito las respuestas del examen estatal directamente en la pizarra. Por supuesto, tales ejemplos son raros, porque poner su destino en manos de treinta testigos prepubescentes parece un riesgo que ni el peor profesor correría. (Como era de esperar, el profesor de Oakland fue despedido.) Existen formas más sutiles de inflar los resultados de los estudiantes. Un profesor puede sencillamente dar más tiempo a los alumnos para realizar el examen. Si precisamente obtiene una copia del examen —es decir, por medios legítimos—, tiene la posibilidad de prepararlos para preguntas concretas. En términos más generales, puede «enseñar el examen» basando sus lecciones en preguntas de años anteriores, lo cual no se considera engañar, pero puede violar perfectamente el espíritu de la prueba. Puesto que estos exámenes son de opciones múltiples, sin penalización alguna por las respuestas incorrectas, un profesor podría instruir a sus alumnos para rellenar al azar los blancos cuando el tiempo apremie, quizás introduciendo una larga serie de B o un patrón que alterne B y C. Incluso podría rellenar los blancos por ellos cuando abandonasen la clase.

Pero si un profesor realmente deseara hacer trampas —y mereciese la pena hacerlo— podría recoger los exámenes de sus alumnos y, en la hora aproximada antes de entregarlos para ser corregidos mediante un escáner electrónico, borrar las respuestas erróneas e introducir las correctas. (Pensar que usted siempre creyó que el lápiz del número 2 era para que «los niños» modificasen sus respuestas.) Si este tipo de trampas por parte de los profesores realmente está produciéndose, ¿cómo podría detectarse?

Para atrapar a un tramposo resulta muy útil pensar como él. Si usted pretendiese cambiar las respuestas erróneas de sus alumnos e introducir las correctas, lo más probable es que no las cambiase todas. Ése sería un indicio claro. Tampoco querría modificar respuestas en los exámenes de todos los alumnos (otro indicio). Lo más seguro es que no tuviese tiempo suficiente, porque las hojas de examen deben entregarse poco después de que éste haya terminado. De modo que lo que podría hacer es seleccionar una serie de ocho o diez preguntas consecutivas e introducir las respuestas correctas en las hojas de, digamos, la mitad o dos tercios de sus alumnos. Podría memorizar con facilidad un breve patrón de respuestas correctas, y resultaría mucho más rápido borrar y cambiar ese patrón que revisar cada hoja de respuestas por separado. Incluso podría pensar en enfocar su actividad hacia las últimas preguntas, que suelen ser más difíciles que las primeras. De esa forma, tendría más probabilidades de sustituir respuestas erróneas por correctas.

Si la economía es una ciencia que básicamente se ocupa de los incentivos, también es —afortunadamente— una ciencia con herramientas estadísticas para calcular cómo responden las personas a esos incentivos. Lo único que se necesita es algunos datos.

En este caso, se ofreció el sistema de Escuelas Públicas de Chicago, que dispuso una base de datos de las respuestas de los exámenes de cada alumno del CPS desde tercero hasta séptimo y desde 1993 hasta 2000. Esto significa aproximadamente treinta mil estudiantes por curso y año, más de setecientas mil series de respuestas y casi cien millones de respuestas individuales. Los datos, organizados por clase, incluían la serie de respuestas, pregunta por pregunta, de cada estudiante en los exámenes de lectura y matemáticas. (Las hojas de respuestas de papel reales no se incluían; generalmente se destruían poco después del examen.) Los datos también aportaban alguna información acerca de cada profesor e información demográfica de cada estudiante, además de sus resultados pasados y futuros, un elemento clave para detectar el engaño del profesor.

Entonces había que idear un algoritmo capaz de extraer algunas conclusiones de esta masa de datos. ¿Cuál sería el aspecto de la clase de un profesor tramposo?

En primer lugar habría que buscar patrones de respuestas inusuales en una clase determinada: bloques de respuestas idénticas, por ejemplo, especialmente entre las preguntas más difíciles. Si diez alumnos muy brillantes (como indican sus resultados pasados y futuros) proporcionaron las respuestas correctas a las primeras cinco preguntas del examen (generalmente las más fáciles), un bloque idéntico no debería considerarse sospechoso. Pero si diez estudiantes malos respondieron correctamente a las cinco últimas preguntas del examen (las más difíciles), merece la pena examinarlo. Otra clara señal sería un patrón extraño dentro del examen de un estudiante —como acertar las respuestas difíciles y fallar las fáciles—, especialmente si se compara con los miles de estudiantes de otras clases con similares puntuaciones en el mismo examen. Además, el algoritmo buscaría una clase llena de alumnos cuyos resultados fueran mucho mejores de lo que podía suponerse por sus puntuaciones anteriores y que al año siguiente empeoraran de manera considerable. Un pico pronunciado en un año en los resultados de los exámenes podía atribuirse inicialmente a un buen profesor; pero si iba seguido de una caída brusca, era muy probable que el pico procediera de medios artificiales.

Consideremos ahora las series de respuestas de los alumnos de dos clases de sexto curso de Chicago que realizaron exactamente el mismo examen de matemáticas. Cada fila horizontal representa las respuestas de un alumno. Las letras *a*, *b*, *c* o *d* indican una respuesta correcta; un número indica una respuesta errónea, con el 1 correspondiente a *a*, el 2 a *b*, etcétera. Un 0 representa una respuesta en blanco. Una de estas clases, casi sin duda, tenía un profesor tramposo, mientras que la otra no. Intente distinguirlas, aunque le advierto de que no resulta fácil a simple vista.

Clase A

```
112a4a342cb214d0001acd24a3a12dadbcb4a0000000
d4a2341cacbddad3142a2344a2ac23421c00adb4b3cb
1b2a34d4ac42d23b141acd24a3a12dadbcb4a2134141
dbaab3dcacb1dadbc42ac2cc31012dadbcb4adb40000
d12443d43232d32323c213c22d2c23234c332db4b300
db2abad1acbdda212b1acd24a3a12dadbcb400000000
d4aab2124cbddadbcb1a42cca3412dadbcb423134bc1
1b33b4d4a2b1dadbc3ca22c000000000000000000000
d43a3a24acb1d32b412acd24a3a12dadbcb422143bc0
313a3ad1ac3d2a23431223c000012dadbcb400000000
db2a33dcacbd32d313c21142323cc300000000000000
d43ab4d1ac3dd43421240d24a3a12dadbcb400000000
db223a24acb11a3b24cacd12a241cdadbcb4adb4b300
db4abadcacb1dad3141ac212a3a1c3a144ba2db41b43
1142340c2cbddadb4b1acd24a3a12dadbcb43d133bc4
```

214ab4dc4cbdd31b1b2213c4ad412dadbcb4adb00000
1423b4d4a23d2413141323412 3a243a2413a21441343
3b3ab4d14c3d2ad4cbcac1c003a12dadbcb4adb40000
dba2ba21ac3d2ad3c4c4cd40a3a12dadbcb400000000
d122ba2cacbd1a1321 1a2d02a2412d0dbcb4adb4b3c0
144a3adc4cbddadbcbc2c2cc43a12dadbcb4211ab343
d43aba3cacbddadbcbca42c2a3212dadbcb42344b3cb

Clase B

db3a431422bd131b4413cd422a1acda332342d3ab4c4
d1aa1a11acb2d3dbc1ca22c23242c3a142b3adb243c1
d42a12d2a4b1d32b21ca2312a3411d00000000000000
3b2a34344c32d21b1123cdc000000000000000000000
34aabad12cbdd3d4c1ca112cad2ccd00000000000000
d33a3431a2b2d2d44b2acd2cad2c2223b40000000000
23aa32d2a1bd2431141342c13d212d233c34a3b3b000
d32234d4a1bdd23b242a22c2a1a1cda2b1baa33a0000
d3aab23c4cbddadb23c322c2a222223232b443b24bc3
d13a14313c31d42b14c421c42332cd2242b3433a3343
d13a3ad122b1da2b11242dc1a3a12100000000000000
d12a3ad1a13d23d3cb2a21ccada24d2131b440000000
314a133c4cbd142141ca424cad34c122413223ba4b40
d42a3adcacbddadbc42ac2c2ada2cda341baa3b24321
db1134dc2cb2dadb24c412c1ada2c3a341ba20000000
d1341431acbddad3c4c213412da22d3d1132a1344b1b
1ba41a21a1b2dadb24ca22c1ada2cd32413200000000
dbaa33d2a2bddadbcbca11c2a2accda1b2ba20000000

Si ha adivinado que la clase A es la que hizo trampas, enhorabuena. A continuación aparecen de nuevo las series de respuestas de la clase A reordenadas ahora por un ordenador que ha aplicado el algoritmo falseado y señalado patrones sospechosos.

Clase A

(Con la aplicación del algoritmo)

1. 112a4a342cb214d0001**acd24a3a12dadbcb4**a0000000
2. 1b2a34d4ac42d23b141**acd24a3a12dadbcb4**a2134141
3. db2abad1acbdda212b1**acd24a3a12dadbcb4**00000000
4. d43a3a24acb1d32b412**acd24a3a12dadbcb4**22143bc0
5. 1142340c2cbddadb4b1**acd24a3a12dadbcb4**3d133bc4
6. d43ab4d1ac3dd43421240d24**a3a12dadbcb4**00000000
7. dba2ba21ac3d2ad3c4c4cd40**a3a12dadbcb4**00000000
8. 144a3adc4cbddadbcbc2c2cc4**3a12dadbcb4**211ab343
9. 3b3ab4d14c3d2ad4cbcac1c00**3a12dadbcb4**adb40000
10. d43aba3cacbddadbcbca42c2a32**12dadbcb4**2344b3cb
11. 214ab4dc4cbdd31b1b2213c4ad4**12dadbcb4**adb00000
12. 313a3ad1ac3d2a23431223c000**12dadbcb4**00000000
13. d4aab2124cbddadbcb1a42cca34**12dadbcb4**23134bc1
14. dbaab3dcacb1dadbc42ac2cc310**12dadbcb4**adb40000
15. db223a24acb11a3b24cacd12a241c**dadbcb4**adb4b300
16. d122ba2cacbd1a13211a2d02a2412d0dbcb4adb4b3c0
17. 1423b4d4a23d24131413234123a243a2413a21441343
18. db4abadcacb1dad3141ac212a3a1c3a144ba2db41b43
19. db2a33dcacbd32d313c21142323cc300000000000000
20. 1b33b4d4a2b1dadbc3ca22c000000000000000000000
21. d12443d43232d32323c213c22d2c23234c332db4b300
22. d4a2341cacbddad3142a2344a2ac23421c00adb4b3cb

Observe las respuestas en negrita. ¿Consiguieron quince de veintidós alumnos recitar de un tirón las mismas seis respuestas consecutivas correctas (la serie d-a-d-b-c-b) solos?

Existen al menos cuatro razones para que esto resulte improbable. Una: esas preguntas, cerca del final del examen, eran más difíciles que las primeras. Dos: se trataba principalmente de alumnos con un nivel inferior, de los cuales pocos consiguieron seis respuestas correctas consecutivas en otra parte del examen, lo que hace aún más improbable que acertaran las mismas seis preguntas difíciles. Tres: hasta esta parte del examen las respuestas virtualmente eran no correlativas. Cuatro: tres de los alumnos (números 1, 9 y 12) dejaron más de una respuesta en blanco antes de la serie sospechosa y terminaron el examen con otra serie de respuestas en blanco. Esto sugiere que se rompió una larga serie ininterrumpida de respuestas en blanco, y no por parte del alumno, sino del profesor.

Existe otro aspecto extraño en torno a la serie de respuestas sospechosa. En nueve de los quince exámenes, las seis respuestas correctas van precedidas por otra serie idéntica, 3-a-1-2, que incluye tres respuestas incorrectas de cuatro. Y en los quince exámenes, las seis respuestas correctas van seguidas de la misma respuesta incorrecta, un 4. ¿Por qué demonios se preocuparía un profesor tramposo de borrar la hoja de respuestas de un alumno e introducir la respuesta errónea?

Quizá se trata de simple estrategia. En el caso de que se lo descubriera y se lo condujera al despacho del director, podría señalar las respuestas incorrectas como prueba de que no falsificó los exámenes. O quizás —y ésta es una respuesta menos benévola, pero igual de probable— él mismo desconoce la respuesta correcta. (Con los exámenes estandarizados, lo habitual es que el profesor no tenga una clave para la respuesta.) Si éste es el caso, entonces disponemos de una pista bastante sólida de por qué sus alumnos necesitan notas infladas para empezar: tienen un mal profesor.

Otro indicador de las trampas en la clase A es el resultado general de la clase. Cuando el octavo mes del curso académico los alumnos de octavo realizaron el examen, necesitaban alcanzar una puntuación media de 6,8 para considerarse al nivel de los estándares nacionales. (Los alumnos de quinto que realizan el examen el octavo mes necesitan una nota de 5,8, los de séptimo 7,8, etcétera.) La nota media de los alumnos de la clase A en los exámenes de sexto fue de 5,8, lo que significa que todo el curso se hallaba por debajo del nivel exigible. Así que, obviamente, se trata de malos estudiantes. Un año antes, no obstante, estos mismos estudiantes lo hicieron aún peor, obteniendo una media de sólo 4,1 en los exámenes de quinto. En lugar de mejorar por un punto entero entre quinto y sexto, como cabría esperar, mejoraron en un 1,7, el valor de casi dos cursos. Pero esta milagrosa mejora resultó pasajera. Cuando llegaron a séptimo, tuvieron de media un 5,5, más de dos niveles por debajo del estándar y peor incluso que en sexto. Obsérvense las calificaciones irregulares año tras año de tres alumnos en particular de la clase A:

	Nota de quinto curso	*Nota de sexto curso*	*Nota de séptimo curso*
Alumno 3	3,0	6,5	5,1
Alumno 5	3,6	6,3	4,9
Alumno 14	3,8	7,1	5,6

Las puntuaciones de tres años de la clase B, por otro lado, también son malas, pero al menos indican un esfuerzo sincero: 4,2, 5,1 y 6. De modo que una clase entera de niños, la clase A, de repente se volvió muy inteligente un año y muy tonta al siguiente, o más probablemente, su profesor de sexto consiguió realizar algún truco de magia con su lápiz.

Cabe destacar dos puntos acerca de los alumnos de la clase A, al margen del engaño en sí. El primero es que evidentemente se hallan en una forma académica baja, lo que los convierte en los estudiantes a quienes se supone que más ayudan las pruebas de alto índice. El segundo punto es que esos alumnos (y sus padres) sufrirían un *shock* terrible al llegar a séptimo. Todo lo que sabían era que habían pasado de curso con éxito debido a los resultados de sus exámenes. (Ningún niño queda atrás, en efecto.) No fueron ellos quienes aumentaron artificialmente sus calificaciones; probablemente esperaban hacerlo muy bien en séptimo, y fracasaron penosamente. Éste es quizás el aspecto más cruel de las pruebas de alto índice. Un profesor que hace trampa quizá piense que está ayudando a sus alumnos, pero lo cierto es que parece mucho más preocupado por ayudarse a sí mismo.

Un análisis de los datos de todo Chicago revela pruebas de engaño por parte de profesores en más de doscientas clases al año, aproximadamente el 5% del total, calculando por lo bajo, puesto que el algoritmo sólo podía identificar la forma más exagerada de hacer trampas —en la que los profesores cambiaron sistemáticamente las respuestas de los alumnos—, y no los múltiples modos más sutiles en que un profesor podría engañar. En un estudio reciente entre profesores de Carolina del Norte, cerca de un 35% de los encuestados afirmó haber sido testigo del engaño de algún tipo por parte de sus colegas, ya fuese proporcionando más tiempo a los estudiantes, sugiriendo respuestas o modificando éstas *a posteriori*.

¿Cuáles son las características de un profesor tramposo? Los datos de Chicago demuestran que tanto mujeres como hombres presentan la misma tendencia a hacer trampas. Un profesor tramposo tiende a ser más joven y menos cualificado que la media. Debido a que los datos de Chicago abarcan desde 1993 hasta 2000, dejan entre paréntesis la introducción de las pruebas de alto índice en 1996. Sin duda, ese año se produjo un pico pronunciado. El engaño tampoco fue aleatorio. Los profesores de las clases con puntuaciones más bajas eran los que más probabilidades tenían de hacer trampas. Cabe señalar también que la bonificación de 25.000 dólares para los profesores de California fue finalmente anulada, en parte a causa de las sospechas de que una cantidad excesiva del dinero iba a parar a manos de tramposos.

No todos los resultados del análisis de las trampas de Chicago fueron tan descorazonadores. Además de detectar a los tramposos, el algoritmo podía identificar a los mejores profesores del sistema escolar. La señal de un buen profesor era casi tan distintiva como la de uno tramposo. En lugar de obtener respuestas correctas al azar, sus estudiantes demostraban una verdadera mejora en los tipos de preguntas más fáciles que anteriormente habían fallado, signo de un aprendizaje real. Y los alumnos de un buen profesor transferían esa mejora al curso siguiente.

La mayor parte de los análisis académicos de este tipo tienden a quedar archivados, sin que nadie los lea, en la estantería de alguna biblioteca. Pero a principios de 2002, el nuevo director de las Escuelas Públicas de Chicago, Arne Duncan, contactó con los autores del estudio. No quería protestar ni acallar sus hallazgos, sino que deseaba asegurarse de que los profesores identificados como tramposos por el algoritmo realmente estaban haciendo trampas, y en caso de ser así, tomar medidas al respecto.

Duncan era un candidato con pocas probabilidades de ocupar un cargo tan importante. Sólo tenía treinta y seis años cuando fue designado, y era un antiguo académico típicamente americano de Harvard que más tarde jugó profesionalmente al baloncesto en Australia. Sólo había pasado tres años con el CPS —y nunca en un puesto lo suficientemente importante como para tener secretaria propia— antes de convertirse en su director. No le perjudicó el hecho de haber crecido en Chicago. Su padre enseñaba psicología en la universidad local, su madre dirigió un programa extraescolar durante cuarenta años, sin cobrar, en un barrio pobre. Cuando Duncan era niño, sus compañeros de juegos después de las clases eran los chicos desfavorecidos de que se ocupaba su madre. De modo que, cuando se hizo cargo de las escuelas públicas, su lealtad estaba más de parte de los niños y sus familias que de los profesores y su gremio.

Duncan había decidido que la mejor forma de deshacerse de los profesores tramposos era volver a realizar el examen estandarizado. Sin embargo, sólo disponía de los medios para volver a examinar a 120 clases, de modo que pidió ayuda a los creadores del algoritmo para elegir qué clases examinar.

¿Cuál era el modo más eficaz de utilizar esos 120 nuevos exámenes? Podría haber parecido razonable volver a examinar sólo a las clases que probablemente contaban con un profesor tramposo. Pero incluso si las notas de los nuevos tests eran inferiores, los profesores podrían argumentar que los alumnos lo hicieron peor sencillamente porque se les aseguraba que el resultado no influiría en la nota oficial, que era, de hecho, lo que se diría a todos los estudiantes. Para hacer convincentes los resultados de los nuevos exámenes, se emplearía a algunos no tramposos como grupo de control. ¿Cómo elegir el mejor grupo de control? Recurriendo a las clases que según el algoritmo disponían de los mejores profesores, en las que se pensaba que las grandes mejoras se habían obtenido de forma legítima. Si esas clases mantenían sus mejoras mientras las clases cuyo profesor era sospechoso de hacer trampas perdían terreno, los profesores tramposos difícilmente argumentarían que sus alumnos lo hicieron peor sólo porque las notas no contaban.

Así que se decidió por una combinación. Más de la mitad de las clases que volverían a examinarse eran las sospechosas de tener un profesor tramposo. El resto quedó dividido entre los profesores supuestamente excelentes (notas altas pero sin sospecha de patrones de respuesta) y, para mayor control, clases con puntuaciones mediocres y sin respuestas sospechosas.

El nuevo examen se repartió unas semanas después del primero. A los niños no se les comunicó la razón del nuevo examen. Tampoco a los profesores. Pero podrían haberse dado cuenta cuando se anunció que el examen lo repartirían funcionarios del CPS. Se pidió a éstos que permanecieran en clase junto a sus alumnos, pero se les indicó que no debían tocar los exámenes siquiera.

Los resultados fueron tan convincentes como había predicho el algoritmo. En las clases escogidas como grupos de control, donde no había sospechas de trampas, las notas siguieron siendo las mismas o incluso superiores. Por el contrario, los alumnos cuyos profesores habían sido identificados como tramposos obtuvieron una puntuación mucho peor, inferior a un curso entero de media.

Como resultado, el Sistema de Escuelas Públicas de Chicago comenzó a despedir a los profesores tramposos. Las pruebas sólo eran lo suficientemente sólidas en una docena de casos, pero el resto quedó debidamente advertido. El resultado final del estudio de Chicago proporciona una prueba importante del poder de los incentivos: al año siguiente, el engaño por parte de profesores descendió en más de un 30%.

Quizá crea usted que la sofisticación de los profesores que hacen trampas se incrementa con el nivel de los estudios. Pero un examen realizado en la Universidad de Georgia en otoño de 2001 pone en duda esa idea. El curso se denominaba Principios y Estrategias de Entrenamiento de Baloncesto, y la calificación final se basaba en un examen de veinte preguntas, entre ellas:

¿En cuántas mitades se divide un partido de baloncesto universitario?

a. 1 b. 2 c. 3 d. 4

¿Cuántos puntos suma una canasta de tres ptos. en un partido de baloncesto?

a. 1 b. 2 c. 3 d. 4

¿Cuál es el nombre del examen que todos los estudiantes de último curso de instituto deben pasar en el estado de Georgia?

a. Examen Ocular
b. Examen A Qué Sabe la Arena
c. Examen de Control de Virus
d. Examen de Graduación de Georgia

En tu opinión, ¿quién es el mejor entrenador asistente del país?

a. Ron Jirsa
b. John Pelphrey
c. Jim Harrick Jr.
d. Steve Wojciechowski

Si no sabe usted qué contestar a la pregunta final, quizá le interese saber que Principios de Entrenamiento era impartida por Jim Harrick Jr., entrenador asistente del equipo de baloncesto de la universidad. También es probable que le interese saber que su padre, Jim Harrick Sr., era el entrenador principal del equipo. No resulta sorprendente que Principios de Entrenamiento fuese uno de los cursos preferidos entre los jugadores del equipo de Harrick. Todos los alumnos de la clase recibieron la máxima puntuación. Poco después, los dos Harrick se vieron relevados de sus obligaciones como entrenadores.

Si encuentra vergonzoso que los maestros de escuela de Chicago y los profesores de la Universidad de Georgia hagan trampas —después de todo, se supone que un profesor debe inculcar valores además de hechos—, entonces la idea de las trampas entre luchadores de sumo también puede resultar profundamente perturbadora. En Japón, el sumo no sólo es el deporte nacional, sino también un depositario de la emoción religiosa, militar e histórica del país. Con sus ritos de purificación y sus raíces imperiales, el sumo es sacrosanto de un modo en que los deportes norteamericanos nunca lo serán. Es más, se dice que el sumo no se basa tanto en la competición, sino en el honor.

Es cierto que los deportes y las trampas van de la mano. Eso sucede porque las trampas son más habituales ante un incentivo claro (ganar o perder, por ejemplo) que con uno turbio. Velocistas y levantadores de peso olímpicos, ciclistas del Tour de Francia, defensas de fútbol y bateadores que golpean muy fuerte la bola: todos ellos han sido descubiertos por haber tragado esta o aquella píldora capaz de darles ventaja. No sólo los participantes hacen trampas. Los entrenadores de béisbol tratan de robar las señas de sus oponentes. En la competición de patinaje artístico de los Juegos Olímpicos de Invierno de 2002, un juez francés y otro ruso fueron descubiertos tratando de cambiar los votos para asegurarse de que sus patinadores obtenían medalla. (El hombre acusado de orquestar el intercambio de votos, un presunto jefe de la mafia rusa llamado Alimzhan Tojtajounov, también era sospechoso de amañar concursos de belleza en Moscú.)

Por lo general, el atleta que es descubierto haciendo trampas recibe una sanción, pero la mayoría de los admiradores suelen valorar sus motivos: deseaba tanto ganar que rompió las reglas. (Como dijo el jugador de béisbol Mark Grace en una ocasión: «Si no haces trampas, no lo intentas.») Entretanto, el atleta que hace trampas para perder se ve relegado a un profundo círculo del infierno deportivo. Los White Sox de Chicago, que en 1919 conspiraron con los corredores de apuestas para perder las Series Mundiales (por lo que se los conoce como Black Sox), conservan un hedor a iniquidad incluso entre los aficionados ocasionales al béisbol. El equipo campeón de baloncesto del City College de Nueva York, una vez admirado por su juego inteligente y luchador, se vio vilipendiado en el acto cuando en 1951 se descubrió que varios de sus componentes habían recibido dinero de la mafia para recortar puntos, fallando intencionadamente canastas con el objetivo de beneficiar a los corredores de apuestas. ¿Recuerda usted a Terry Malloy, el atormentado ex boxeador interpretado por Marlon

Brando en *La ley del silencio*? En opinión de Malloy, todos sus problemas derivaban de la única pelea en la que se había dejado ganar. De no ser así, incluso habría podido aspirar al título.

Si las trampas para perder son el pecado principal del deporte, y si la lucha de sumo es el principal deporte de una gran nación, lo lógico es pensar que las trampas para perder no podrían existir en el sumo, ¿verdad?

De nuevo, nos remitiremos a los datos. Al igual que en el caso de los exámenes escolares de Chicago, los datos estudiados son sorprendentemente amplios: los resultados de casi todos los combates oficiales entre los luchadores japoneses de más alto nivel entre enero de 1989 y enero de 2000, un total de 32.000 encuentros entre 281 luchadores diferentes.

El esquema de incentivos imperante en el sumo es intrincado y extraordinariamente poderoso. Cada luchador mantiene un ranking que afecta todos los detalles de su vida: cuánto gana, el tamaño de su séquito, cuánto come, duerme y, por otro lado, cuánto aprovecha su éxito. Los sesenta y seis principales luchadores de Japón, incluidas las divisiones *makuuchi* y *juryo*, forman la elite del sumo. Un luchador cercano a la cima de esta pirámide puede ganar millones y ser tratado como un miembro de la realeza. Cualquier luchador que se halle entre los cuarenta primeros del ranking gana como mínimo 170.000 dólares al año. En cambio, el luchador que ocupa posiciones inferiores al número setenta gana tan sólo 15.000 dólares. La vida no resulta demasiado dulce fuera de la elite. Los luchadores que ocupan puestos bajos en el ranking deben atender a los que se hallan por encima, preparar sus comidas, limpiar sus habitaciones e incluso lavar aquellas partes de su cuerpo a las que les cuesta más acceder. De modo que la clasificación lo es todo.

La clasificación de un luchador de sumo se basa en los resultados que obtiene en los torneos de la elite, que se celebran seis veces al año. Cada luchador tiene quince encuentros por torneo, uno al día durante quince días consecutivos. Si termina el torneo con un récord ganador (ocho victorias o más), ascenderá en la clasificación. Si tiene un récord perdedor, descenderá. Si desciende lo suficiente, se le pone de patitas en la calle. La octava victoria en cualquier torneo es, por lo tanto, decisiva, supone la diferencia entre el ascenso y el descenso de categoría; es aproximadamente cuatro veces más valiosa en la clasificación que la victoria simple.

Así, un luchador que llega al último día del torneo en una posición crítica, con una marca de 7-7, tiene mucho más que ganar de una victoria de lo que tiene que perder un oponente con una marca de 8-6.

¿Es posible entonces que un luchador con una marca de 8-6 permita a uno con una de 7-7 vencerlo? Un encuentro de sumo es una vibrante concentración de fuerza, velocidad y empuje, que a menudo sólo dura unos segundos. No resultaría difícil dejarse caer.

Imaginemos por un instante que los combates de sumo están amañados. ¿Cómo estudiaríamos los datos a fin de demostrarlo?

El primer paso sería aislar los combates en cuestión: los que tienen lugar el último día del torneo entre un luchador en una situación crítica y otro que ya se ha asegurado su octava victoria. (Puesto que más de la mitad de los luchadores termina un torneo con siete, ocho o nueve victorias, cientos de combates encajan en estos parámetros.)

Un combate final entre dos luchadores cuyas respectivas marcas son de 7-7 es improbable que sea amañado, dado que a ambos les hace mucha falta la victoria. Un luchador con diez victorias o más probablemente tampoco se dejará ganar, ya que posee su propio incentivo para alzarse con la victoria: el premio de 100.000 dólares para el campeón absoluto del torneo y una serie de premios de 20.000 dólares a la «técnica destacada», el «espíritu luchador», etcétera.

Pasemos a considerar la siguiente estadística, que representa los cientos de combates en que un luchador con un promedio de 7-7 se enfrentaba a uno con 8-6 de marca el último día del torneo. La columna de la izquierda muestra la probabilidad, basada en todos los combates anteriores entre los dos luchadores que compiten ese día, de que el luchador con 7-7 de promedio gane. La columna de la derecha muestra la frecuencia con que ese mismo luchador ganó en realidad.

PORCENTAJE PROBABLE DE VICTORIAS DEL LUCHADOR CON 7-7 FRENTE A UN ADVERSARIO CON 8-6	PORCENTAJE REAL DE VICTORIAS DEL LUCHADOR CON 7-7 FRENTE A UN ADVERSARIO CON 8-6
48,7	79,6

Así que se esperaba que, basándonos en resultados pasados, el luchador con una marca de 7-7 obtuviese algo menos de la mitad de victorias. Esto tiene sentido, ya que sus marcas en este torneo indican que el luchador con 8-6 de promedio es ligeramente mejor. Pero en realidad, el luchador en situación crítica venció en casi ocho de cada diez encuentros contra un oponente con 8-6. Los luchadores en situación crítica también peleaban sorprendentemente bien frente a contrincantes con marca de 9-5:

PORCENTAJE PROBABLE DE VICTORIAS DEL LUCHADOR CON 7-7 FRENTE A UN ADVERSARIO CON 9-5	PORCENTAJE REAL DE VICTORIAS DEL LUCHADOR CON 7-7 FRENTE A UN ADVERSARIO CON 9-5
47,2	73,4

Pese a parecer muy sospechoso, un alto porcentaje de victorias no es suficiente por sí solo para probar que un combate está amañado. Dado que mucho depende de la octava victoria de un luchador, cabe esperar que se esfuerce más en un combate crucial. No obstante, tal vez en los datos existan pruebas que demuestren connivencia.

Cabe pensar en el incentivo que puede tener un luchador para perder de forma deliberada. Quizás acepte un soborno (lo cual, evidentemente no aparecería reflejado en los datos). O tal vez los dos luchadores alcancen un acuerdo de otro tipo. No olvidemos que los luchadores de sumo que pertenecen a la elite están muy unidos. Cada uno de estos sesenta y seis luchadores se enfrenta a quince del resto en un torneo cada dos meses. Además, cada luchador pertenece a un gimnasio dirigido por un antiguo campeón, de modo que incluso los gimnasios rivales se hallan muy vinculados. (Los luchadores del mismo gimnasio no se enfrentan entre sí.)

Ahora echemos un vistazo al porcentaje de victorias y derrotas entre los luchadores con marcas de 7-7 y los de 8-6 la siguiente vez que se enfrentan entre sí, cuando ninguno de ellos lucha por la clasificación. En este caso, no existe una presión excesiva sobre el combate individual, de modo que cabría esperar que los luchadores con una marca de 7-7 en el torneo anterior luchen tan bien como lo hicieron en otras ocasiones contra los mismos contrincantes, es decir, que ganen aproximadamente el 50% de las veces. Sin duda no esperaríamos que mantuviesen el 80%.

Resulta que los datos revelan que los luchadores con una marca de 7-7 sólo ganan el 40% de esos combates. ¿El 80% en un combate y el 40% en el siguiente? ¿Cómo se explica?

La interpretación más lógica consiste en que los luchadores llegan a un acuerdo de *quid pro quo*: tú me dejas ganar hoy, cuando de verdad necesito la victoria, y yo te dejo ganar a ti la próxima vez. (Un pacto así no descartaría un soborno económico.) Resulta especialmente interesante que, para el segundo encuentro posterior entre ambos luchadores, los porcentajes de victoria vuelvan al nivel esperado de alrededor del 50%, lo cual indica que la connivencia no abarca más que dos encuentros.

Y no sólo resultan sospechosos los luchadores individualmente. Las marcas colectivas de los distintos gimnasios de sumo presentan anomalías similares. Cuando los luchadores de un gimnasio han salido bien parados contra los de otro, tienden a luchar especialmente mal cuando el segundo gimnasio se encuentra en situación crítica. Esto indica que al nivel más alto del deporte, los combates se amañan, en gran medida como ocurrió con el cambio de votos por parte de los jueces de patinaje olímpico.

Nunca se han emprendido medidas disciplinarias contra un luchador de sumo por amañar un combate. Los dirigentes de la Asociación Japonesa de Sumo suelen desestimar tales acusaciones como mentiras creadas por antiguos luchadores descontentos. De hecho, la mera inclusión de las palabras «sumo» y «amañado» en la misma frase puede provocar un escándalo nacional. La gente tiende a ponerse a la defensiva cuando se cuestiona la integridad de su deporte nacional.

Aun así, algunas acusaciones de amañar combates sí se abren camino hasta los medios de comunicación japoneses. Estos escándalos mediáticos ocasionales proporcionan una oportunidad más de calcular la posible corrupción existente en el sumo. Al fin y al cabo el escrutinio por parte de los medios de comunicación provoca un fuerte incentivo: si los luchadores de sumo o sus gimnasios han estado amañando combates, podrían cuidarse mucho de continuar haciéndolo cuando se vean rodeados por una multitud de periodistas y cámaras de televisión.

Entonces, ¿qué ocurre en esos casos? Los datos demuestran que, en los torneos de sumo que se celebran inmediatamente después de las acusaciones de amañar combates, los luchadores con marca de 7-7 sólo ganan el 50% de sus combates finales contra adversarios con marcas de 8-6, en lugar del habitual 80%. No importa cómo se analicen los datos, inevitablemente indican una cosa: resulta difícil argumentar que los combates de sumo no están amañados.

Hace unos años, dos antiguos luchadores presentaron acusaciones importantes de corrupción. En el sumo no sólo se amañaban combates, sino que reinaban el abuso de drogas y las aventuras sexuales, los sobornos y la evasión de impuestos, por no mencionar la estrecha vinculación con la *yakuza*, la mafia japonesa. Los dos hombres comenzaron a recibir llamadas de amenaza; uno de ellos explicó a sus amigos que tenía miedo de ser asesinado por la *yakuza*. Aun así, continuaron con sus planes de dar una conferencia de prensa en el Club de Corresponsales Extranjeros de Tokio. Sin embargo, poco antes de hacerlo ambos murieron, con una diferencia de horas y en el mismo hospital, por problemas respiratorios similares. La policía declaró que no se había producido ningún acto delictivo y no llevó a cabo ninguna investigación. «Resulta muy extraño que estas dos personas mueran el mismo día en el mismo hospital —afirmó Mitsuru Miyake, editor de una revista de sumo—. Pero nadie ha advertido signos de envenenamiento, de modo que no hay razones demostrables para el escepticismo.»

Murieran intencionadamente o no, esos dos hombres habían hecho lo que nadie que hubiese vivido el sumo desde dentro había hecho antes: pronunciar nombres. De los 281 luchadores que abarcaban los datos citados, identificaron a 29 deportistas deshonestos y a 11, según ellos, incorruptibles.

¿Qué ocurre cuando se incluyen las pruebas que corroboraban las acusaciones de los dos denunciantes de prácticas corruptas en el análisis de los datos referentes a los combates? En los encuentros entre dos luchadores supuestamente corruptos, el que se hallaba en situación crítica ganó aproximadamente el 80% de las veces. En encuentros críticos contra luchadores supuestamente incorruptibles, el luchador en situación crítica no tenía más probabilidades de ganar de lo que anticipaban sus marcas. Además, cuando un luchador supuestamente corrupto se enfrentaba a un rival al cual los denunciantes no habían citado ni como corrupto ni como incorruptible, los resultados estaban prácticamente tan sesgados como cuando combatían dos luchadores corruptos, lo cual sugiere que la mayoría de los luchadores que no fueron nombrados de forma específica también eran corruptos.

De modo que, si los luchadores, los profesores y los padres de los niños que van a la guardería hacen trampas, ¿debemos asumir que la humanidad es corrupta de manera innata y universal? Y en tal caso, ¿cuán corrupta es?

Tal vez la respuesta se encuentre en... las rosquillas. Estudiemos la verdadera historia de un hombre llamado Paul Feldman.

Hace mucho tiempo, Feldman albergaba grandes sueños. Tras estudiar economía agrícola, deseaba contribuir a acabar con el hambre en el mundo. En lugar de ello, aceptó un trabajo en Washington y se dedicó a analizar gastos de armamento para la Marina estadounidense. Corría el año 1962. Continuó con el análisis en Washington durante los veinte años siguientes. Ocupó puestos de nivel superior y ganó mucho dinero, pero no siempre fue reconocido por sus mejores trabajos. Por Navidad, en la fiesta que se organizaba en la oficina los colegas solían presentarlo a sus mujeres no como «el jefe del grupo de investigación pública» (lo que era), sino como «el tío que trae las rosquillas».

Las rosquillas habían comenzado como un gesto casual: el de un jefe que invitaba a sus empleados cada vez que lograban un contrato de investigación. Después lo convirtió en una costumbre. Todos los viernes, llevaba algunas rosquillas, un cuchillo serrado y queso para untar. Cuando los empleados de las oficinas vecinas empezaron a oír a hablar de las rosquillas, también quisieron algunas. Al final Feldman acabó llevando quince docenas de rosquillas a la semana. Para recuperar el dinero, dispuso una cesta para las monedas y un cartel con el precio indicado. La recaudación cubría el 95% del coste; atribuía la diferencia al descuido, no a la estafa.

En 1984, cuando el instituto de investigación en el que trabajaba pasó a depender de una nueva dirección, Feldman echó un vistazo a su futuro e hizo una mueca. Decidió dejar su trabajo y vender rosquillas. Sus amigos economistas pensaron que había perdido la cabeza, pero su esposa lo apoyó. El menor de sus tres hijos estaba terminando la universidad, y ya habían pagado la hipoteca.

Conduciendo por los aparcamientos de los edificios de oficinas, conseguía clientes mediante una táctica simple: por la mañana temprano entregaba algunas rosquillas y dejaba una cesta para las monedas en la sala de descanso de una empresa; regresaba antes de la comida y recogía el dinero y las rosquillas sobrantes. Se trataba de un plan comercial basado en la honestidad, y funcionaba. Al cabo de unos años, Feldman entregaba 8.400 rosquillas a la semana a 140 empresas y ganaba más de lo que nunca había conseguido como analista de investigación. Se había deshecho de los grilletes de la vida en un cubículo y se sentía feliz.

Al mismo tiempo, casi sin quererlo, había ideado un hermoso experimento económico. Desde el comienzo, Feldman guardó rigurosamente la información relativa a su negocio. Así que, calculando el dinero recaudado frente a las rosquillas recogidas, encontró posible definir la honradez de sus clientes, hasta el último centavo. ¿Le robaban? En tal caso, ¿cuáles eran las características de una empresa que lo hacía frente a una que no lo hacía? ¿En qué circunstancias tendía la gente a robar más, o menos?

Resulta que el estudio de Feldman abre una ventana a una forma de engaño que durante mucho tiempo ha frustrado a los académicos: el delito de cuello blanco. (Sí, sisar al hombre de las rosquillas, a pesar de lo insignificante del robo, constituye un delito de cuello blanco.) Quizá parezca absurdo afrontar un problema tan extenso e intratable como los delitos de cuello blanco a través de la vida de un repartidor de rosquillas, pero a menudo una cuestión pequeña y simple puede ayudar a visualizar problemas mayores.

A pesar de la atención prestada a grandes compañías como Enron, los estudiosos saben muy poco acerca de los aspectos prácticos de los delitos de cuello blanco. ¿La razón? No existen datos sólidos. Un hecho clave en esos delitos es que sólo oímos hablar acerca de una ínfima parte de gente que es descubierta engañando. La mayoría de los desfalcadores llevan vidas tranquilas y teóricamente felices; rara vez se detecta a los empleados que roban a la empresa.

Con el crimen callejero, en cambio, no ocurre lo mismo. Un atraco, un robo o un asesinato suelen registrarse tanto si el criminal es detenido como si no. Un delito en la calle tiene una víctima, que generalmente informa de éste a la policía, que genera datos, que a su vez generan miles de informes por parte de criminólogos, sociólogos y economistas. Pero los delitos de cuello blanco no presentan víctimas evidentes. ¿A quién exactamente robaron los señores de Enron? Y ¿cómo podemos medir algo si no sabemos a quién le sucedió, o con qué frecuencia, o en qué magnitud?

El negocio de las rosquillas de Paul Feldman era diferente. Sí presentaba una víctima. La víctima era Paul Feldman.

Cuando emprendió el negocio, esperaba una tasa de pago del 95%, basándose en la experiencia de su propia oficina. Pero al igual que la delincuencia tiende a ser baja en una calle donde permanece aparcado un coche de policía, ese 95% era artificialmente alto: la presencia de Feldman había impedido el robo. Y no sólo eso, sino que esos consumidores de rosquillas conocían al proveedor y sentían algo (presumiblemente algo bueno) por él. Un amplio sector de la investigación psicológica y económica ha demostrado que la gente paga diferentes sumas por el mismo artículo dependiendo de quién lo suministra. El economista Richard Thaler, en su estudio «Cerveza en la playa», de 1985, demostró que una persona que toma el sol y tiene sed pagaría 2,65 dólares por una cerveza servida en las dependencias de un hotel, pero sólo 1,50 por la misma cerveza si ésta procedía de una tienda de comestibles.

En el mundo real, Feldman aprendió a liquidar por menos del 95%. Llegó a considerar que una empresa era «honrada» si su tasa de pago superaba el 90%. Un índice que oscilase entre el 80% y el 90% lo consideraba «fastidioso pero tolerable». Si una empresa habitualmente pagaba menos del 80%, Feldman podía fijar una nota como ésta:

> El coste de las rosquillas ha aumentado de forma espectacular desde principios de año. Por desgracia, el número de rosquillas que desaparecen sin ser pagadas también ha aumentado. No permitan que eso continúe. Imagino que no enseñarán a sus hijos a engañar, así que, ¿por qué hacerlo ustedes mismos?

Al principio, Feldman dejaba una cesta abierta para las monedas, pero el dinero se desvanecía con excesiva frecuencia. Entonces probó con un bote de café con una ranura en la tapa de plástico, que también resultó demasiado tentador. Al final, tuvo que fabricar pequeñas cajas de contrachapado con una ranura en la parte superior. La caja de madera ha funcionado. Cada año deja cerca de siete mil cajas y pierde, de media, sólo una por robo. Una estadística interesante: las mismas personas que automáticamente roban más del 10% de sus rosquillas casi nunca se rebajan a robar su caja del dinero, un tributo al matizado valor social del robo. Desde la perspectiva de Feldman, un empleado de oficina que come una rosquilla sin pagar por ella está cometiendo un delito; el empleado probablemente no piense lo mismo. Esta distinción posiblemente esté menos relacionada con la suma de dinero —hay que admitir que pequeña— en juego (las rosquillas de Feldman cuestan un dólar, con la crema incluida) que con el contexto del «delito». El mismo empleado de oficina que no paga su rosquilla podría servirse un largo trago de refresco en un restaurante *self-service*, pero resulta poco probable que se fuese de él sin pagar.

Así pues, ¿qué indican los datos de las rosquillas? En los últimos años, han coexistido dos tendencias de interés en cuanto a los índices de pago en general. La primera fue un largo y lento declive que comenzó en 1992. En el verano de 2001, la tasa había descendido a alrededor del 87%. Pero inmediatamente después del 11 de Septiembre de ese mismo año, la tasa subió un 2% y se ha mantenido estable desde entonces. (Si un beneficio del 2% en el pago no parece mucho, considéreselo de esta forma: el índice de impago cayó del 13% al 11%, lo que significa un 15% de descenso en el robo.) Debido a que muchos de los clientes de Feldman apoyan la seguridad nacional, quizás haya habido un elemento patriótico en ese Efecto 11 de Septiembre. O tal vez sólo signifique un repentino incremento de la empatía.

Los datos también demuestran que las oficinas pequeñas son más honradas que las grandes. Una oficina con unas pocas decenas de empleados generalmente paga de un 3% a un 5% más que otra con varios cientos. Esto tal vez parezca contrario a lo que debería dictar lo intuitivo. En una oficina más grande, seguro que se reúne un mayor número de personas alrededor de la mesa de las rosquillas, lo que proporciona más testigos de que quien toma una rosquilla introduce su dinero en la caja. Pero en la comparación oficina grande/oficina pequeña, el delito en relación con las rosquillas parece reflejar lo que ocurre en la calle. Existe mucha menos delincuencia callejera per cápita en las zonas rurales que en las ciudades, en gran parte porque un delincuente rural tiene más probabilidades de ser conocido (y, por lo tanto, atrapado). Además, una comunidad más pequeña tiende a emplear mayores incentivos sociales contra el crimen, el principal de los cuales es la vergüenza.

Los datos de las rosquillas también reflejan cuánto afecta a la honradez el humor en que uno se encuentra. El tiempo, por ejemplo, constituye un factor fundamental. El buen tiempo anormal en una época del año determinada estimula a la gente a pagar, mientras que el tiempo frío hace que la gente tenga tendencia a engañar, y lo mismo ocurre con la lluvia o el viento fuertes. Las vacaciones son aún peores. La semana de Navidad produce una caída del 2% en los índices de pago, esto es un 15% de incremento en el robo, un efecto de la misma magnitud, pero a la inversa, que el del 11 de Septiembre. Las fechas próximas al día de Acción de Gracias son prácticamente igual de malas; la semana de San Valentín es también fatal, como lo es la semana del puente del 15 de abril. Existen, no obstante, algunos días de fiesta buenos: las semanas que incluyen el Cuatro de Julio, el Día del Trabajo y el día del descubrimiento de América. ¿Qué diferencia existe entre ambos grupos? Los días de vacaciones con bajo índice de engaño representan poco más de un día libre del trabajo. Los días de fiesta en los que aumenta el índice de engaños están repletos de preocupaciones de todo tipo y altas expectativas en relación con los seres queridos.

Feldman también llegó a sus propias conclusiones acerca de la honradez, basándose más en la experiencia que en los datos. Ha llegado a creer que el estado de moral es un factor importante: cuanto más a gusto están con sus jefes y su trabajo, más honrados son los empleados de una oficina. También considera que cuanto más arriba en el escalafón se encuentran los trabajadores, más propensos a engañar son. Llegó a esta conclusión tras servir durante años a una empresa distribuida en tres plantas: una planta ejecutiva superior y dos inferiores ocupadas por los empleados de ventas, servicios y administración. (Feldman se preguntaba si quizá los ejecutivos engañaban debido a un sentido excesivamente desarrollado de sus privilegios. Lo que no consideró es que quizás engañar fue lo que los llevó a llegar a ejecutivos.)

Si la moral representa el modo en que nos gustaría que funcionase el mundo y la economía representa cómo funciona éste en realidad, entonces la historia del negocio de rosquillas de Feldman yace en la misma intersección de moralidad con economía. Sí, hay un montón de gente que le roba, pero la gran mayoría, aun cuando nadie la observa, no lo hace. Este resultado puede sorprender a algunas personas, incluidos los amigos economistas de Feldman, que hace veinte años le advirtieron de que ese plan basado en la honradez nunca funcionaría. Pero no habría sorprendido a Adam Smith. De hecho, el tema del primer libro de Smith, *La teoría de los sentimientos morales*, era la honradez inherente del ser humano. «A pesar de lo egoísta que un hombre pueda suponerse —escribió Smith—, evidentemente existen algunos principios en su naturaleza que lo llevan a interesarse por la suerte de los demás y a convertir la necesidad de éstos en necesaria para sí mismo, aunque no le proporcione nada, salvo el placer de contemplarlo.»

Hay una historia, «El anillo de Giges», que Feldman relata en ocasiones a sus amigos economistas. Procede de *La república*, de Platón. Un estudiante llamado Glaucón narró la historia en respuesta a una lección de Sócrates, quien, al igual que Adam Smith, defendía que la gente es generalmente buena aun sin imposición. Glaucón, al igual que los amigos economistas de Feldman, discrepaba. Habló de un pastor llamado Giges que encontró una caverna secreta dentro de la cual había un cadáver que llevaba un anillo. Cuando Giges se puso el anillo, descubrió que éste lo volvía invisible. Sin nadie capaz de controlar su comportamiento, Giges procedió a cometer actos deplorables: seducir a la reina, asesinar al rey, etc. La historia de Glaucón planteaba una cuestión moral: ¿podría un hombre resistirse a la tentación del mal si supiese que sus actos no tendrían testigos? Glaucón parecía pensar que la respuesta era no. Pero Paul Feldman se pone del lado de Sócrates y Adam Smith, porque sabe que la respuesta, al menos en el 87% de los casos, es sí.

2

¿EN QUÉ SE PARECE EL KU KLUX KLAN A UN GRUPO DE AGENTES INMOBILIARIOS?

Como cualquier institución en general, la historia del Ku Klux Klan ha estado marcada por los altibajos. La organización fue fundada en el período inmediatamente posterior a la guerra civil por seis antiguos soldados confederados en Pulaski, Tennessee. Los seis jóvenes, cuatro de los cuales eran abogados en ciernes, se veían a sí mismos como un círculo de amigos con ideas afines, de ahí el nombre que eligieron: «kuklux» una ligera deformación de *kuklos*, que en griego significa «círculo». Al comienzo, se decía que sus actividades se reducían a inocentes travesuras a medianoche: cabalgar a través del campo envueltos en sábanas blancas y capuchas hechas con fundas de almohadones. Pero pronto el Klan se desarrolló hasta convertirse en una organización terrorista con presencia en varios estados e ideada para atemorizar y asesinar a los esclavos emancipados. Entre sus líderes regionales se encontraban cinco antiguos generales confederados; sus seguidores más incondicionales eran los propietarios de plantaciones para quienes la Reconstrucción supuso una pesadilla tanto económica como política. En 1872, el presidente Ulysses S. Grant explicó detalladamente ante la Cámara de Representantes los verdaderos objetivos del Ku Klux Klan: «Mediante la fuerza y el terror, impedir toda acción política que esté en desacuerdo con las opiniones de sus miembros, privar a los ciudadanos de color del derecho de llevar armas y del derecho al voto, eliminar las escuelas en que se enseñe a los niños de color y reducir a la gente de color a una condición fuertemente similar a la de la esclavitud.»

En sus comienzos, el Klan llevó a cabo su trabajo mediante el panfleto, el linchamiento, el asesinato por disparo, la quema, la castración y otras mil formas de intimidación. Su objetivo eran los antiguos esclavos y cualquier blanco que apoyase el derecho de los negros a votar, adquirir tierras o acceder a una educación. Sin embargo, en apenas una década había sido eliminado, en gran parte gracias a intervenciones legales y militares procedentes de Washington, D. C.

Pero, pese a que el Klan en sí fue derrotado, sus objetivos se habían alcanzado con creces mediante el establecimiento de las leyes de Jim Crow.* El Congreso, que durante la Reconstrucción había aprobado rápidamente medidas de libertad legal, social y económica para los negros, comenzó a hacerlas retroceder a la misma velocidad. El Gobierno federal acordó retirar sus tropas de ocupación del Sur, permitiendo el restablecimiento del dominio blanco. En el caso «Plessy contra Ferguson», el Tribunal Supremo de Estados Unidos dio luz verde a la segregación racial total.

El Ku Klux Klan permaneció inactivo hasta 1915, cuando la película de D. W. Griffith, *El nacimiento de una nación* —originalmente titulada *The Clansman*—, contribuyó a desencadenar su renacer. Griffith presentaba a los miembros del Klan como cruzados por la civilización blanca, y a la organización como una de las fuerzas más nobles de la historia del país. La película citaba una frase de *Una historia del pueblo americano*, escrita por un historiador de renombre: «Al fin surgió de la noche a la mañana un gran Ku Klux Klan, un auténtico imperio del Sur, para proteger el país sureño.» El autor del libro era el presidente de Estados Unidos Woodrow Wilson, que fuera profesor y rector de la Universidad de Princeton.

En los años veinte, un Klan reactivado aseguraba tener ocho millones de miembros. En esa época, el Klan no se hallaba confinado en el Sur, sino que se extendía por todo el país, y su objetivo incluía, además de los negros, a católicos, judíos, comunistas, unionistas, inmigrantes, agitadores y otros perturbadores del sta-

* Sistema legal de segregación racial vigente en el sur de Estados Unidos desde 1890 hasta bien entrada la década de los sesenta. *(N. de la T.)*

tu quo. En 1933, con el progresivo ascenso de Hitler en Alemania, Will Rogers fue el primero en señalar una relación entre el nuevo Klan y la nueva amenaza que se cernía sobre Europa: «Todos los periódicos afirman que Hitler está tratando de imitar a Mussolini —escribió—. Yo diría que es al Ku Klux Klan a quien está imitando.»

El comienzo de la Segunda Guerra Mundial y diversos escándalos internos dejaron de nuevo al Klan fuera de combate. La opinión pública se volvió en su contra, ya que la unidad de un país en guerra acabó con su mensaje de separatismo.

Pero al cabo de unos años, volvió a dar señales de un gran renacer. A medida que la preocupación por el conflicto bélico daba paso a la incertidumbre de la posguerra, aumentaba el número de miembros del Klan. Apenas dos meses después de la victoria aliada en Europa, el Klan quemaba en Atlanta una cruz de más de noventa metros de altura frente a Stone Mountain, donde se encuentra esculpido en piedra el rostro de Robert E. Lee. El extravagante hecho de quemar la cruz, declaró más tarde un integrante del Klan, sólo pretendía «hacer saber a los negros que la guerra ha terminado y que el Klan ha vuelto a las calles».

Por aquel entonces, Atlanta se había convertido en el cuartel general del Klan. Éste ejercía un fuerte dominio sobre importantes políticos de Georgia, y sus secciones en dicho estado incluían numerosos policías y ayudantes de sheriff. Sí, el Klan era una sociedad secreta que se deleitaba en contraseñas y estratagemas envueltas de intrigas y misterio, pero su poder real residía en el miedo que fomentaba, ejemplificado por el secreto a voces de que el Ku Klux Klan y las fuerzas de la ley eran compañeros de armas.

Atlanta —en la jerga del Klan, la Ciudad Imperial del Imperio Invisible del KKK— era también la tierra natal de Stetson Kennedy, un hombre de treinta años con todos los antecedentes para integrar el Klan, pero cuyo temperamento apuntaba en la dirección contraria. Procedía de una familia destacada del Sur entre cuyos ancestros se hallaban dos firmantes de la Declaración de Independencia, un oficial del ejército confederado y John B. Stetson, fundador de la famosa fábrica de sombreros y el hombre por el que la Universidad Stetson se llama así.

Stetson Kennedy, el menor de cinco hermanos, creció en una casa de catorce habitaciones en Jacksonville, Florida. Su tío Brady era miembro del Klan. Pero Kennedy pasaría a convertirse en un autoproclamado «disidente en general», y escribiría incontables artículos y varios libros que clamaban contra la intolerancia. Primero trabajó como folclorista, viajando por Florida para recopilar viejos cuentos y canciones nativos. Años más tarde, sirvió como corresponsal blanco poco usual para el *Pittsburg Courier*, el periódico negro más importante del país; escribió bajo el seudónimo de Daddy Mention, un héroe popular negro que, según la leyenda, era más rápido que el disparo de un sheriff.

Lo que impulsaba a Kennedy era el odio a la estrechez de miras, la ignorancia, el obstruccionismo y la intimidación, que en su opinión ninguna organización presentaba de forma más orgullosa que el Ku Klux Klan. Kennedy consideraba al Klan el brazo terrorista de la clase dirigente blanca, lo que le parecía un problema irresoluble por multitud de razones: el Klan estaba confabulado con líderes políticos, del mundo de los negocios y de las fuerzas de la ley; la sociedad en general se sentía asustada e impotente para actuar contra el Klan; y los pocos grupos contrarios al odio racial que existían en esa época tenían escasa influencia o carecían de la suficiente información acerca del Klan. Como Kennedy escribió más tarde: «Casi todo lo que se escribía sobre el tema eran editoriales, no artículos reveladores. Los escritores estaban en contra del Klan, de acuerdo, pero disponían de escasísima información interna sobre él.»

De este modo, Kennedy comenzó a reunir dicha información. Pasó varios años entrevistando a líderes y simpatizantes del Klan, en ocasiones aprovechando su propio origen y linaje para fingir que se hallaba de su parte. También presenció actos públicos del Klan y, como escribiría más tarde, incluso comenzó a infiltrarse en el Klan en Atlanta.

The Klan Unmasked, las memorias de Kennedy de sus hazañas «dentro» del Klan, en realidad son más una novelización que una clara narración de no ficción. Al parecer, Kennedy, en el fondo un folclorista, quería comunicar la historia más dramática posible, y por lo tanto incluyó no sólo sus propias actividades contra el Klan, sino también las de otro hombre, cuyo nombre clave era John

Brown. Brown era un sindicalista y antiguo líder del Klan que se había enmendado y se ofreció para infiltrarse en el Klan. Al parecer fue John Brown quien llevó a cabo los episodios más peligrosos presentados en *The Klan Unmasked* —asistiendo físicamente a las reuniones del Klan y otros actos en Atlanta—, pero dado que fue Stetson Kennedy quien más tarde escribió el libro, presentó las acciones de Brown como propias.

A pesar de esto, había una gran cantidad de información que deducir de esta colaboración entre Brown y Kennedy. Brown reveló lo que estaba descubriendo en las reuniones semanales del Klan: las identidades de los líderes locales y regionales del Klan; sus próximos planes; los rituales, contraseñas y lenguaje actuales del Klan. Una de las costumbres del Klan, por ejemplo, consistía en añadir «Kl» a numerosas palabras. (De este modo dos hombres del Klan mantenían una «klonversación» en la «klaberna» local.) El apretón de manos del Klan consistía en una sacudida poco enérgica de la mano izquierda. Cuando un integrante del Klan se hallaba de viaje y quería localizar hermanos en una ciudad extraña, preguntaría por un tal Mr. Ayak —«Ayak» como clave para «*Are you a Klansman?*»* Esperaría oír como respuesta: «Sí, y también conozco a un Mr. Akai» —clave para «*A Klansman Am I.*»**

En poco tiempo, John fue invitado a formar parte de los *Klavaliers*, la policía secreta del Klan y «brigada del azote». Como infiltrado, esto suponía un problema especialmente peliagudo: ¿qué ocurriría si se le pedía que cometiera un acto violento?

Pero descubrió que un hecho central de la vida en el Klan —y del terrorismo en general— es que la mayor parte de las amenazas de violencia nunca pasa de la categoría de amenaza.

Estudiemos el linchamiento, el signo de violencia distintivo del Klan. Recogidas por el Instituto Tuskegee, a continuación aparecen las estadísticas década a década del linchamiento de negros en Estados Unidos:

* «¿Eres un hombre del Klan?» *(N. de la T.)*

** «Soy un hombre del Klan.» *(N. de la T.)*

AÑOS	LINCHAMIENTOS DE NEGROS
1890-1899	1.111
1900-1909	791
1910-1919	569
1920-1929	281
1930-1939	119
1940-1949	31
1950-1959	6
1960-1969	3

Hemos de tener en cuenta que estas cifras representan no sólo los linchamientos atribuidos al Ku Klux Klan, sino el número total de linchamientos de los que se dio parte. Las estadísticas revelan al menos tres hechos destacables. El primero es el evidente descenso de los linchamientos con el tiempo. El segundo consiste en la ausencia de una correlación entre los linchamientos y el número de miembros del Klan: en realidad se produjeron más linchamientos de negros entre 1900 y 1909, cuando el Klan permanecía inactivo, que durante los años veinte, cuando contaba con millones de miembros. Esto sugiere que el Ku Klux Klan llevó a cabo menos linchamientos de lo que generalmente se cree.

Tercero, teniendo en cuenta las dimensiones de la población negra, los linchamientos no eran frecuentes. Sin duda, un solo linchamiento ya es uno de más. Pero hacia finales de siglo, los linchamientos no eran precisamente cosa de todos los días, como suele recordar el público. Comparemos las 281 víctimas de linchamiento en los años veinte con el número de niños que murieron como consecuencia de la desnutrición, neumonía, diarrea y enfermedades similares. En cuanto a 1920, alrededor de 13 de cada 100 niños negros fallecieron en la primera infancia, lo que representa unos veinte mil niños al año, mientras que en el mismo período fueron linchadas 28 personas. En fecha tan reciente como 1940, todavía morían al año alrededor de diez mil niños negros.

¿Qué hechos más generales sugieren las cifras de los linchamientos? ¿Qué significa que los linchamientos fuesen relativamente poco frecuentes y que disminuyesen precipitadamente con el tiempo, incluso ante el creciente número de ingresos al Klan?

La explicación más convincente consiste en que todos aquellos primeros linchamientos funcionaron. Los racistas blancos —perteneciesen o no al Ku Klux Klan— habían desarrollado mediante sus acciones y retórica un plan de incentivos fuerte que resultaba enormemente claro y aterrador. Si una persona negra violaba el código de conducta establecido, ya fuese replicando a un conductor de tranvía u osando tratar de votar, sabía que corría el riesgo de ser castigado, quizá con la muerte.

Así que, a mediados de los cuarenta, cuando Stetson Kennedy trataba de hundirlo, el Klan no necesitaba realmente emplear tanta violencia. Muchos negros, a quienes desde hacía mucho tiempo se les decía que debían comportarse como ciudadanos de segunda si no querían pagar las consecuencias, sencillamente obedecían. Uno o dos linchamientos contribuyeron en gran medida a convencer de que era mejor mostrarse dócil a un amplio grupo de gente, porque la gente responde fuertemente a los incentivos fuertes. Y existen pocos incentivos más poderosos que el miedo a la violencia aleatoria, que, en esencia, es la causa de que el terrorismo sea tan eficaz.

Pero si el Ku Klux Klan de los años cuarenta no era tan violento, ¿qué era? El Klan que halló Stetson Kennedy se había convertido en realidad en una triste fraternidad de hombres, la mayoría de ellos con muy poca educación y escaso porvenir, que necesitaban un lugar en el que desahogarse y una excusa para pasar la noche fuera de vez en cuando. El hecho de que su fraternidad se dedicase al canto cuasirreligioso, a la toma de juramentos y a la aclamación de hosannas, todo ello en el más alto secreto, lo hacía mucho más atractivo.

Kennedy también descubrió que el Klan constituía una actividad para hacer dinero fácil, al menos para quienes se encontraban cerca de la cima de la organización. Los líderes del Klan disponían de infinidad de fuentes de ingresos: miles de miembros de las bases de la organización que pagaban cuotas; propietarios de negocios que contrataban al Klan para ahuyentar a los sindicatos o que pagaban por protección; concentraciones del Klan que generaban enormes donativos en efectivo; incluso el tráfico de armas o bebidas alcohólicas destiladas ilegalmente. Además había tinglados como el de la Asociación de Subsidio por Muerte del Klan, que vendía pólizas de seguros a los miembros de la organización y sólo aceptaba dinero en efectivo o cheques personales extendidos a nombre del Gran Dragón mismo.

Y aunque el Klan tal vez no fuera tan mortal como se creía generalmente, era muy violento y, quizá, tenía los ojos puestos más que nunca en la influencia política. Kennedy se sentía ansioso por herir a la organización de cualquier forma posible. Cuando oyó hablar de los planes del Klan referentes a una concentración para asestar un golpe a los sindicatos, avisó de ello a un amigo sindicalista. También transmitió información acerca del Klan al ayudante del fiscal general de Georgia, un reconocido luchador contra el Klan. Tras investigar los estatutos de la organización, Kennedy escribió al gobernador de Georgia sugiriendo los motivos por los cuales debían ser revocados: el Klan había sido declarado organización apolítica sin ánimo de lucro, pero Kennedy afirmaba que estaba claramente destinada tanto a la política como al provecho económico.

El problema estaba en que la mayoría de los esfuerzos de Kennedy no producían el efecto deseado. El Klan se hallaba tan consolidado y disponía de una base tan amplia que Kennedy se sentía como si lanzase piedrecitas a un gigante. Y aun cuando lograra perjudicar de algún modo al Klan en Atlanta, las otras cientos de secciones dispersas por todo el país permanecerían intactas.

Kennedy se sentía sumamente frustrado, y de esa frustración surgió una nueva estrategia. Un día había observado a un grupo de niños que jugaban a una especie de juego de espías en el que intercambiaban ingenuas claves secretas. Aquello le recordó al Klan. «¿No sería buena idea —pensó— poner las claves del Klan y el resto de sus secretos en manos de los niños de todo el país (y de sus padres)?» ¿Qué mejor forma de difamar una sociedad secreta que hacer pública su información más confidencial? En lugar de atacar inútilmente al Klan desde el exterior, ¿y si podía desvelar toda la información secreta interna que John Brown estaba reuniendo como producto de las reuniones semanales del Klan? Entre la información interna de Brown y todo lo que Kennedy había averiguado mediante sus propias investigaciones, probablemente conocía más secretos del Klan que un miembro medio del mismo.

Kennedy se dirigió al medio más poderoso de la época: la radio.

Comenzó a proporcionar informes del Klan al periodista Drew Pearson, cuyo programa *Washington Merry-Go-Round* era escuchado por millones de adultos a diario, y a los productores de *Las Aventuras de Superman*, que llegaba a millones de niños cada noche.

Les habló de Mr. Ayak y Mr. Akai, y les transmitió pasajes acalorados de la Biblia del Klan, llamada *Kloran*. (Kennedy nunca logró averiguar por qué un grupo supremacista blanco y cristiano llamaba a su Biblia prácticamente como el libro más sagrado del islam.) Explicó el papel de los oficiales del Klan en cualquier *klavern* (taberna) local: el *Klaliff* (vicepresidente), el *Klokard* (conferenciante), el *Kludd* (capellán), el *Kilgrapp* (secretario), el *Klabee* (tesorero), el *Kladd* (cobrador), el *Klarogo* (guardia interno), el *Klexter* (guardia externo), el *Klokann* (comité investigador formado por cinco hombres) y los *Klavaliers* (cuyo capitán era llamado Jefe Rompeculos). Explicó detalladamente la jerarquía del Klan, desde el nivel local hasta el nacional: el Cíclope Exaltado y sus doce Terrores; el Gran Titán y sus doce Furias; el Gran Dragón y sus nueve Hidras; y el Brujo Imperial y sus quince Genios. Asimismo, Kennedy transmitió a los productores toda la información y cotilleos que John Brown había recogido al infiltrarse en la sección principal del Klan, *Klavern* Nathan Bedford Forrest Núm. 1, Atlanta, reino de Georgia.

Durante la guerra, el programa de *Las Aventuras de Superman* había retratado a su héroe luchando contra Hitler, Mussolini e Hirohito. Pero ahora necesitaba nuevos villanos. El Klan constituía un objetivo perfecto, y Superman desvió sus poderes contra ellos. Drew Pearson, que reconocía su odio al Klan, comenzó entonces a poner al día la información del Klan de forma regular, y proporcionaba más datos, basándose en los informes internos de John Brown, para mostrar cómo la actualización original enfurecía a los dirigentes del Klan. El trabajo de Pearson creó una cámara de ecos que parecía volver loco al Gran Dragón Samuel Green. Ésta es la crónica de Pearson del 17 de noviembre de 1948:

> Hablando ante la *Klavern* Núm. 1, Atlanta, Georgia, la semana siguiente a las elecciones, el Gran Dragón se retorcía las manos y de nuevo advertía a los miembros del Klan de que tuvieran cuidado con las filtraciones.

—He de hablar francamente en estas reuniones —dijo—, pero también podría llamar a Drew Pearson antes de venir a la reunión y darle la información, para que al día siguiente la comunique a todo el mundo de costa a costa. El A.P. y el U.P. me llaman a la mañana siguiente mientras desayuno...

El Gran Dragón habló de planes para la quema de una gran cruz en Macon, Georgia, el 10 de diciembre. Sería la más grande de la historia del Klan, dijo, y esperaba que asistieran 10.000 hombres del Klan, con sus trajes...

Añadió que el *Klub* de los *Klavaliers* —el departamento de látigos y azotes del Klan— se hallaba ahora en activo y contaba con numerosos amigos en las fuerzas policiales de Atlanta.

A medida que los programas de radio de Pearson y Superman se emitían, y a medida que Stetson Kennedy continuaba transmitiendo los secretos del Klan obtenidos por John Brown a otros medios de emisión e impresión, ocurría algo divertido: la asistencia a las reuniones del Klan comenzó a descender, al igual que las solicitudes de admisión. De todas las ideas que Kennedy había concebido para luchar contra la intolerancia, esta campaña fue con mucho la más inteligente. Volvió el secretismo del Klan contra sí mismo al hacer pública su información privada; convirtió información que hasta ese momento había sido un conocimiento precioso en argumentos para la burla.

Los estadounidenses que desde el punto de vista filosófico podían tender a oponerse al Klan habían recibido así suficiente información específica para oponerse a él de forma más activa, y la opinión pública comenzó a cambiar. Los estadounidenses que podían tender a abrazar el Klan habían recibido así todo tipo de advertencias para no hacerlo. Aunque el Klan nunca moriría del todo, especialmente en el Sur —David Duke, un líder persuasivo del Klan procedente de Louisiana, organizó varios intentos de peso por el Senado de Estados Unidos y otros cargos—, sin duda se vio perjudicado, al menos a corto plazo, por la descarada difusión de información interna por parte de Kennedy. Pese a que resulta imposible deducir el impacto exacto que tuvo su trabajo sobre el Klan —en ocasiones Kennedy exageraba sus propias afirmaciones de forma tan enérgica como denunciaba al Klan—, mucha gente le ha otorgado un gran mérito por dañar una institución que sufría una seria necesidad de ser dañada.

Esto no ocurrió porque Kennedy fuese valiente, decidido o imperturbable, a pesar de que lo era. Ocurrió porque Kennedy comprendió el verdadero poder de la información. El Ku Klux Klan era un grupo cuyo poder —en parte como el de políticos, agentes inmobiliarios y corredores de Bolsa— procedía en buena medida del hecho de que ocultaba información. Cuando la información cae en las manos equivocadas (o, dependiendo del punto de vista, en las manos correctas), una situación ventajosa suele dejar de serlo.

A finales de los noventa, el precio de los seguros de vida temporales descendió de forma espectacular. Este hecho supuso una especie de misterio, puesto que el descenso no tenía una causa evidente. Otros tipos de seguros, como los de enfermedad, del automóvil y de la vivienda no bajaban de precio en absoluto. Tampoco se había producido ningún cambio radical entre las compañías aseguradoras, los agentes de seguros o los tomadores de seguros de vida temporales. Entonces, ¿qué ocurrió?

Lo que ocurrió fue Internet. En la primavera de 1996, *Quotesmith.com* se convirtió en el primero de varios sitios *web* que permitía al cliente comparar, en segundos, el precio de los seguros de vida temporales que ofrecían decenas de compañías diferentes. Para esos sitios *web*, los seguros de vida temporales representaban el producto perfecto. A diferencia de otros tipos de seguros —en especial el seguro de vida permanente, un instrumento financiero mucho más complicado—, las pólizas temporales son bastante homogéneas: una póliza garantizada de treinta años por un millón de dólares es idéntica a la siguiente. De modo que lo que de verdad importa es el precio. Conseguir la póliza más barata, un proceso que había sido enrevesado y llevaba mucho tiempo, se simplificó. Cuando los clientes empezaron a hallar la póliza más barata de forma instantánea, las compañías más caras no tuvieron otra opción que bajar los precios. De repente, los clientes pagaban mil millones de dólares menos al año por un seguro de vida temporal.

Cabe destacar que estos sitios *web* sólo ofrecían listas de precios; ni siquiera vendían pólizas. De modo que no operaban realmente con seguros. Al igual que Stetson Kennedy, trataban con información. (Si Internet hubiese existido cuando atacaba al Klan, Kennedy probablemente habría hecho pública toda su información a través de un *blog*.) Sin duda, hay diferencias entre dejar en evidencia al Ku Klux Klan y hacerlo con las altas primas de seguros de las compañías aseguradoras. El Klan utilizaba información confidencial cuyo secretismo engendraba miedo, mientras que las primas de seguros constituían menos un secreto que un conjunto de datos recogidos de manera tal que las comparaciones resultaban difíciles. Pero en ambos casos, la difusión de la información hacía que su poder se desvaneciese. Como Louis D. Brandeis, juez del Tribunal Supremo, escribió en una ocasión: «Se suele decir que la luz del sol es el mejor de los desinfectantes.»

La información es un faro, un garrote, una rama de olivo, en total, un elemento de disuasión, dependiendo de quién la maneje y cómo. La información es tan poderosa que la asunción de información, aun cuando ésta no exista realmente, puede tener un efecto revulsivo. Consideremos el caso de un coche que sólo tiene un día de uso.

El momento en que un coche sale del concesionario es el peor de su vida, porque instantáneamente pierde hasta la cuarta parte de su valor. Esto tal vez parezca absurdo, pero sabemos que es cierto. Un coche nuevo que se compró por veinte mil dólares no puede volver a venderse por más de quince mil en el mejor de los casos. ¿La razón? La única persona que por lógica desearía revender un coche nuevo es alguien que ha descubierto que ha comprado un cacharro. De modo que, aun cuando no lo sea, un comprador potencial da por sentado que lo es, así como que el vendedor posee cierta información acerca del vehículo que él ignora, y aquél se ve castigado por esta supuesta información.

¿Y si el coche en efecto es un cacharro? El vendedor haría bien en esperar un año para venderlo. Para entonces, semejante sospecha se habrá desvanecido; muchos estarán vendiendo sus coches de un año en perfecto estado, y entre ellos el cacharro seguramente pasará inadvertido y se venderá por más de lo que realmente vale.

En una transacción, resulta habitual que una de las partes disponga de mejor información. En el lenguaje económico, eso se denomina asimetría informativa. Aceptamos como una de las verdades del capitalismo que alguien (normalmente un experto) sepa más que otra persona (normalmente un consumidor). Pero en todas partes las asimetrías informativas se han visto, de hecho, seriamente perjudicadas por Internet.

La información es la moneda de cambio en Internet. Como medio, Internet demuestra una enorme eficacia a la hora de trasladar la información de quienes la poseen a quienes la desconocen. A menudo, como en el ejemplo de los seguros de vida temporales, la información ya existía, pero se hallaba lamentablemente dispersa. (En tales casos, Internet actúa como un imán en forma de herradura que atrae todas las agujas que pueda haber en el pajar.) Internet ha logrado lo que ni los defensores más fervientes del consumidor generalmente pueden: ha reducido enormemente la distancia entre los expertos y el público.

Internet ha demostrado ser especialmente provechosa en situaciones en las que un encuentro cara a cara con un experto podría haber exacerbado el problema de la asimetría informativa, esto es, cuando un experto utiliza su información privilegiada para hacernos sentir estúpidos, estresados o infames. Consideremos un escenario en el que la persona a la que ama acaba de fallecer y el director de la funeraria (que sabe que usted prácticamente no sabe nada de ese negocio y se encuentra bajo coacción sentimental) intenta venderle el ataúd de caoba de 8.000 dólares. O pensemos en el concesionario de coches: un vendedor hace todo lo que puede por ocultar el precio base del coche bajo una montaña de accesorios e incentivos. Sin embargo, más tarde, en la calma de su casa, usted se pone a navegar por Internet y averigua cuánto pagó exactamente el concesionario a la fábrica por ese coche. O simplemente podría registrarse en *www.TributeDirect.com* y comprar el ataúd de caoba por sólo 3.495 dólares, con entrega prácticamente inmediata. A menos que decida gastar 2.300 en «El último hoyo» (un ataúd con escenas de golf) o «Memorias de la caza» (con grandes ciervos y otras presas) o en uno de los modelos mucho más baratos que, por alguna razón, el director de la funeraria ni siquiera mencionó.

Internet, a pesar de su poder, no ha conseguido dar muerte a la bestia de la asimetría informativa. Pensemos en los llamados escándalos empresariales de principios de este siglo. Los delitos cometidos por Enron incluían sociedades ocultas, deuda encubierta y la manipulación de los mercados energéticos. Henry Blodget, de Merrill Lynch, y Jack Grubman, de Salomon Smith Barney, redactaron informes satisfactorios de empresas que sabían que apestaban. Sam Waksal se deshizo de sus acciones en ImClone cuando se enteró de la existencia de un informe negativo de la Administración para Alimentos y Medicamentos; su amiga Martha Stewart también se deshizo de sus acciones, y después mintió acerca de la razón. WorldCom y Global Crossing inventaron ingresos de miles de millones de dólares para inflar el precio de sus acciones. Un grupo de empresas de fondos de inversión inmobiliaria permitió a clientes preferentes operar con precios preferentes, y otro grupo fue acusado de ocultar los honorarios de dirección.

A pesar de la extraordinaria diversidad de estos delitos, todos poseen un rasgo común: eran delitos relacionados con la información. La mayor parte de ellos concernía a un experto, o grupo de expertos, que difundía información falsa u ocultaba información verdadera; en cualquier caso, los expertos trataban de mantener la asimetría informativa todo lo asimétrica posible.

Los responsables de dichas actividades, especialmente en el campo de las altas finanzas, invariablemente se defienden con este argumento: «Todos los demás lo hacían.» Lo cual en gran medida puede ser cierto. Una de las características de los delitos relacionados con la información es que muy pocos son detectados. A diferencia de la delincuencia callejera, no dejan tras de sí un cadáver o una ventana rota. A diferencia de un ladrón de rosquillas —es decir, alguien que se come una de las rosquillas de Paul Feldman pero no paga por ella—, el que comete un delito de información no tiene a alguien como Feldman haciendo cuadrar cada centavo. Para que un delito relacionado con la información salga a la luz, ha de ocurrir algo drástico.

Cuando esto sucede, los resultados tienden a ser bastante reveladores. Los autores del delito, después de todo, no pensaban que sus actividades privadas fueran a hacerse públicas. Pensemos en las cintas de Enron, las conversaciones grabadas en secreto de los empleados de la empresa que salieron a la luz tras la implosión de ésta. Durante una conversación mantenida el 5 de agosto de 2000, dos operadores charlaban acerca de cómo un incendio forestal en California permitiría que Enron subiese las tarifas eléctricas. «La palabra mágica del día —dijo uno de los operadores— es "Arde, *cariño*, arde".» Unos meses más tarde, un par de operadores de Enron llamados Kevin y Tom hablaba de cómo los funcionarios de California querían obligar a Enron a reembolsar los beneficios de su extorsión.

> KEVIN: Joder, ¿os están quitando todo el dinero, tíos? ¿Todo el dinero que les robasteis a esas pobres viejas de California?
>
> BOB: Sí, la abuela Millie, tío.
>
> KEVIN: Sí, ahora quiere que le devuelvan el jodido dinero por toda la energía que le metieron por el culo a razón de 250 dólares por hora megawatt.

Si diésemos por sentado que muchos expertos utilizan su información en detrimento de nosotros, estaríamos en lo cierto. Los expertos dependen del hecho de que usted no dispone de la información que ellos sí poseen. O de que está tan aturdido por la complejidad de su operación que si dispusiera de la información no sabría qué hacer con ella. O de que se siente tan intimidado por su pericia que no osaría cuestionarlos. Si su médico sugiere que se someta a una angioplastia —a pesar de que la investigación actual sugiere que la angioplastia ejerce un impacto mínimo en la prevención de ataques al corazón—, lo más probable es que no crea que está utilizando su ventaja informativa para conseguir unos miles de dólares para sí mismo o para un amigo. Pero, como David Hillis, especialista en cardiología intervencionista del Southwestern Medical Center de la Universidad de Texas en Dallas, explicó al *New York Times*, un médico puede contar con los mismos incentivos económicos que un vendedor de coches, el director de una funeraria o el gerente de un fondo de inversión inmobiliaria: «Si eres un cardiólogo intervencionista y Joe Smith, el especialista local en medicina interna, te envía pacientes, y les dices que no necesitan la intervención, en breve Joe Smith dejará de enviarte pacientes.»

Armados de información, los expertos pueden ejercer una influencia gigantesca, aunque tácita: el miedo. Miedo a que nuestros hijos nos encuentren muertos en el suelo del cuarto de baño de un ataque de corazón si no nos sometemos a una angioplastia. Miedo a que un ataúd barato exponga a nuestra abuela a un destino subterráneo terrible. Miedo a que un coche de 25.000 dólares se estruje como un juguete en un accidente, mientras que uno de 50.000 envolverá a nuestros seres queridos en una impenetrable burbuja de acero. El miedo creado por expertos comerciales quizá no compita con el miedo creado por terroristas como el Ku Klux Klan, pero el principio de ambos es el mismo.

Piense en una transacción que, al menos en principio, no debería producir mucho miedo: la venta de su casa. ¿Qué tiene de aterrador?

Aparte del hecho de que vender una casa suele ser la transacción económica más importante de la vida de una persona, y de que probablemente usted posea escasa experiencia en el terreno de la propiedad inmobiliaria, y de que tal vez sienta un enorme apego emocional hacia su vivienda, aquí tiene al menos dos miedos apremiantes: que venderá la casa por mucho menos de lo que vale, y que será incapaz de venderla en absoluto.

En el primer caso, tiene miedo de establecer un precio demasiado bajo; en el segundo, teme fijarlo excesivamente alto. El trabajo de su agente inmobiliario, por supuesto, consiste en hallar el término medio perfecto. Él es quien posee toda la información: el inventario de casas similares, las tendencias del mercado, quizás hasta la pista de un comprador interesado. Usted se siente afortunado por contar con un experto tan entendido como aliado en una empresa que encuentra desconcertante.

Muy mal, él ve las cosas de otra manera. Un agente inmobiliario puede considerar que usted no es tanto un aliado como un blanco. Reflexione acerca del estudio citado al comienzo de este libro, que calculaba la diferencia entre los precios de venta de las casas que pertenecían a los mismos agentes inmobiliarios y las casas que éstos vendieron para sus clientes. El estudio halló que un agente mantiene su propia casa en el mercado una media de diez días más, esperando una oferta mejor, y obtiene por ella un 3% más que por la de sus clientes, o lo que equivale a 10.000 dólares en el caso de la venta de una casa de 300.000. Ese dinero va al bolsillo del agente, en la forma de un rápido beneficio producido por el abuso de información y una comprensión cabal de los incentivos. El problema reside en que el agente sólo puede ganar 150 dólares adicionales vendiendo la casa de su cliente por 10.000 más, lo que no representa una gran recompensa por un montón de trabajo extra. De modo que su tarea consiste en convencerle al cliente (usted) de que una oferta de 300.000 dólares es en realidad una oferta muy buena, incluso generosa, y que sólo un loco la rechazaría.

Para ello recurre a toda su astucia. El agente no quiere llamarlo loco directamente, así que meramente lo insinúa, tal vez hablándole de la casa mucho mayor, más bonita y nueva que, en la misma calle, lleva seis meses en venta. Ésa es el arma principal del agente: la conversión de la información en miedo. Veamos ahora una historia real contada por John Donohue, profesor de Derecho que en 2001 daba clases en la Universidad de Stanford. «Me hallaba a punto de comprar una casa en el campus de Stanford —recuerda— y el agente del propietario no dejaba de repetirme que estaba haciendo un negocio excelente porque el mercado estaba a punto de dispararse. Tan pronto como firmé el contrato de compra, me preguntó si necesitaba un agente para vender mi antigua casa en Stanford. Respondí que probablemente trataría de venderla por mi cuenta, a lo que él respondió: "John, eso podría funcionar en condiciones normales, pero, ahora que el mercado se está viniendo abajo, necesitas de verdad la ayuda de un agente."»

En cinco minutos, un mercado a punto de dispararse se había venido abajo. Ésos son los milagros que puede lograr un agente en busca del siguiente negocio.

Ahora veamos otra historia real de abuso de información por parte de un agente inmobiliario. La historia atañe a K., amigo íntimo de uno de los autores de este libro. K. quería comprar una casa valorada en 469.000 dólares. Estaba preparado para ofrecer 450.000, pero primero llamó al agente de la persona que la vendía y le pidió que le indicase el precio más bajo que, en su opinión, éste estaría dispuesto a aceptar. El agente reprendió a K. con las siguientes palabras: «Debería avergonzarse. Ésa es una clara violación de la ética inmobiliaria.»

K. se disculpó. La conversación se encauzó hacia temas más

triviales. Después de diez minutos, y antes de despedirse, el agente confesó a K.: «Déjeme decirle una última cosa. Mi cliente está dispuesto a vender esta casa por mucho menos de lo que podría pensar.»

Basándose en esta conversación, K. ofreció 425.000 dólares por la casa en lugar de los 450.000 que iba a ofrecer. Al final, el propietario aceptó 430.000 dólares. Gracias a la intervención de su propio agente, el vendedor perdió al menos 20.000 dólares. El agente, entretanto, sólo perdió 300, una suma pequeña para asegurarse de cerrar la venta de manera rápida y sencilla, con lo que se embolsaba una comisión de 6.450 dólares.

Así que gran parte del trabajo de un agente inmobiliario, al parecer, consiste en convencer al propietario de que venda su casa por menos de lo que desearía y al mismo tiempo hacer saber a los compradores potenciales que pueden comprarla por un precio inferior al de partida.

Indudablemente, existen medios más sutiles de hacerlo que ir al grano y decir al comprador que ofrezca poco. El estudio de agentes inmobiliarios antes citado también incluye datos que revelan el modo en que éstos transmiten información a través de los anuncios que publican. Una frase como «en buen estado», por ejemplo, está tan llena de significado para un agente como «Mr. Ayak» lo estaba para un miembro del Klan; significa que una casa es vieja pero no se viene abajo. Un comprador espabilado lo sabrá (o lo averiguará por sí mismo una vez que la vea), pero para el jubilado de sesenta y cinco años que la vende, «en buen estado» puede sonar a cumplido, exactamente lo que el agente pretende.

Un análisis del lenguaje utilizado en los anuncios de agentes inmobiliarios demuestra que determinadas palabras guardan una estrecha correlación con el precio de venta final de una propiedad. Esto no implica necesariamente que etiquetar una casa como «en buen estado» haga que se venda por menos de lo que cuesta una casa equivalente. No obstante, sí que indica que cuando un agente etiqueta de esa manera una casa, sutilmente puede estar alentando a un comprador a hacer una oferta por debajo del precio del que se parte.

A continuación aparecen diez términos comúnmente utilizados en anuncios de agentes inmobiliarios. Cinco de ellos guardan una relación muy positiva con el precio de venta final, y los otros cinco guardan una correlación negativa. Adivine cuáles son:

Diez términos comunes de anuncios inmobiliarios

Fantástica
Granito
Espaciosa
De diseño
!
Superficies de Corian
Encantadora
Madera de arce
Buen vecindario
Lujosa

Una casa «fantástica» sin duda es lo bastante fantástica para garantizar un precio elevado, ¿verdad? ¿Y si se trata de una casa «encantadora» y «espaciosa» en un «buen vecindario»? No, no, no y no. Debe interpretarse así:

Cinco términos relacionados con un precio de venta más elevado

Granito
De diseño
Superficies de Corian
Madera de arce
Lujosa

Cinco términos relacionados con un precio de venta inferior:

Fantástica
Espaciosa
!
Encantadora
Buen vecindario

Tres de los cinco términos que guardan correlación con un precio de venta más alto son descripciones físicas de la casa: «granito», «superficies de Corian» y «madera de arce». Por la información, dichos términos son específicos y sencillos y, por consiguiente, bastante útiles. Si a alguien le gusta el granito, podría gustarle la casa, pero incluso si no le gusta, «granito» sin duda no contiene connotaciones de casa barata que necesita reparaciones. Tampoco lo implican «lujosa» o «de diseño», los cuales parecen informar al posible comprador de que, en algún sentido, la casa es verdaderamente fantástica.

Entretanto, «fantástica» es un adjetivo peligrosamente ambiguo, al igual que «encantadora». Ambos términos parecen formar parte de un código de agentes inmobiliarios para una casa que no posee muchos atributos que merezca la pena describir. Las casas «espaciosas», por otro lado, a menudo están deterioradas o son inhabitables. «Buen vecindario») indica al comprador que... bueno, la casa no es muy bonita, pero quizá lo sean otras cercanas. Y un signo de exclamación supone sin lugar a dudas una mala noticia, un intento de ocultar verdaderas deficiencias mediante un entusiasmo fingido.

Si estudiamos las palabras con que un agente inmobiliario anuncia la venta de su propia casa, comprobamos que en efecto destaca términos descriptivos (especialmente «nueva», «granito», «madera de arce» y «para entrar a vivir») y evita adjetivos carentes de significado, incluidos «maravillosa», «inmaculada» y el revelador «!».

El agente espera pacientemente a que aparezca el mejor comprador. Quizá le hable de una casa en la zona que se acaba de vender por 25.000 dólares por encima del precio establecido, o de otra que actualmente constituye el objeto de una guerra de ofertas. Se sirve cuidadosamente de todas las ventajas de la asimetría informativa de la que goza. ¿Le convierte esto en una mala persona? Cuesta decirlo, al menos a nosotros nos cuesta hacerlo. El hecho no es que los agentes inmobiliarios sean malas personas, sino que sencillamente son personas, y las personas inevitablemente responden a incentivos. Los incentivos del negocio inmobiliario, como se halla establecido en la actualidad, alientan a algunos agentes a actuar de ese modo.

Pero al igual que el director de funeraria o el vendedor de coches y la compañía de seguros de vida, el agente inmobiliario también se ha visto negativamente afectado por Internet. Después de todo, cualquiera que venda una casa hoy en día puede conectarse a Internet y reunir su propia información acerca de tendencias de ventas e inventarios de viviendas y tasas hipotecarias. Se ha liberado la información, y los datos referentes a las ventas recientes muestran los resultados. Los agentes inmobiliarios continúan obteniendo un precio superior por sus propias casas que por las casas similares de sus clientes, pero desde la proliferación de sitios *web*, la diferencia entre ambos precios se ha reducido en un tercio.

Sería una ingenuidad suponer que las personas cometen abuso informativo sólo cuando actúan en calidad de expertos o agentes de comercio. Después de todo, los agentes y expertos también son personas, lo que sugiere que probablemente nosotros también abusemos de la información en nuestras vidas personales, ya sea no revelando información verdadera o retocando la información que elegimos exponer. Un agente inmobiliario puede guiñar el ojo y asentir cuando habla de una casa «en buen estado», pero cada uno de nosotros cuenta con sus propias salvaguardias.

Compare cómo se describe usted a sí mismo en una entrevista de trabajo con el modo en que lo hace en una primera cita. (Para que resulte más divertido, compare la conversación de esa primera cita con una conversación con la misma persona después de diez años de matrimonio.) O piense en cómo se presentaría si fuese a aparecer en televisión por primera vez. ¿Qué tipo de imagen desearía proyectar? Quizá desee parecer inteligente, o amable o atractivo, y seguramente no querrá dar la impresión de cruel o intolerante.

Durante el apogeo del Ku Klux Klan, sus miembros se sentían orgullosos de menospreciar públicamente a todo aquel que no fuese cristiano, blanco y conservador. Pero desde entonces mostrarse intolerante en público es cada vez más inusual. Actualmente, incluso las muestras sutiles de intolerancia, cuando se hacen públicas, resultan costosas. Trent Lott, líder de la mayoría del Senado estadounidense, lo aprendió en 2002, tras brindar durante la celebración de los cien años de Strom Thurmond, compañero suyo en el Senado y sureño como él. Lott hizo referencia en su brindis a la campaña de Thurmond de 1948 para la presidencia, que tuvo lugar en un escenario de segregación; Misisipí —tierra natal de Lott— fue uno de los cuatro estados con los que se hizo Thurmond. «Estamos orgullosos de ello —declaró Lott a los asistentes a la fiesta—. Y si el resto del país hubiese seguido nuestro ejemplo, nos habríamos ahorrado todos estos problemas a lo largo de los años.» La implicación de que Lott era partidario de la segregación levantó suficientes iras para verse forzado a abandonar su posición de líder del Senado.

Incluso si es usted un ciudadano corriente, seguro que no desea parecer intolerante a la vista de todo el mundo. ¿Existe algún modo de probar en un entorno público que se está a favor de la discriminación?

Aunque pueda parecer absurdo, el programa de televisión *El eslabón más débil* constituye un laboratorio único para el estudio de la discriminación. Importado de Reino Unido, *El eslabón más débil* ganó gran popularidad en Estados Unidos durante un breve período de tiempo. En el juego participan ocho concursantes (o seis, en una versión posterior) que deben responder a preguntas banales y competir por un único bote. Pero el jugador que contesta a un mayor número de preguntas de forma correcta no es necesariamente el que avanza. Después de cada ronda, los concursantes votan para eliminar a uno de ellos. Supuestamente, la capacidad de respuesta de los jugadores es el único factor que, en principio, han de tener en cuenta; la raza, el sexo y la edad aparentemente no influyen. Pero ¿de verdad no lo hacen? Analizando los votos reales de un concursante en comparación con los que realmente servirían a sus propios intereses, es posible advertir hasta qué punto entra en juego la discriminación.

La estrategia de voto cambia a medida que avanza el programa. En las primeras rondas, tiene sentido eliminar a los malos jugadores, puesto que el bote sólo aumenta cuando se dan las respuestas correctas. Rondas después, los incentivos estratégicos cambian. Ahora el deseo de cada participante de eliminar al resto de los jugadores buenos pesa más que el de incrementar el bote. Resulta más fácil lograrlo si se elimina al resto de los buenos jugadores. De este modo, por así decirlo, el concursante típico votará para eliminar a los peores jugadores en las primeras rondas y a los mejores en las últimas.

La clave para evaluar los datos del voto en *El eslabón más débil* se halla en deducir la capacidad de juego de un concursante a partir de su raza, sexo y edad. Si un joven negro responde a un montón de preguntas correctamente pero se ve expulsado por los votos de sus contrincantes, la discriminación se consideraría un factor en juego. Por otra parte, si una anciana blanca no contesta a una sola pregunta correctamente pero no es expulsada, parecería existir algún tipo de favoritismo discriminatorio.

De nuevo, recordemos que todo esto se está produciendo ante las cámaras. Los concursantes saben que sus amigos, familiares y compañeros de trabajo, además de varios millones de extraños, los están viendo. Entonces, ¿quién, si es que hay alguien, se ve discriminado en *El eslabón más débil*?

No se trata de los negros. Un análisis de más de 160 programas revela que los concursantes negros, tanto en las primeras como en las últimas rondas, son eliminados a un ritmo acorde con su capacidad de respuesta. Lo mismo ocurre con las concursantes femeninas. En cierto modo, ninguna de estas revelaciones resulta sorprendente. Dos de las campañas sociales más potentes del último medio siglo fueron las del movimiento por los derechos civiles y el movimiento feminista, los cuales demonizaron la discriminación contra negros y mujeres respectivamente.

Así que, nos decimos en tono esperanzado, tal vez la discriminación haya quedado prácticamente erradicada durante el siglo XX, como la polio.

O, lo que es más probable, se lleva tan poco discriminar a ciertos grupos que todo el mundo, salvo la gente más insensible, se preocupa por parecer justo, al menos en público. Esto no significa que la discriminación haya terminado, sólo que la gente se avergüenza de mostrarla. ¿Cómo determinar si la ausencia de discriminación contra los negros y las mujeres es auténtica o sólo una farsa? Podemos hallar la respuesta observando otros grupos que la sociedad no protege tan bien. En efecto, los datos de voto de *El eslabón más débil* indican que se discrimina sistemáticamente a dos tipos de concursantes: las personas mayores y los hispanos.

Entre los economistas, existen dos teorías principales de discriminación. Curiosamente, los concursantes mayores de *El eslabón más débil* parecen sufrir un tipo, mientras los hispanos sufren el otro. El primero se denomina discriminación basada en el gusto, lo que significa que un individuo discrimina sencillamente porque prefiere no relacionarse con una clase de persona en particular. En el segundo tipo, conocido como discriminación basada en la información, el individuo cree que otra clase de persona posee escasas destrezas, y actúa en consecuencia.

En *El eslabón más débil*, los hispanos sufren la discriminación basada en la información. Otros concursantes parecen ver a los hispanos como malos jugadores, aun cuando no lo son. Esta idea se traduce en la eliminación de los hispanos durante las primeras rondas aun cuando estén concursando bien, y en la no eliminación en las últimas rondas, cuando los demás concursantes quieren mantenerlos en el juego para debilitar a sus rivales.

Por otro lado, los jugadores de edad avanzada son víctimas de la discriminación basada en el gusto: tanto en las primeras como en las últimas rondas, son eliminados de forma que no guarda proporción con sus capacidades. Parece que el resto de los concursantes —la media de edad en el programa es de treinta y cuatro años— sencillamente no quieren que los mayores jueguen.

Es posible que un concursante típico de *El eslabón más débil* ni siquiera sea consciente de la discriminación que ejerce contra hispanos y personas de edad avanzada (o, en el caso de negros y mujeres, de su falta de discriminación). Después de todo, seguro que está nervioso y excitado, participando de un juego que requiere reacciones rápidas bajo la luz cegadora de los focos de televisión. Lo cual naturalmente sugiere otra pregunta: ¿cómo expresaría esa misma persona sus preferencias —y revelaría información acerca de sí mismo— en la intimidad de su hogar?

En un año, cerca de cuarenta millones de estadounidenses intercambian secretos íntimos con completos extraños. Todo ocurre en las páginas de contactos de Internet. Algunas de ellas, como *Match.com*, *eHarmony.com*, y *Yahoo! Personals*, atraen a un amplio público. Otras están concebidas para grupos con gustos más específicos: *ChristianSingles.com*, *JDate.com*, *LatinMatcher.com*, *Black-SinglesConnection.com*, *CountryWesternSingles.com*, *USMilitary Singles.com*, *OverweightDates.com* y *Gay.com*. Las páginas de contactos constituyen el negocio basado en las suscripciones con más éxito de Internet.

Cada página funciona de un modo ligeramente diferente, pero en líneas generales lo hacen así: el usuario compone un anuncio personal sobre sí mismo que suele incluir una foto, estadísticas vitales, su nivel de ingresos, nivel educativo, gustos y aficiones, etc. Si alguien encuentra el anuncio atractivo, le escribirá por correo electrónico y quizá concierte una cita. En muchas páginas *web*, el usuario también especifica los objetivos de contacto: «relación estable», «amante casual» o «sólo ver».

De modo que existen dos grandes capas de datos que extraer: la información que la gente incluye en sus anuncios y el nivel de las respuestas cosechadas por éstos. Podemos formular una pregunta para cada capa de datos. En el caso de los anuncios: ¿hasta qué punto son directas (y francas) las personas en lo que se refiere a compartir información personal? Y en el caso de las respuestas: ¿qué tipo de información de los anuncios personales se considera más atractiva y cuál menos?

Recientemente dos economistas y un psicólogo se unieron para intentar dilucidar estas cuestiones. Günter J. Hitsch, Ali Hortaçsu y Dan Ariely analizaron los datos de una de las páginas de contactos mayoritarias, centrándose en más de veinte mil usuarios activos, la mitad de ellos en Boston y la otra mitad en San Diego. El 56% de dichos usuarios eran hombres, y la media de edad de todos los usuarios era de entre veintiuno y treinta y cinco años. Pese a representar una mezcla racial aceptable, éstos eran predominantemente blancos.

También eran mucho más ricos, altos, delgados y atractivos que la media. O eso al menos escribían acerca de sí mismos. Más del 4% de los usuarios de la página afirmaba ganar más de 200.000 dólares al año, pese a que menos del 1% de los usuarios típicos de Internet ganan tanto, lo que sugiere que tres de cada cuatro estaban exagerando. Tanto los hombres como las mujeres solían declarar que medían cerca de cinco centímetros por encima de la media nacional. Y en cuanto al peso, los hombres respondían a la media nacional, pero las mujeres declaraban pesar cerca de nueve kilos menos que ésta.

Más extraordinario todavía es el hecho de que al menos el 72% de las mujeres declaraba una belleza «por encima de la media», incluido un 24% por ciento que presumía de ser «muy guapa». Los hombres también eran guapísimos: el 68% se definía a sí mismo como «por encima de la media», incluido un 19% por ciento que afirmaba ser «muy guapo». Esto deja sólo un 30% de los usuarios con un aspecto «medio», lo que sugiere que el contacto típico de Internet es mentiroso, narcisista o sencillamente tiene una idea muy particular del significado de «media». (O quizá, sencillamente, todos sean pragmáticos: como cualquier agente inmobiliario sabe, la casa típica no es «encantadora» o «fantástica», pero a menos que lo diga, nadie se molestará en echarle un vistazo.) El 28% de las mujeres de la página *web* declaraban ser rubias, un número bastante superior a la media, lo cual indica grandes dosis de tinte, de mentira, o de ambos.

Algunos usuarios, por otra parte, se mostraron sinceros de una forma reconfortante. El 7% de los hombres reconocía estar casado, y una minoría significativa de esos hombres se declaraba «felizmente casado». Pero el hecho de que fuesen sinceros no significa que fueran imprudentes. De los 243 «felizmente casados» del estudio, sólo el 12% decidió colgar una foto suya. El riesgo de que sus esposas descubriesen el anuncio personal evidentemente pesaba más que la recompensa de conseguir una amante.

De las múltiples formas de fracasar en una página *web* de contactos, el hecho de no colgar una foto representa quizá la más segura. (No es que la foto sea necesariamente del usuario; perfectamente puede tratarse de un desconocido con mejor aspecto, pero tal decepción se volvería en su contra con el tiempo.) El hombre que no incluye su foto obtiene un 60% menos de respuestas que uno que sí lo hace; la mujer que no la incluye sólo obtiene una sexta parte. Un hombre de ingresos bajos, escasa educación, insatisfecho laboralmente, no muy atractivo, con ligero sobrepeso y calvicie incipiente que cuelga su foto tiene mayores posibilidades de recibir algunos mensajes que el que afirma ganar 200.000 dólares y ser enormemente atractivo pero no cuelga su foto. Existen multitud de razones para no colgar una foto —supone un reto técnico, le avergüenza la posibilidad de que un amigo suyo la descubra o sencillamente no posee ningún atractivo—, pero como en el caso de un flamante coche con un anuncio de «se vende», los compradores potenciales asumirán que oculta algo verdaderamente grave bajo el capó.

Ya resulta bastante difícil conseguir una cita. El 56% de los hombres que cuelgan anuncios no recibe un e-mail siquiera; el 21% de las mujeres no logra ni una sola respuesta. Los rasgos que sí obtienen gran cantidad de respuestas, por otra parte, no sorprenderán a nadie que posea un conocimiento superficial de los sexos. De hecho, las preferencias expresadas por las personas que se citan *online* encajan perfectamente con los estereotipos más comunes sobre hombres y mujeres.

Por ejemplo, los hombres que afirman desear una relación estable obtienen resultados mucho mejores que los que dicen buscar una amante ocasional. En cambio, las mujeres que buscan un amante ocasional tienen mucho éxito. Para el hombre, el aspecto de una mujer es de vital importancia. Para la mujer, el salario de un hombre es enormemente relevante. Cuanto más rico es un hombre, más e-mails recibe. Pero el salario de una mujer constituye un dato peligroso: los hombres no desean salir con una mujer que gane poco, pero si empieza a ganar demasiado, huyen de ella. Las mujeres desean salir con militares, policías y bomberos (posiblemente como resultado del Efecto 11-S, al igual que el incremento de los pagos en el negocio de rosquillas de Paul Feldman) y abogados y médicos; generalmente evitan a los hombres que trabajan en la industria manufacturera. Para los hombres ser bajo representa una gran desventaja (probablemente el motivo por el que tantos mienten acerca de su estatura), pero el peso no tiene excesiva importancia. Para las mujeres, el sobrepeso es mortal (probablemente el motivo por el que mienten). Para un hombre, tener el cabello pelirrojo o rizado es deprimente, al igual que la calvicie parcial, aunque una cabeza rapada no constituye un problema. Para una mujer el cabello blanco y negro está mal, mientras el cabello rubio está, de un modo nada sorprendente, muy bien.

Además de toda la información acerca de salario y rasgos físicos, hombres y mujeres especificaban su raza. También se les pidió que indicaran una preferencia en cuanto a la raza de sus citas potenciales. Las dos preferencias eran «la misma que yo» o «no importa». Como los concursantes de *El eslabón más débil*, los usuarios de la página *web* declaraban así públicamente lo que sentían hacia personas físicamente distintas. Más adelante, en e-mails confidenciales dirigidos a las personas con las que deseaban salir, revelarían sus verdaderas preferencias.

Aproximadamente la mitad de las mujeres blancas de la página *web* y el 80% de los hombres blancos declararon que la raza no les importaba. Pero los datos de respuesta indican algo bien distinto. El 90% de los hombres blancos que afirmaron que no les importaba la raza enviaron sus e-mails a mujeres blancas. El 97% de las mujeres que dijeron que la raza no importaba enviaron sus mensajes a hombres blancos. Esto significa que un hombre asiático atractivo, rico y con educación recibirá menos de un 25% de los mensajes procedentes de mujeres blancas que un hombre blanco con las mismas características; de forma similar, los hombres negros y latinos reciben alrededor de la mitad de los e-mails de mujeres blancas que si fuesen blancos.

¿Es posible que la raza nunca importase realmente a estos hombres y mujeres blancos y que sencillamente no dieron con ninguna persona no blanca que les interesara? ¿O, lo que es más probable, dijeron que no les importaba la raza porque querían aparecer —especialmente ante compañeros potenciales de su misma raza— como abiertos de miras?

El abismo entre la información que proclamamos públicamente y la información que sabemos que es cierta es a menudo inmenso. (O, expuesto de una forma más familiar: decimos una cosa y hacemos otra.) Esta tendencia puede observarse en las relaciones personales, en transacciones comerciales y, por supuesto, en la política.

Ya estamos completamente acostumbrados a las falsas proclamaciones públicas de los políticos. Pero los votantes también mienten. Consideremos unas elecciones entre un candidato blanco y uno negro. ¿Podrían mentir los votantes blancos en las encuestas, diciendo que votarán al candidato negro para parecer más daltónicos de lo que realmente son? Al parecer, así es. En la carrera por la alcaldía de la ciudad de Nueva York en 1989 entre David Dinkins (un candidato negro) y Rudolph Giuliani (blanco), Dinkins sólo ganó por unos puntos. A pesar de que Dinkins se convirtió en el primer alcalde negro de la ciudad, el escaso margen constituyó una sorpresa, puesto que las encuestas preelectorales daban la victoria a Dinkins por cerca de 15 puntos. Cuando David Duke, defensor de la supremacía blanca, se presentó a las elecciones para el Senado estadounidense en 1990, cosechó cerca de un 20% más del voto de lo que predijeron los sondeos preelectorales, lo cual indica que miles de votantes de Louisiana no quisieron admitir su preferencia por un candidato con ideas racistas.

Pese a que nunca consiguió el alto cargo político que perseguía, Duke demostró ser un maestro del abuso informativo. Como Gran Brujo de los Caballeros del Ku Klux Klan, tuvo oportunidad de confeccionar una lista de miles de miembros de las filas del Klan y otros partidarios que finalmente se convertirían en su base política. No contento con utilizar la lista exclusivamente en beneficio propio, la vendió por 150.000 dólares al gobernador de Louisiana. Años más tarde, Duke volvería a utilizar la lista personalmente, dando a conocer a sus seguidores que pasaba por tiempos difíciles y necesitaba sus donativos. De esta forma Duke fue capaz de reunir cientos de miles de dólares para continuar con su obra en el campo de la supremacía blanca. En una carta a sus partidarios había explicado que se hallaba en tal estado de bancarrota que corría el riesgo de que embargaran su casa.

En realidad, Duke ya la había vendido obteniendo beneficios. (Se desconoce si requirió los servicios de un agente inmobiliario.) En cuanto al dinero recaudado, en su mayor parte no se estaba utilizando para sostener ninguna campaña a favor de la supremacía blanca, sino más bien para satisfacer la ludopatía de Duke. Se trataba de un pequeño timo que funcionó hasta que fue arrestado y enviado a la prisión federal de Big Spring, Texas.

3

¿POR QUÉ CONTINÚAN VIVIENDO LOS TRAFICANTES DE DROGAS CON SUS MADRES?

Los dos capítulos anteriores partían de un par de preguntas extrañas: «¿Qué tienen en común un maestro de escuela y un luchador de sumo?» y «¿En qué se parece el Ku Klux Klan a un grupo de agentes inmobiliarios?» Pero si formulamos las preguntas suficientes, por raro que parezca al principio, quizás acabemos por conocer algo que merezca la pena.

El primer secreto a la hora de formular preguntas es determinar si nuestra pregunta es buena. Que no se haya planteado antes no significa que sea buena. La gente inteligente lleva unos cuantos siglos haciendo preguntas, de modo que seguro que muchas de éstas poseen escaso o nulo interés.

Pero si somos capaces de preguntar algo que realmente importa a la gente y hallar una respuesta capaz de sorprenderla —es decir, si conseguimos invalidar la sabiduría convencional— entonces podemos darnos por satisfechos.

Fue John Kenneth Galbraith, el hiperculto experto en economía, quien acuñó la expresión «sabiduría convencional». Él no lo consideraba un cumplido. «Asociamos la verdad a la conveniencia —escribió—, a lo que mejor concuerda con nuestro interés, bienestar o promesas personales para evitar grandes esfuerzos o los poco gratos trastornos de la vida. También hallamos bastante aceptable lo que en gran medida contribuye a aumentar la autoestima.» Las conductas social y económica, añade, «son complejas, y comprender su carácter resulta mentalmente agotador. Por lo tanto, nos aferramos, como si de un bote salvavidas se tratase, a aquellas ideas que representan nuestra comprensión de las cosas».

De modo que, según Galbraith, la sabiduría convencional ha de ser simple, práctica, cómoda y reconfortante, aunque no necesariamente cierta. Sería una estupidez sostener que la sabiduría convencional nunca es cierta, pero reconocer en qué momentos la sabiduría convencional es falsa —al caer en la cuenta quizá de la estela de pensamiento sensiblero e interesado— constituye un buen comienzo para formular preguntas.

Consideremos la historia reciente de las personas sin techo en Estados Unidos. A principios de los ochenta, a un defensor de los sin techo llamado Mitch Snyder se le ocurrió decir que existían alrededor de tres millones de americanos sin hogar. Como era de esperar, el público prestó atención al problema de inmediato. ¿Más del 1% de la población dormía en la calle? Sin duda, parecía mucho, pero... bueno, lo afirmaba el experto. Y el problema, hasta entonces inadvertido, se vio súbitamente catapultado a la conciencia nacional. Snyder llegó a testificar ante el Congreso acerca de su magnitud. Se dice también que ante un público universitario declaró que cada segundo fallecían 45 personas sin techo, lo que significaría la friolera de mil cuatrocientos millones de sin techo muertos al año. (Entonces la población de Estados Unidos era de aproximadamente 225 millones.) Suponiendo que Snyder lo dijo mal o se citaron mal sus palabras y quería decir que un sin techo moría cada cuarenta y cinco segundos, eso siguen siendo 701.000 sin techo muertos al año, aproximadamente un tercio de todas las muertes producidas en el país. Hummm. Finalmente, cuando Snyder fue presionado acerca de su cifra de tres millones, admitió que se lo había inventado. Los periodistas habían estado acosándolo en busca de un número concreto, dijo, y no quiso que se fueran con las manos vacías.

Quizá resulte triste, pero para nada sorprendente, descubrir que expertos como Snyder son capaces de actuar en beneficio propio hasta el punto de engañar. Pero no pueden engañar solos. Los medios de comunicación necesitan a los expertos tanto como los expertos a los medios. Todos los días hay páginas de periódicos e informativos de televisión que llenar, y un experto que aporte una noticia discordante siempre es bienvenido. Juntos, periodistas y expertos son los artífices de gran parte de la sabiduría convencional.

La publicidad también es una herramienta magnífica para crear sabiduría convencional. El Listerine, por ejemplo, fue creado en el siglo XIX como un potente antiséptico quirúrgico. Más tarde se vendió, destilado, como limpiador de suelos y como remedio contra la gonorrea. Pero no se convirtió en un éxito arrollador hasta los años veinte, cuando fue lanzado como solución a la «halitosis crónica», lo cual por entonces constituía un oscuro término médico. Los nuevos anuncios de Listerine mostraban a hombres y mujeres tristes, ansiosos por casarse, pero a quienes daba asco el aliento a podrido de su pareja. «¿Puedo ser feliz con él a pesar de eso?», se preguntaba una doncella. Hasta ese momento no se había considerado que el mal aliento constituyera una catástrofe. Pero el Listerine se encargó de cambiar las cosas. Como apunta el profesor de publicidad James B. Twitchell, «el Listerine no creó tanto el enjuague bucal como la halitosis». En sólo siete años, los ingresos de la compañía ascendieron de 115.000 dólares a más de ocho millones.

Independientemente de cómo se cree, la sabiduría convencional puede resultar difícil de cambiar. El economista Paul Krugman, columnista del *New York Times* y ferviente crítico de George W. Bush, se lamentaba de este hecho cuando a principios de 2004 se emprendió la campaña para la reelección del presidente: «El guión autorizado acerca del señor Bush consiste en que se trata de un tipo campechano, honrado, sincero, y se narran anécdotas que encajan con esa historia. Pero si en lugar de eso la sabiduría convencional dijese que es un farsante, un niño mimado que finge ser un *cowboy*, los periodistas dispondrían de una gran cantidad de material con el que trabajar.»

En los meses que condujeron a la invasión estadounidense de Irak en 2003, expertos enfrentados presentaron previsiones diametralmente opuestas acerca de las armas de destrucción masiva que supuestamente poseía ese país. Pero, con mayor frecuencia, como ocurrió con las «estadísticas» acerca de los sin techo de Mitch Snyder, una de las partes gana la guerra de la sabiduría convencional. Los defensores de los derechos de la mujer, por ejemplo, han realizado una gran campaña acerca de la incidencia de la violencia machista, declarando que una de cada tres norteamericanas será a lo largo de su vida víctima de violación o de intento de violación. (La cifra real se acerca más a una de cada ocho, pero sólo una persona insensible se atrevería a defenderla públicamente.) Las personas que trabajan en la cura de enfermedades terribles recurren a lo mismo con regularidad. ¿Por qué no? Una mentirijilla creativa puede atraer atención, indignación y —tal vez lo más importante— el dinero y el capital político necesarios para tratar el verdadero problema.

Por supuesto, un experto, ya sea alguien que trabaja en favor de la mujer, un asesor político o un ejecutivo de publicidad, suele contar con incentivos diferentes de los que disponemos el resto de nosotros. Y los incentivos de un experto pueden dar un giro de ciento ochenta grados, dependiendo de la situación.

Pensemos en la policía. Una investigación reciente ha descubierto que desde principios de los años noventa la policía de Atlanta dejó de informar debidamente acerca de la delincuencia. La práctica al parecer comenzó cuando Atlanta estaba trabajando para ser sede de los Juegos Olímpicos de 1996. La ciudad necesitaba deshacerse de su imagen violenta, y rápido. De modo que cada año miles de delitos descendieron de la categoría de violentos a no violentos o sencillamente no se registraron. (A pesar de estos esfuerzos continuados —sólo en 2002 desaparecieron más de 22.000 informes policiales—, Atlanta se halla entre las ciudades norteamericanas con mayor índice de violencia.)

Entretanto, y durante la misma década, la policía de otras ciudades se concentraba en una historia diferente. La repentina y agresiva aparición del crack tenía a los departamentos de policía de todo el país luchando por la consecución de recursos. Hicieron saber que no se trataba de una lucha justa: los traficantes de drogas disponían de las armas más modernas y de una provisión sin límites de dinero en efectivo. Este énfasis en el dinero ilícito resultó ser una estrategia vencedora, porque nada enfurecía más al pueblo respetuoso de la ley que la imagen del traficante millonario. Los medios se aferraron con avidez a esta historia, describiendo el tráfico de drogas como una de las ocupaciones más rentables de Estados Unidos.

Pero alguien que hubiese pasado un breve período observando

los complejos de viviendas subvencionadas donde a menudo se vendía el crack, habría advertido algo extraño: los traficantes de crack no sólo seguían viviendo en esos complejos, sino que además la mayoría seguía haciéndolo junto a sus madres. No habría podido por menos que preguntarse el motivo.

Para obtener una respuesta hay que estudiar los datos correctos, y para hallar los datos correctos a menudo hay que dar con la persona adecuada, lo que es más fácil de decir que de hacer. Los traficantes de drogas rara vez reciben una formación en economía, y los economistas rara vez se mezclan con los traficantes de crack. De modo que la respuesta a esta pregunta empieza por encontrar a alguien que sí vivió entre los traficantes y consiguió alejarse de ellos con los secretos de su negocio.

Sudhir Venkatesh —sus amigos de infancia lo llamaban Sid, pero desde hace un tiempo ha vuelto a Sudhir— nació en India, creció en las afueras del norte de Nueva York y del sur de California, y se licenció en Matemáticas por la Universidad de California en San Diego. En 1989 prosiguió sus estudios con un doctorado en Sociología por la Universidad de Chicago. Le interesaba comprender cómo forman los jóvenes su identidad; con ese fin, acababa de pasar tres meses siguiendo a los Grateful Dead por todo el país. Lo que no le interesaba era el agotador trabajo de campo que exigen los estudios sociológicos.

Pero su tutor, el eminente especialista en temas relacionados con la pobreza William Julius Wilson, rápidamente envió a Venkatesh a los barrios negros más pobres de Chicago con un maletín y una encuesta de setenta preguntas tipo test, la primera de las cuales era:

¿Cómo te sientes respecto a ser negro y pobre?

a. Muy mal
b. Mal
c. Ni bien ni mal
d. Más o menos bien
e. Muy bien

Un día Venkatesh caminó veinte manzanas desde la universidad hasta un complejo de viviendas subvencionadas a orillas del lago Michigan para realizar su encuesta. El complejo estaba formado por tres edificios de dieciséis pisos de ladrillo. Venkatesh no tardó en descubrir que los nombres y direcciones que le habían proporcionado estaban completamente obsoletos. Los edificios habían sido declarados en ruinas y estaban prácticamente abandonados. Algunas familias vivían en los pisos inferiores, robando el agua y la electricidad, pero los ascensores no funcionaban; tampoco las luces de la escalera. Era la última hora de la tarde a principios de invierno y casi había anochecido.

Venkatesh, que es una persona seria, atractiva y de complexión fuerte pero no extraordinariamente valiente, había subido hasta el sexto piso, tratando de encontrar a alguien dispuesto a responder su encuesta. De repente, en el rellano de la escalera, sobresaltó a un grupo de adolescentes que estaban jugando a los dados. Resultaron ser una banda de traficantes de crack que actuaba fuera del edificio, y no se alegraron mucho de verlo.

—Soy alumno de la Universidad de Chicago —farfulló Venkatesh—, estoy realizando...

—Que te jodan, negrata, ¿qué estás haciendo en nuestra escalera?

Había una guerra de bandas en Chicago. Últimamente las cosas se habían puesto violentas, con tiroteos prácticamente a diario. Esa banda, una rama de la Black Gangster Disciple Nation, estaba nerviosa. No sabían qué hacer con Venkatesh. No parecía miembro de una banda rival. Pero ¿se trataría, quizá, de un espía? Sin duda no era policía. No era negro, pero tampoco era blanco. No resultaba exactamente amenazador —sólo iba armado con su maletín—, pero tampoco demasiado inofensivo. Gracias a sus tres meses siguiendo la pista de los Grateful Dead, Venkatesh aún tenía el aspecto, como más tarde diría, de «un auténtico bicho raro, con el pelo hasta el culo».

Los miembros de la banda comenzaron a discutir qué debían hacer con aquel tipo. ¿Dejar que se marchara? Pero si iba a la banda rival con el cuento de que frecuentaban la escalera, se exponían a un ataque por sorpresa. Un chico nervioso movía sin parar algo en las manos —bajo la tenue luz, Venkatesh finalmente se dio cuenta de que se trataba de una pistola— mientras mascullaba:

—Dejádmelo a mí, dejádmelo a mí.

Venkatesh sintió mucho, mucho miedo.

El grupo creció y sus voces se alzaron. Entonces apareció un miembro de la banda de mayor edad. Le arrancó el maletín a Venkatesh de las manos y, cuando vio que se trataba de un cuestionario escrito, pareció confuso.

—No puedo leer esta mierda —dijo.

—Eso es porque no sabes leer —apuntó uno de los adolescentes, y todo el mundo se echó a reír.

Le dijo a Venkatesh que le hiciese una pregunta de las que figuraban en la encuesta. Venkatesh empezó con la pregunta de «cómo te sientes respecto a ser negro y pobre». Fue recibida con risotadas, unas más airadas que otras. Como Venkatesh explicaría más tarde a sus compañeros de la universidad, se dio cuenta de que las respuestas, de la A a la E, resultaban insuficientes. En realidad, supo entonces, las opciones deberían haber sido:

a. Muy mal
b. Mal
c. Ni bien ni mal
d. Muy bien
e. Que te jodan

Justo cuando las cosas no podían empeorar para Venkatesh, se presentó otro hombre. Era J.T., el líder de la banda. Quería saber qué estaba ocurriendo. Luego le dijo a Venkatesh que le leyese el cuestionario. Escuchó, pero dijo que él no podía responder a la pregunta porque no era negro.

—Bien, entonces, ¿cómo se siente por ser afroamericano y pobre?

—Tampoco soy afroamericano, imbécil. Sólo soy un negrata.

J.T. ofreció a continuación una animada pero no desagradable lección taxonómica sobre «negrata» frente a «afroamericano» y «negro». Cuando terminó, se produjo un incómodo silencio. Todos seguían sin saber qué hacer con Venkatesh. J.T., que rondaba la treintena, había calmado a sus subordinados, pero no parecía querer interferir directamente en su conducta. Cayó la noche y J.T. se fue.

—La gente no sale con vida de aquí —le advirtió a Venkatesh el adolescente nervioso de la pistola—. Lo sabes, ¿verdad?

A medida que avanzaba la noche, sus captores se iban tranquilizando. Le dieron a Venkatesh una cerveza, y luego otra, y otra más. Cuando tenía que ir a mear, iba a donde ellos iban, el rellano de la escalera del piso de arriba. J.T. pasó por allí varias veces durante la noche, pero no tenía mucho que decir. Se hizo de día y luego atardeció de nuevo. Ocasionalmente, Venkatesh trataba de hablar de su encuesta, pero los jóvenes traficantes sólo se reían y le decían lo estúpidas que eran aquellas preguntas. Finalmente, casi veinticuatro horas después de que Venkatesh se encontrara con ellos, lo dejaron en libertad.

Se fue a casa y se dio una ducha. Se sentía aliviado, pero también sentía curiosidad. Le llamaba la atención que la mayoría de la gente, incluido él mismo, nunca hubiese pensado demasiado en la vida cotidiana de los delincuentes de los barrios marginados. Ahora estaba ansioso por aprender cómo trabajaban los Black Disciples, de arriba abajo.

Unas horas después, decidió regresar al complejo. Para entonces había pensado en algunas preguntas más adecuadas.

Tras comprobar de primera mano que en este caso el método convencional de recabar información resultaba absurdo, Venkatesh juró tirar su cuestionario a la basura y se introdujo en la banda. Localizó a J.T. e hizo un bosquejo de su propuesta. J.T. pensó que Venkatesh estaba loco, literalmente; ¿un universitario que intentaba granjearse la simpatía de una banda de traficantes de crack? Pero al mismo tiempo admiraba lo que Venkatesh perseguía. Resultó que J.T. también era licenciado, en Empresariales. Después de la universidad, había aceptado un trabajo en el Loop, el centro comercial de la ciudad, en el departamento de marketing de una empresa que vendía mobiliario de oficina. Pero se sintió tan fuera de lugar que lo dejó. Aun así, nunca olvidó lo que había aprendido. Conocía la importancia de reunir datos y ampliar mercados; siempre estaba a la caza de nuevas estrategias de gestión. En otras palabras, no era una coincidencia que J.T. fuese el líder de aquella banda. Había sido educado para mandar.

Tras discutir brevemente, J.T. prometió a Venkatesh acceso sin restricciones a las operaciones de la banda mientras mantuviese poder de veto sobre cualquier información que pudiese resultar perjudicial en caso de publicarse.

Cuando aquel complejo de edificios fue demolido, poco después de la primera visita de Venkatesh, la banda se trasladó a otro grupo de viviendas subvencionadas aún más adentro de la zona sur de Chicago. Durante los seis años siguientes, Venkatesh prácticamente vivió allí. Con la protección de J.T. observó a los miembros de la banda de cerca, en el trabajo y en sus casas. Preguntaba sin cesar. En ocasiones a los integrantes de la banda les molestaba su curiosidad, pero la mayor parte de las veces se aprovechaban de su disposición para escuchar.

—Lo de ahí fuera es una guerra, tío —le dijo un traficante—. Quiero decir que cada día la gente lucha por sobrevivir, así que, ya sabes, sólo hacemos lo que podemos. No tenemos elección, y si eso significa que nos maten, mierda, pues eso es lo que hacen los negros por aquí para alimentar a sus familias.

Venkatesh se trasladaba de una familia a la otra, lavando sus platos y durmiendo en el suelo. Compraba juguetes para los niños; en una ocasión vio a una mujer utilizar el babero de su bebé para limpiar la sangre de un traficante de drogas adolescente que murió de un disparo delante de Venkatesh. Mientras tanto, en la Universidad de Chicago, William Julius Wilson sufría frecuentes pesadillas a causa del joven.

A lo largo de los años, la banda sostuvo sangrientas guerras por el territorio y, finalmente, recibió una acusación federal. Uno de sus miembros, llamado Booty, que tenía un rango inferior a J.T., acudió a Venkatesh con una historia. El resto de la banda lo culpaba de haber provocado la acusación federal, por lo que sospechaba que pronto sería asesinado (y estaba en lo cierto), pero antes quería hacer una pequeña reparación. Booty se sentía culpable por todo el discurso de la banda acerca de que el tráfico de crack no hacía ningún daño y hacía que el dinero de los negros se mantuviese en la comunidad negra. Quería dejar tras de sí algo que de alguna manera pudiese beneficiar a la siguiente generación. Le entregó a Venkatesh un montón de cuadernos de espiral muy gastados, negros y azules, los colores de la banda. Constituían un registro completo de cuatro años de transacciones financieras de ésta. Bajo la dirección de J.T., los libros de contabilidad se habían compilado de forma rigurosa: ventas, sueldos, cuotas, incluso los subsidios a las familias de los miembros asesinados.

Al principio Ventakesh se negó a aceptar aquellos cuadernos. ¿Y si los del FBI descubrían que los tenía? ¿Lo acusarían también? Además, ¿qué se suponía que debía hacer con los datos? A pesar de su formación en matemáticas, hacía mucho tiempo que había dejado de pensar en números.

Al terminar su trabajo en la Universidad de Chicago, a Venkatesh le concedieron una estancia de tres años en la Sociedad de Amigos de Harvard. Su ambiente de pensamiento agudo y cordialidad —los revestimientos de nogal, el carrito del jerez que en su día perteneció a Oliver Wendell Holmes— constituía un placer. Ventakesh incluso llegó a convertirse en sumiller de la sociedad. Pero, aun así, abandonaba Cambridge regularmente para regresar junto a la banda de crack de Chicago. Esta investigación sobre el terreno convertía a Venkatesh en una especie de anomalía. La mayoría de los jóvenes pertenecientes a la Sociedad eran intelectuales recalcitrantes que disfrutaban haciendo juegos de palabras en griego.

Uno de los objetivos de la Sociedad era reunir a estudiosos de diferentes campos que de otro modo no tendrían ocasión de conocerse. Venkatesh pronto conoció a otro joven colega, que tampoco se ajustaba al estereotipo de la Sociedad. Éste resultó ser un economista que, en lugar de pensar de forma trascendental y grandilocuente, se interesaba por microcuriosidades poco convencionales, la principal de las cuales era el crimen. Y así, a los diez minutos de conocerse, Sudhir Venkatesh habló a Steven Levitt de los cuadernos de espiral de Chicago y ambos decidieron colaborar en un estudio. Era la primera vez que semejantes datos económicos de incalculable valor caían en manos de un economista, permitiendo el análisis de una hasta el momento inexplorada empresa criminal.

¿Cómo funcionaba la banda? En realidad, en gran medida como la mayoría de los negocios estadounidenses, aunque quizá no se pareciese tanto a ninguno como McDonald's. De hecho, si colocásemos un esquema organizativo de McDonald's junto a uno de los Black Disciples, resultaría difícil distinguirlos.

La banda a la que había ido a parar Venkatesh formaba parte de las alrededor de cien ramas —franquicias, en realidad— de una organización más extensa de Black Disciples. J.T., el líder con educación universitaria de esta franquicia, se hallaba bajo las órdenes de una jefatura central formada por cerca de veinte hombres llamada, sin ironía, «consejo de administración». (Mientras que los jóvenes de los barrios residenciales se esforzaban por imitar la cultura marginal de los raperos negros, los criminales del gueto negro se esforzaban por imitar el pensamiento empresarial de los papás de los jóvenes de los barrios residenciales.) J.T. pagaba al consejo de administración casi el 20% de sus ingresos por el derecho a vender crack en un área determinada de veinte manzanas. El resto del dinero podía distribuirlo como considerara adecuado.

Bajo orden directa de J.T. se hallaban tres oficiales: un responsable de seguridad (que garantizaba la protección de los miembros de la banda), un tesorero (que vigilaba el activo líquido de la banda), y un corredor (que transportaba grandes cantidades de drogas y dinero de y para el proveedor). Por debajo de los oficiales se encontraban los vendedores de calle, conocidos como soldados de a pie. El objetivo de los soldados de a pie era convertirse algún día en directivos. J.T. podía disponer de entre veinticinco y setenta y cinco soldados de a pie en nómina en cualquier momento, dependiendo de la época del año (el otoño era la mejor época para la venta de crack; mientras que en verano y Navidades el movimiento era escaso) y la extensión del territorio de la banda (que se duplicó cuando los Black Disciples conquistaron por medios hostiles el territorio de una banda rival). En la parte inferior de la organización de J. T. se hallaban doscientos miembros conocidos como las bases de la banda. Aunque no se trataba de empleados, debían pagar una cuota; unos por protección de las bandas rivales, otros por la oportunidad de, con el tiempo, conseguir un trabajo como soldados de a pie.

Los cuatro años recogidos en los cuadernos de la banda coincidían con los años del *boom* del crack, y el negocio era excelente. Durante ese período la franquicia de J.T. cuadruplicó sus ingresos. El primer año, ingresó una media de 18.500 dólares mensuales; en el último, estaba cosechando 68.400. Echemos un vistazo a los ingresos mensuales durante el último año:

Venta de droga	24.800
Cuotas	5.100
Impuestos de extorsión	2.100
Ingresos mensuales totales	32.000

«Venta de droga» representa sólo el dinero procedente del tráfico de crack. La banda permitía a algunos miembros de las bases vender heroína en su territorio, pero aceptaba una cuota fija de permiso en lugar de un porcentaje de los beneficios. (Este dinero no se registraba en los libros e iba directo al bolsillo de J.T., quien probablemente también escamoteara de otras fuentes.) Los 5.100 dólares en cuotas procedían exclusivamente de los miembros de las bases, puesto que los miembros de pleno derecho no pagaban cuotas. Los impuestos por extorsión eran pagados por otros negocios que operaban en el territorio de la banda, incluidas tiendas de comestibles, taxis sin licencia, proxenetas y los que vendían objetos robados o reparaban coches en plena calle.

A continuación, veamos lo que le costaba a J.T., sin tener en cuenta los salarios, ingresar esos 32.000 dólares mensuales:

Coste de la droga al por mayor	5.000
Cuota al consejo de administración	5.000
Mercenarios	1.300
Armas	300
Varios	2.400
Costos totales mensuales, sueldos excluidos	14.000

Los mercenarios eran contratados por períodos breves con el fin de ayudar a la banda en las guerras por el territorio. El coste de las armas es reducido debido a que los Black Disciples tenían un acuerdo con los traficantes de armas locales. Los gastos contabilizados como «varios» incluían gastos legales, fiestas, sobornos y los «actos comunitarios» patrocinados por la banda. (Los Black Disciples se esforzaban enormemente por que los considerasen un pilar de la comunidad de los complejos de viviendas subvencionadas en lugar de como una plaga.) Estos gastos varios incluían también los costes asociados al eventual asesinato de algún miembro de la banda. Ésta no sólo pagaba el funeral, sino que a menudo pagaba hasta el equivalente a tres años de sueldo a la familia de la víctima en concepto de indemnización. Venkatesh había preguntado en una ocasión por qué la banda se mostraba tan generosa al respecto. «Ésa es una pregunta jodidamente estúpida —le replicaron—, porque en todo el tiempo que has pasado con nosotros aún no has comprendido que sus familias son nuestras familias. No podemos dejarlos, es tan sencillo como eso. Conocemos a esta gente de toda la vida, así que los lloramos cuando ellos les lloran. Tienes que respetar a la familia.» Existía otra razón para el subsidio por muerte: la banda temía la reacción adversa por parte de la comunidad (su empresa era claramente destructiva) e imaginaba que podía comprar algo de buena voluntad por unos cientos de dólares aquí y allá.

El resto del dinero que ingresaba la banda iba destinado a sus miembros, empezando por su jefe. Ésta era la única línea del presupuesto de la banda que hacía enormemente feliz a J.T.:

Beneficios netos mensuales acumulados por el líder	8.500

Con 8.500 dólares mensuales, el salario anual de J.T. ascendía a 100.000 dólares, libre de impuestos, claro, y sin incluir las distintas sumas no registradas en los cuadernos y que iban a parar a su bolsillo. Eso era mucho más de lo que le pagaban en el Loop. Y J.T. era sólo uno de los aproximadamente cien líderes a ese nivel dentro de la red de los Black Disciples. Así que, en efecto, algunos traficantes de drogas podían permitirse vivir bien o, en el caso del consejo de administración de la banda, extremadamente bien. Cada uno de esos veinte jefes podía llegar a ganar medio millón de dólares al año. (La tercera parte de ellos, no obstante, normalmente acababa en la cárcel más tarde o más temprano, un inconveniente significativo si se ocupa un alto cargo en una empresa ilegal.)

De modo que los 120 hombres de la cúspide de la organización tenían un salario muy bueno. Pero la pirámide sobre la que se alzaban era gigantesca. Si utilizamos la franquicia de J.T. como patrón —tres oficiales y aproximadamente cincuenta soldados de a pie—, otros 5.300 hombres trabajaban para los 120 jefes. Además había unos veinte mil miembros de las bases no asalariados, muchos de los cuales no deseaban más que una oportunidad de convertirse en soldados de a pie, para lo cual estaban dispuestos a pagar una cuota a la banda.

Y ¿cómo se remuneraba ese trabajo de sus sueños? Éstas son las cifras mensuales totales de los sueldos que J.T. pagaba a los miembros de su banda:

Salarios combinados pagados a los tres directivos	2.100
Salarios combinados pagados a los soldados de a pie	7.400
Salarios mensuales totales de la banda (sin incluir al líder)	9.500

De modo que J.T. pagaba a sus empleados 9.500 dólares, un salario mensual combinado que sólo superaba en 1.000 dólares su propio sueldo oficial. El salario de J.T. era de 66 dólares la hora, mientras que sus tres oficiales ganaban 700 dólares al mes cada uno, lo que equivalía a alrededor de siete dólares la hora. Y los soldados de a pie sólo ganaban 3,30 la hora, una suma inferior al salario mínimo. De modo que la respuesta a la pregunta original —si los traficantes de drogas ganan tanto dinero, ¿por qué continúan viviendo con sus madres?— es que, excepto los tipos de arriba, no ganan mucho dinero. No tenían otra elección que vivir con sus madres. Por cada alto asalariado, existían cientos más que sólo recogían lo que podían. Los 120 hombres de la cúspide de los Black Disciples sólo representaban el 2,2% de los miembros de pleno derecho de la banda, pero se llevaban a casa más de la mitad del dinero que ésta obtenía.

En otras palabras, una banda de crack funciona en gran medida como la empresa capitalista estándar: has de estar cerca de la cima de la pirámide para ganar un gran salario. A pesar del discurso de los dirigentes de la banda acerca de la naturaleza familiar del negocio, los salarios de la banda están más o menos igual de sesgados que en la América empresarial. Un soldado de a pie tenía mucho en común con el responsable de dar la vuelta a las hamburguesas en el McDonald's o con el repositor del Wal-Mart. De hecho, la mayoría de los soldados de a pie de J.T. también trabajaban por el sueldo mínimo en el sector ilegal para complementar sus escasos ingresos ilícitos. En una ocasión, el líder de otra banda le comentó a Venkatesh que podía permitirse sin mucho esfuerzo pagar más a sus soldados de a pie, pero que no resultaría prudente.

—Tienes a todos esos negros por debajo de ti que quieren tu trabajo, ¿entiendes? —dijo—. Así que, ¿sabes?, tratas de cuidarlos, pero también tienes que demostrarles que eres el jefe. Siempre tienes que coger lo tuyo primero, si no, en realidad no eres el líder. Si empiezas con las pérdidas, te ven como a un débil y un mierda.

Además de la mala paga, los soldados de a pie se enfrentaban a condiciones laborales terribles. Para empezar, tenían que permanecer de pie en una esquina todo el día y hacer negocios con adictos al crack. (A los miembros de la banda se les aconsejaba con insistencia, a veces mediante palizas, que no se drogaran.) Los soldados de a pie también se exponían a que los arrestasen y, lo que es más preocupante, a ser víctimas de la violencia. Gracias a los documentos financieros de la banda y al resto de la investigación de Venkatesh, es posible construir un índice de acontecimientos adversos de la banda de J.T. durante los cuatro años en cuestión. Los resultados son increíblemente funestos. Durante ese período, un miembro de la banda normalmente se enfrentaba al siguiente destino:

Número de veces arrestado	5,9
Número de heridas no mortales (sin incluir las infligidas por los propios miembros de la banda por violar las normas)	2,4
Probabilidad de ser asesinado	1 entre 4

¡Una probabilidad entre cuatro de ser asesinado! Compárese este índice con el de talado de árboles, considerada por la Oficina de Estadísticas Laborales la profesión más peligrosa de Estados Unidos. Durante un período de cuatro años, las probabilidades de morir de un talador son de una entre doscientas. O comparemos la del traficante de crack con la del condenado en el corredor de la muerte de Texas, estado que ejecuta a más prisioneros que ningún otro. En 2003, Texas ejecutó a 24 presos, sólo el 5% de los casi quinientos que ocupaban el corredor de la muerte en esa época; lo que significa que existen más probabilidades de morir mientras se trafica con crack en un complejo de viviendas subvencionadas de Chicago que sentado en el corredor de la muerte en Texas.

De modo que, si el tráfico de crack es el trabajo más peligroso de Estados Unidos, y si el salario era de sólo 3,30 dólares la hora, ¿por qué demonios aceptaría alguien un trabajo así?

Bueno, por la misma razón por la que una hermosa jovencita se traslada de la granja de Wisconsin a Hollywood. Por la misma razón que un *quarterback* de instituto se levanta a las cinco de la mañana para hacer pesas. Todos desean triunfar en un campo extremadamente competitivo en el que, si alcanzan la cima, les pagan una fortuna (por no hablar de la gloria y el poder que comporta).

Para los chicos que crecían en un complejo de viviendas subvencionadas de la zona sur de Chicago, el tráfico de crack parecía una profesión glamurosa. Para muchos de ellos, el trabajo del jefe de la banda —altamente visible y altamente lucrativo— era, con diferencia, el mejor al que creían tener acceso. Si hubiesen crecido en circunstancias diferentes, tal vez habrían pensado en convertirse en economistas o escritores. Pero en el barrio en el que actuaba la banda de J.T., era prácticamente imposible obtener un trabajo decente y lícito. El 55% de los niños del vecindario vivía por debajo del nivel de la pobreza (frente a una media nacional del 18%). El 78% procedía de familias monoparentales. Menos del 5% de los adultos poseía un título universitario; apenas uno de cada tres hombres adultos tenía trabajo. Los ingresos medios del barrio eran de unos quince mil dólares anuales, bastante menos de la mitad de la media estadounidense. Durante los años en que Venkatesh vivió con la banda de J.T., los soldados de a pie con frecuencia le pedían ayuda para conseguir lo que ellos llamaban «un buen empleo»: trabajar de conserje en la Universidad de Chicago.

El problema del tráfico de crack es el mismo que el de cualquier otra profesión glamurosa: hay un montón de gente compitiendo por un puñado de premios. Ganar mucho dinero en la banda era tan improbable como que la jovencita de la granja de Wisconsin se convirtiese en estrella de cine o que el *quarterback* de instituto jugase en la Liga Nacional de Fútbol americano. Pero los delincuentes, como todos los demás, responden a incentivos. Si el premio es lo bastante grande, se pondrán en fila en espera de una oportunidad. En la zona sur de Chicago, la gente que quería vender crack superaba con creces el número de esquinas disponibles.

Estos señores del crack en ciernes topaban con una máxima laboral inmutable: cuando existe una gran cantidad de gente dispuesta a realizar un trabajo y capaz de hacerlo, por lo general éste no está bien remunerado. Ése es uno de los cuatro factores significativos que determinan un salario. Los otros tres son los conocimientos especializados que requiere un trabajo, lo desagradable que sea y la demanda de servicios que satisface.

El delicado equilibrio entre estos factores ayuda a explicar por qué, por ejemplo, la prostituta típica gana más que el arquitecto típico. Tal vez se crea que no debería ser así. El arquitecto parece más cualificado (en el sentido habitual de la palabra) y con un mayor nivel educativo (de nuevo, en el sentido habitual). Pero las niñas no crecen soñando con convertirse en prostitutas, así que la provisión de prostitutas potenciales es relativamente pequeña. Sus habilidades, pese a no ser necesariamente «especializadas», se practican en un contexto muy especializado. El trabajo es desagradable y difícil en al menos dos aspectos diferentes: la probabilidad de ser víctima de actos violentos y la oportunidad perdida de tener una vida familiar estable. Pero ¿y en cuanto a la demanda? Digamos que es más probable que un arquitecto contrate los servicios de una prostituta que viceversa.

En las profesiones glamurosas —cine, deporte, música, moda— entra en juego una dinámica diferente. Incluso en negocios que ocupan el segundo nivel del glamour, como el mundo editorial, la publicidad y los medios de comunicación, multitud de gente joven y brillante se lanza a trabajos odiosos en los que se les paga poco y se les exige dedicación ilimitada. Un ayudante editorial que gana 22.000 dólares en una editorial de Manhattan, un *quarterback* de instituto sin sueldo y un traficante adolescente de crack participan en el mismo juego, un juego que más bien se considera un torneo.

Las reglas del torneo son sencillas: si se quiere llegar a lo alto hay que empezar por abajo. (Al igual que un jugador medio de la liga nacional probablemente jugó en la infantil y como el Gran Dragón del Ku Klux Klan probablemente comenzó como un humilde lancero, un señor de la droga normalmente empezó vendiendo drogas en una esquina.) Hay que estar dispuesto a trabajar duro con un salario inferior al mínimo. Para avanzar en el torneo, uno debe demostrar que no sólo está por encima de la media, sino que es espectacular. (El modo de distinguirse a sí mismo por supuesto difiere de una profesión a otra; pese a que J.T. controlaba los resultados de ventas de sus soldados de a pie, era su fuerte carácter lo que realmente importaba, más de lo que importaría para, digamos, un jugador de béisbol.) Y finalmente, una vez que ha llegado a la triste conclusión de que nunca llegará a la cima, abandonará el torneo. (Algunos permanecen más tiempo que otros —recordemos a los «actores» que acaban sirviendo mesas en Nueva York—, pero generalmente captan el mensaje bastante pronto.)

La mayoría de los soldados de a pie de J.T. no estaban dispuestos a seguir en ese puesto por mucho tiempo después de darse cuenta de que no ascendían en el escalafón. Especialmente cuando comenzaban los tiroteos. Tras varios años relativamente tranquilos, la banda de J.T. se vio envuelta en una guerra por el territorio con una banda vecina. Los disparos desde vehículos en movimiento se convirtieron en algo cotidiano. Para un soldado de a pie —es decir el hombre de la banda en la calle— esas condiciones resultaban especialmente peligrosas. La naturaleza del negocio exigía que los clientes lo encontraran con facilidad y rapidez; si se escondía de la otra banda, no podía vender su crack.

Hasta que estalló la guerra de bandas, los soldados de a pie de J.T. habían estado dispuestos a aceptar un trabajo arriesgado y mal remunerado por la perspectiva de ascender. Pero como un soldado de a pie explicó a Venkatesh, ahora quería que lo recompensaran por el riesgo añadido: «¿Te quedarías aquí con todo este follón? No, ¿verdad? Pues si me van a pedir que arriesgue mi vida, que me pongan delante el dinero, tío. Que me paguen más, porque no pienso malgastar mi tiempo aquí mientras dure esta guerra.»

J.T. no había querido esa guerra. Por una cosa: debido al riesgo añadido se veía obligado a pagar a sus soldados de a pie sueldos más altos. Y lo que es peor, la guerra de bandas era mala para el negocio. Si Burger King y McDonald's emprenden una guerra de precios para ganar cuota de mercado, de alguna manera ganan en volumen lo que pierden en precios (aparte de que no se dispara a nadie), pero cuando se produce una guerra de bandas, las ventas caen en picado porque los clientes temen tanto la violencia que no saldrán a campo abierto para comprar crack. A J.T. la guerra le costaba cara en todos los sentidos.

Así pues, ¿por qué emprendió la guerra? En realidad, él no lo hizo. Fueron sus soldados de a pie quienes la comenzaron. Resultó que un jefe del crack no poseía tanto control sobre sus subordinados como habría deseado. Eso es porque contaban con diferentes incentivos.

Para J.T., la violencia suponía una distracción del negocio; habría preferido que sus miembros no disparasen una sola bala. Para un soldado de a pie, sin embargo, la violencia servía a un propósito. Uno de los escasos modos en que un soldado de a pie podía distinguirse del resto —y avanzar en el torneo— era demostrar su entereza ante la violencia. Un asesino era respetado, temido, se hablaba de él. El incentivo de un soldado de a pie era hacerse un nombre, y el de J.T. evitar que lo consiguiesen. «Tratamos de decir a estos enanos que pertenecen a una organización seria —explicó a Venkatesh en una ocasión—. No todo es matar. Ven esas películas de mierda, creen que todo es correr por ahí dando palos. Pero no es así. Hay que aprender a formar parte de una organización; no puedes estar peleando todo el tiempo. Es malo para el negocio.»

Al final, J.T. se impuso. Supervisó la expansión de la banda y vivió un nuevo período de prosperidad y relativa paz. J.T. era un triunfador. Se le pagaba bien porque muy pocas personas eran capaces de hacer lo que él hacía. Era un hombre alto, atractivo, inteligente y duro que sabía cómo motivar a la gente. Además, era hábil, nunca se expuso a que lo arrestaran por llevar armas o dinero cuyo origen no podía justificar. Mientras el resto de la banda vivía con sus madres en la pobreza, J.T. tenía varias casas, varias mujeres y varios coches. También contaba con su educación empresarial, claro. Trabajaba constantemente para sacar más provecho de su ventaja. Por ello ordenó la contabilidad al estilo empresarial que finalmente cayó en manos de Venkatesh. Ningún otro líder de una franquicia había hecho nunca nada semejante. En una ocasión, J.T. presentó sus libros de contabilidad al consejo de administración para demostrar, como si fuese necesario, el alcance de su visión para los negocios.

Y funcionó. Tras seis años dirigiendo su banda local, J.T. fue ascendido al consejo de administración. Tenía treinta y cuatro años, y había ganado el torneo. Pero ese torneo tenía una trampa que la publicidad y los deportes de elite e incluso Hollywood no tienen. La venta de drogas, después de todo, es ilegal. Poco después de que entrase a formar parte del consejo de administración, los Black Disciples fueron detenidos acusados de delito federal —la misma acusación que llevó a Booty a entregar sus cuadernos a Venkatesh—, y J.T. acabó en la cárcel.

Tratemos ahora otra cuestión inverosímil: ¿qué tenían en común el crack y las medias de nailon?

En 1939, cuando DuPont lanzó al mercado las medias de nailon, innumerables mujeres estadounidenses se sintieron como si un milagro se hubiese producido en su honor. Hasta entonces, las medias eran de seda, y la seda era muy delicada, cara y cada vez más escasa. Hacia 1941, se habían vendido en Estados Unidos alrededor de 64 millones de pares de medias de nailon, es decir más medias que mujeres adultas había en el país. Se trataba de un producto fácilmente asequible, inmensamente atractivo y prácticamente adictivo.

DuPont había logrado la proeza con la que sueña todo comerciante: llevar la elegancia a las masas. En este sentido, la invención de las medias de nailon era notablemente similar a la invención del crack.

En los setenta, para un consumidor de drogas no existía droga con más clase que la cocaína. Adorada por estrellas del rock, deportistas de elite e incluso el ocasional político, la cocaína era una droga que transmitía elegancia y poder. Era limpia, era blanca, era hermosa. La heroína dejaba colgado y la marihuana confundía, pero la cocaína proporcionaba un viaje hermoso.

Lamentablemente, también resultaba muy cara. Y el viaje tampoco es que durase mucho. Lo que llevó a los consumidores de cocaína a intentar aumentar la potencia de la droga. Fundamentalmente lo hacían fumando pasta base: añadían amoníaco y éter etílico al clorhidrato de cocaína, o cocaína en polvo, y lo quemaban para liberar la «base» de la cocaína. Pero esto podía resultar peligroso. Como unos cuantos consumidores marcados por las llamas podrían atestiguar —casi se matan fumando pasta base—, la química es mejor dejarla para los químicos.

Entretanto, los traficantes de cocaína y aficionados de todo el país, y quizá también en el Caribe y Suramérica, trabajaban en una versión más segura de la cocaína destilada. Descubrieron que mezclando cocaína en polvo con bicarbonato de sodio y agua, y después cociendo el líquido, se producían pequeñas piedras de cocaína fumable. Se le dio el nombre de «crack» por el crujido que producía el bicarbonato de sodio al quemarse. Pronto seguirían otros sobrenombres más cariñosos: Rock, Kriptonite, Kibbles'n Bits, Scrabble y Love. A principios de los ochenta, la droga con clase estaba lista para las masas. Ahora sólo hacían falta dos cosas para convertir el crack en un fenómeno: una provisión abundante de cocaína pura y el modo de introducir el nuevo producto en un mercado de masas.

La materia prima era fácil de conseguir, puesto que la invención del crack coincidió con una superabundancia de cocaína colombiana. A finales de los setenta, el precio de venta al por mayor de cocaína en Estados Unidos cayó drásticamente, aun cuando era cada vez más pura. Se sospechaba que un hombre, un emigrante nicaragüense llamado Oscar Danilo Blandon, importaba mucha más cocaína que ningún otro narcotraficante. Blandon trató tanto con los traficantes de crack en ciernes de Los Ángeles que llegó a ser conocido como el Johnny Appleseed del Crack.* Blandon declararía más tarde que vendía cocaína para reunir fondos para la Contra patrocinada por la CIA en Nicaragua. Le gustaba decir que a cambio la CIA le guardaba las espaldas en Estados Unidos, permitiéndole vender cocaína con impunidad. Esta afirmación suscitaría la creencia, que ha llegado hasta nuestros días, en especial entre los negros de las ciudades, de que la CIA era el principal mecenas del mercado norteamericano del crack.

Verificar esa afirmación se encuentra fuera del alcance de este libro. Lo que sí resulta demostrablemente cierto es que Oscar Danilo Blandon contribuyó a establecer un lazo —entre los cárteles colombianos de la coca y los traficantes de las zonas urbanas deprimidas— que alteraría la historia de Estados Unidos. Al poner ingentes cantidades de cocaína en manos de las bandas callejeras, Blandon y otros como él ocasionaron un *boom* devastador del crack. Y bandas como la Black Gangster Disciple Nation hallaron en ello una nueva razón para existir.

Desde que existen las ciudades, siempre ha habido bandas, de uno u otro tipo. En Estados Unidos, las bandas tradicionalmente han constituido una especie de centro de reinserción social para los inmigrantes recién llegados. En los años veinte, sólo Chicago contaba con más de mil trescientas bandas callejeras, dirigidas a todo grupo étnico, inclinación política o tendencia criminal imaginables. Por norma, las bandas demostraban mayor habilidad para organizar tumultos que para hacer dinero. Algunas se las daban de empresas comerciales, y unas pocas —la mafia, de forma particular— realmente hicieron dinero (al menos los de más arriba). Pero la mayoría de los gángsteres eran, como asegura el cliché, pandilleros de tres al cuarto.

En Chicago florecieron en particular las bandas callejeras de negros, cuyos miembros sumaban decenas de miles en la década de los setenta. Se trataba del tipo de criminales, cometiesen delitos menores o de otra índole, que absorbían la vida de las áreas urbanas. Parte del problema residía en que, al parecer, estos criminales nunca acaban entre rejas. Los sesenta y setenta fueron, en retrospectiva, una época fabulosa para ser delincuente callejero en la mayor parte de las ciudades norteamericanas. Las probabilidades de recibir un castigo eran tan bajas —fue la época de auge de un sistema judicial liberal y el movimiento a favor de los derechos del delincuente— que cometer un delito sencillamente no resultaba difícil.

En los ochenta, sin embargo, los juzgados comenzaron a cambiar radicalmente esa tendencia. Los derechos del delincuente se restringieron y se establecieron pautas más estrictas para determinar la sentencia. El número de gángsteres negros de Chicago encarcelados en las prisiones federales era cada vez mayor. Casualmente, algunos de los presos con los que compartían pena eran miembros de bandas mexicanas con estrechos lazos con los narcotraficantes colombianos. En el pasado, los gángsteres negros habían comprado las drogas a través de un intermediario, la mafia, que entonces se veía acosada por las nuevas leyes federales contra el crimen organizado.

Pero para cuando el crack llegó a Chicago, los gángsteres negros ya contaban con los contactos para comprar su cocaína directamente a los traficantes colombianos.

La cocaína nunca había tenido mucho éxito en el gueto: era demasiado cara. Pero eso fue antes de la invención del crack. Esta nueva sustancia resultaba ideal para el cliente de bajos ingresos. Debido a que sólo requería una pequeña cantidad de cocaína pura, una dosis de crack sólo costaba unos dólares. El viaje que producía era corto: alcanzaba el cerebro en apenas unos segundos y perdía intensidad rápidamente, lo que hacía que el consumidor regresara por más. Desde el comienzo, el crack tenía un enorme éxito asegurado.

¿Y quién mejor para venderlo que los miles de miembros más jóvenes de todas esas bandas callejeras como la Black Gangster Disciple Nation? El territorio ya les pertenecía —su negocio básico era, en esencia, el inmobiliario—, y resultaban suficientemente amenazadores para que los clientes pensasen siquiera en asaltarlos. De repente, la banda callejera urbana evolucionó desde una especie de club para adolescentes díscolos hasta una verdadera empresa comercial.

La banda también representaba una oportunidad de trabajo duradero. Antes del crack, sencillamente era imposible ganarse la vida en una banda callejera. Cuando llegaba el momento de comenzar a mantener a una familia, el miembro de la banda debía dejarlo. No existía el miembro de treinta años: o estaba trabajando legalmente o había muerto o se encontraba en la cárcel. Pero con el crack existía la posibilidad de ganar dinero de verdad. En lugar de avanzar y dejar paso para que ascendieran los nuevos miembros, los veteranos permanecían en la banda. Esto ocurría al tiempo que los empleos de siempre —especialmente los de las fábricas— empezaban a desaparecer. En el pasado, un hombre negro semicualificado podía ganar un salario decente trabajando en una fábrica. Con la reducción de esa opción, la de traficar con crack parecía aún mejor. No podía ser excesivamente difícil. El material era tan adictivo que hasta un tonto sería capaz de venderlo.

¿A quién importaba que el juego del crack fuese un torneo que sólo unos pocos de ellos podían ganar? ¿A quién importaba que fuese tan peligroso, que hubiese que permanecer de pie ahí fuera, en una esquina, vendiéndolo de un modo tan rápido y anónimo como McDonald's vende hamburguesas, sin conocer a ninguno de sus clientes, esperando que de un momento a otro alguien apareciese para arrestarlo, robarlo o matarlo? ¿A quién importaba si esa sustancia hacía tan adictos a niños de doce años, a abuelas, a pastores que en lo único que pensaban era en la siguiente dosis? ¿A quién importaba que el crack matase a habitantes del barrio?

Para el norteamericano negro, las cuatro décadas que iban de la Segunda Guerra Mundial al auge del crack habían estado marcadas por una mejora constante y a menudo espectacular. Especialmente desde la legislación de los derechos civiles de mediados de los sesenta, los signos reveladores del progreso social al fin habían arraigado entre la población negra. La desigualdad entre el nivel de ingresos de blancos y negros disminuía, al igual que la diferencia entre los resultados de los exámenes escolares entre los niños de ambas razas. Tal vez el triunfo más alentador se produjo en la mortalidad infantil. Hasta 1964, un niño negro tenía el doble de probabilidades de morir que uno blanco, con frecuencia de causas tan elementales como la diarrea o la neumonía. Cuando aún existía la segregación de los hospitales, muchos pacientes negros recibían asistencia prácticamente tercermundista. Pero esto cambió cuando el Gobierno federal ordenó la supresión de dicha segregación: en sólo siete años la tasa de mortalidad infantil entre la población negra se redujo a la mitad. En la década de los ochenta, casi cada aspecto de la vida mejoraba para la población negra, y el progreso no daba muestras de detenerse.

Entonces apareció el crack.

Puesto que el consumo de crack era un fenómeno que prácticamente sólo afectaba a la población negra, su impacto en los barrios negros fue mucho más duro. Esto se evidencia al observar los mismos indicadores de progreso social antes citados. Tras décadas de declive, en los ochenta la mortalidad infantil entre la población negra comenzó a ascender, al igual que el índice de niños nacidos con falta de peso y los abandonos. La diferencia entre los escolares blancos y negros aumentó. El número de negros encarcelados se triplicó. El crack era tan sumamente destructor que si se calcula la media de su efecto entre todos los ciudadanos negros de Estados Unidos, no sólo los consumidores de crack y sus familias, comprobamos que el progreso de posguerra del grupo social no sólo se paralizó, sino que en ocasiones retrocedió el equivalente a diez años. La población negra resultó más perjudicada por el crack que por ninguna otra causa desde las leyes discriminatorias conocidas como Jim Crow.

Y además estaba la criminalidad. En un período de cinco años, el índice de homicidios entre los jóvenes negros de la ciudad se cuadruplicó. De repente resultaba tan peligroso vivir en algunas zonas de Chicago, San Luis o Los Ángeles como hacerlo en Bogotá.

La violencia que iba unida al auge del crack era diversa e implacable. Coincidió con una ola de crimen aún mayor que había ido en aumento durante dos décadas en Estados Unidos. A pesar de que el crecimiento de dicha ola de crimen era muy anterior al crack, la tendencia se agravaba de tal manera a causa de la nueva droga que los criminólogos se mostraban sumamente apocalípticos en sus predicciones. James Alan Fox, quizás el criminalista más citado en la prensa popular, advertía de un inminente «baño de sangre» de violencia juvenil.

Pero tanto Fox como el resto de los proveedores de sabiduría convencional resultaron equivocarse. El baño de sangre no llegó a materializarse. El índice de criminalidad en realidad comenzó a descender, de un modo tan inesperado, drástico y sólido que ahora, con la distancia de varios años, resulta casi difícil recordar la apabullante fuerza de aquella ola de crimen.

¿Por qué descendió?

Por varios motivos, aunque entre ellos hay uno más sorprendente que el resto. Oscar Danilo Blandon, el llamado Johnny Appleseed del Crack, fue quizás el instigador de una reacción que se fue extendiendo, por la cual una sola persona causa inadvertidamente, mediante sus acciones, un mar de desesperación. Pero sin que prácticamente nadie lo supiese, otra reacción notablemente poderosa —ésta en dirección contraria— acababa de entrar en juego.

4

¿ADÓNDE HAN IDO TODOS LOS CRIMINALES?

En 1966, un año después de convertirse en el dictador comunista de Rumanía, Nicolai Ceausescu ilegalizó el aborto. «El feto es propiedad de toda la sociedad —proclamó—. Cualquiera que evite tener hijos es un desertor que renuncia a las leyes de la continuidad nacional.»

Tales grandilocuentes declaraciones eran comunes durante la hegemonía de Ceausescu, porque su plan maestro —crear una nación digna del Nuevo Hombre Socialista— constituía un ejercicio de grandiosidad. Construyó palacios para sí mismo mientras maltrataba y desatendía alternativamente a sus ciudadanos. Al abandonar la agricultura en favor del sector industrial, obligó a gran parte de los habitantes de las zonas rurales a trasladarse a fríos edificios. Concedió cargos gubernamentales a cuarenta miembros de su familia, incluida su esposa, Elena, que requería cuarenta casas y una provisión acorde de pieles y joyas. Madame Ceausescu, conocida oficialmente como la Mejor Madre que Rumanía Podría Tener, no era especialmente maternal. «Los gusanos nunca están satisfechos, no importa la cantidad de comida que les des», decía cuando los rumanos se quejaban de la escasez de alimentos producida por la mala administración de su marido. Mantenía enfrentados a sus propios hijos para asegurarse su lealtad.

La prohibición del aborto llevada a cabo por Ceausescu fue ideada para lograr uno de sus objetivos principales: fortalecer rápidamente Rumanía incrementando su población. Hasta 1966, el país había contado con una de las políticas en torno al aborto más liberales del mundo. El aborto suponía de hecho la principal forma de control de la natalidad. De pronto, prácticamente de la noche a la mañana, quedaba prohibido. Las únicas excepciones eran las madres que ya tenían cuatro hijos y las mujeres con una posición destacada dentro del Partido Comunista. Al mismo tiempo, se prohibió toda educación sexual y anticonceptiva. Los agentes del Gobierno, sarcásticamente conocidos como la Policía Menstrual, reunían regularmente a las mujeres en sus lugares de trabajo para repartir pruebas de embarazo. Si una mujer no se quedaba embarazada durante un período de tiempo prolongado, se la obligaba a pagar un alto «impuesto de celibato».

Los incentivos de Ceausescu produjeron el efecto deseado. Un año después de la prohibición del aborto, la tasa de natalidad rumana se había duplicado. Esos niños nacían en un país en el que, a menos que se perteneciese al clan Ceausescu o a la elite comunista, la vida era miserable. Pero las vidas de esos niños resultarían particularmente miserables. Comparada con los niños rumanos nacidos sólo un año antes, la generación de niños nacidos tras la prohibición del aborto obtendría peores resultados en casi todas las formas calculables: sus calificaciones escolares serían inferiores, tendrían menos éxito en el mercado laboral y también más probabilidades de convertirse en criminales.

La prohibición del aborto siguió en vigor hasta que finalmente Ceausescu perdió el poder. El 16 de diciembre de 1989, miles de personas se echaron a las calles de Timisoara para protestar contra su corrosivo régimen. Muchos de los manifestantes eran adolescentes y universitarios. La policía mató a docenas de ellos. Uno de los líderes de la oposición, un profesor de cuarenta y un años, declaró más tarde que fue su hija de trece años quien insistió en que debía participar en la protesta, a pesar de sus temores. «Lo más curioso es que aprendimos a no tener miedo gracias a nuestros hijos —dijo—, la mayoría de los cuales tenían entre trece y veinte años.» Unos días después de la matanza de Timisoara, Ceausescu pronunciaba un discurso ante cien mil personas. De nuevo asistió un gran número de jóvenes. Los gritos de «¡Timisoara!» y «¡Abajo los asesinos!» acallaron las palabras del dictador. Le había llegado la hora. Él y Elena trataron de escapar con mil millones de dólares, pero fueron capturados, sometidos a un juicio tan sumario como rudimentario y, el día de Navidad, ejecutados por un pelotón de fusilamiento.

De todos los líderes comunistas derrocados durante los años de desmoronamiento de la Unión Soviética, el único que sufrió una muerte violenta fue Nicolai Ceausescu. No debería pasarse por alto que su muerte fue en gran medida precipitada por la juventud de Rumanía, gran parte de la cual, de no ser por la prohibición del aborto, nunca habría llegado a nacer.

La historia del aborto en Rumanía quizá parezca una forma extraña de comenzar a relatar la historia del crimen en Estados Unidos en la década de los noventa. Pero no lo es. De un modo importante, la historia del aborto en Rumanía constituye una imagen inversa de la historia del crimen en Estados Unidos. El punto en el que coinciden ambas historias se halla en ese día de Navidad de 1989, en el que Nicolai Ceausescu aprendió de la manera más dura —de un disparo en la cabeza— que su prohibición del aborto tenía consecuencias mucho más profundas de lo que creía.

Ese día, el crimen se hallaba aproximadamente en su punto más alto en Estados Unidos. En los quince años anteriores, el crimen violento había aumentado en un 80%. El crimen monopolizaba las noticias de la noche y las conversaciones en todo el país.

Cuando el índice de criminalidad comenzó a descender a principios de los noventa, lo hizo tan rápido y de un modo tan repentino que sorprendió a todo el mundo. Algunos expertos estaban tan convencidos de que continuaría en aumento que tardarían años en reconocer siquiera que el crimen estaba descendiendo. De hecho, mucho después de que el crimen alcanzase su punto más alto, algunos de ellos seguían prediciendo escenarios aún más oscuros. Pero la evidencia era irrefutable: el pico largo y brutal del crimen se movía en la dirección opuesta, y no se detendría hasta que el índice de criminalidad hubiese retrocedido a los niveles de cuarenta años antes.

Los expertos se apresuraron entonces a explicar sus erróneas predicciones. El criminólogo James Alan Fox aclaró que su advertencia de un «baño de sangre» había sido en realidad una exageración intencionada. «Nunca dije que las calles se convertirían en ríos de sangre —afirmó—, pero utilicé expresiones fuertes como "baño de sangre" para atraer la atención de la gente. Y lo conseguí.

No me disculpo por utilizar términos alarmistas.» (Si Fox parece ofrecer una distinción sin una diferencia —«baño de sangre» frente a «ríos de sangre»— deberíamos recordar que incluso cuando dan marcha atrás los expertos pueden actuar de forma interesada.)

Cuando se estableció la calma, cuando la gente recordó cómo seguir con sus vidas sin el apremiante miedo al crimen, surgió una pregunta lógica: ¿adónde fueron todos esos criminales?

A un solo nivel, la respuesta resultaba desconcertante. Después de todo, si ninguno de los criminólogos, policías, economistas, políticos y demás expertos que se ocupan de tales asuntos había vaticinado el descenso de la criminalidad, ¿cómo podían de repente identificar sus causas?

Pero este heterogéneo ejército de expertos producía ahora una serie de hipótesis para explicar la caída del crimen. Se escribirían numerosísimos artículos periodísticos acerca del tema. Sus conclusiones a menudo giraban en torno a lo que tal experto había declarado recientemente a tal periodista. A continuación, clasificadas según frecuencia de mención, aparecen las explicaciones al descenso de la criminalidad citadas en artículos publicados entre 1991 y 2001 en los diez periódicos de mayor difusión, extraídos de la base de datos de LexisNexis:

Explicación de la caída de la criminalidad	*Número de veces citada*
1. Estrategias policiales innovadoras	52
2. Mayor confianza en las cárceles	47
3. Cambios en el mercado del crack y otras drogas	33
4. Envejecimiento de la población	32
5. Medidas más estrictas de control de armas	32
6. Fortaleza de la economía	28
7. Aumento del número de efectivos policiales	26
8. Todas las demás explicaciones (mayor imposición de la pena de muerte, leyes de ocultación de armas, compromisos de readquisición de armas, y otras)	34

Si le gustan a usted las adivinanzas, tal vez desee dedicar unos momentos a reflexionar acerca de cuáles de las explicaciones anteriores parecen tener valor y cuáles no. Pista: de las siete explicaciones fundamentales de la lista, sólo tres de ellas se puede demostrar que contribuyeron a la caída de la criminalidad. El resto es, en su mayor parte, producto de la imaginación de alguien, de su interés, o de sus ilusiones. Otra pista: una de las mayores causas mensurables del descenso del crimen no aparece en la lista, porque no recibió una sola mención por parte de la prensa.

Empecemos con una explicación que no provoca excesiva polémica: la fortaleza de la economía. El descenso de la criminalidad que comenzó a principios de los noventa iba acompañado de un crecimiento vertiginoso de la economía nacional y un declive significativo del desempleo. Resultaría lógico creer que la economía fue un arma que contribuyó a vencer al crimen. Pero si observamos más detenidamente los datos, vemos que esta teoría no se sostiene. Es cierto que un mercado laboral fuerte puede lograr que determinados delitos pierdan atractivo, pero se trata exclusivamente de los delitos con una motivación económica directa —robo con allanamiento, atraco y robo de coches— frente a los crímenes violentos como el homicidio, la agresión y la violación. Además, algunos estudios han demostrado que un descenso del desempleo de un punto representa un descenso del 1% de los delitos de carácter no violento. Durante la década de los noventa, la tasa de desempleo cayó aproximadamente dos puntos; no obstante, los delitos no violentos descendieron aproximadamente un 40%. Pero existe un error aún mayor en la teoría del auge de la economía respecto al crimen violento. Durante los noventa, el homicidio descendió a un ritmo mayor que ningún otro tipo de crimen, y un gran número de estudios fiables ha demostrado que prácticamente no existe ninguna relación entre la economía y el crimen violento. Esta endeble vinculación se debilita aún más si echamos la vista atrás hasta la década de los sesenta, cuando la economía pasaba por un crecimiento vertiginoso; al igual que el crimen violento. Así que, mientras una economía fuerte en los noventa quizá pareciera, a primera vista, una explicación probable del descenso de la criminalidad, casi sin lugar a dudas no afectó al comportamiento criminal de ningún modo significativo.

A no ser que «la economía» se interprete, en un sentido más amplio, como un medio de construir y mantener cientos de prisiones. Consideremos ahora otra de las explicaciones al descenso de la criminalidad: la mayor confianza en las cárceles. Podemos empezar por darle la vuelta a la pregunta referente al crimen. En lugar de preguntarnos qué hizo que el crimen descendiera, planteémonos lo siguiente: ¿por qué había aumentado de forma tan espectacular para empezar?

Durante la primera mitad del siglo XX, la incidencia de los crímenes violentos en Estados Unidos era, en general, bastante constante. Pero en la década de los sesenta comenzó a ascender. En retrospectiva, resulta evidente que uno de los factores más importantes que impulsaban esta tendencia era un sistema judicial más indulgente. Los índices de condena descendieron durante los sesenta, y los criminales condenados cumplían penas más cortas. Esta tendencia venía generada en parte por un incremento de los derechos de los acusados; un incremento prescrito mucho tiempo atrás, dirían algunos. (Otros replicarían que el incremento fue demasiado lejos.) Al mismo tiempo, los políticos se mostraban cada vez más indulgentes respecto al crimen; «por miedo a parecer racistas —como ha escrito el economista Gary Becker—, puesto que la mayor parte de los delitos graves son cometidos por afroamericanos e hispanos». Así que, si deseábamos cometer un crimen, los incentivos se disponían a nuestro favor: una probabilidad más escasa de ser condenados y, de llegar a serlo, una pena más corta. Dado que los criminales responden a incentivos con tanta facilidad como cualquiera, el resultado fue un repentino aumento de la criminalidad.

Llevó un tiempo, y mucha agitación política, pero dichos incentivos se vieron finalmente reducidos. Los criminales que antes habrían sido puestos en libertad —en especial por delitos relacionados con las drogas y revocación de la libertad condicional— eran en cambio encarcelados. Entre 1980 y 2000, el número de personas enviadas a prisión por cargos relacionados con las drogas se multiplicó por quince. Se prolongaron muchas otras sentencias, en especial por crímenes violentos. El efecto total fue espectacular: en el año 2000 había más de dos millones de presos, aproximadamente cuatro veces más que en 1972. Al menos la mitad de ese incremento se produjo durante la década de los noventa.

La evidencia que vincula el incremento de las penas con los índices de criminalidad inferiores tiene mucho peso. Se ha demostrado que las condenas duras actúan como elemento de disuasión (para el criminal potencial de la calle) y prevención (para el criminal potencial que ya se encuentra en la cárcel). A pesar de lo lógico que esto pueda parecer, algunos criminólogos han luchado contra la lógica. Un estudio académico de 1977 titulado «Por una moratoria en la construcción de prisiones» apuntaba que cuando los índices de encarcelamiento son altos los índices de criminalidad tienden a aumentar, y concluía que si se rebajaban los índices de encarcelamiento, el crimen descendería. (Afortunadamente, los carceleros no aflojaron de repente sus guardias y esperaron sentados a que el crimen descendiera. Como John J. DiIulio Jr., analista político, comentó más tarde: «Al parecer se necesita un doctorado en criminología para dudar de que mantener en la cárcel a los criminales peligrosos reduzca el crimen.»)

El argumento de la «moratoria» se basa en una confusión fundamental entre correlación y causalidad. Consideremos un argumento paralelo. El alcalde de una ciudad observa que sus ciudadanos celebran salvajemente la victoria de su equipo en las Series Mundiales. Esta correlación le intriga, pero, como el autor de la «moratoria», no consigue ver la dirección de la correlación. Así que, al año siguiente, decreta que los ciudadanos comiencen a celebrar las Series Mundiales «antes del primer lanzamiento», un acto que, en su mente confusa, asegurará la victoria.

Sin duda existen múltiples razones para que nos desagrade el enorme aumento de la población reclusa. A no todo el mundo le complace que una fracción tan importante de la población, especialmente de la población negra, viva entre rejas. La cárcel tampoco se acerca siquiera a tratar las raíces del crimen, que son diversas y complejas. Por último, la cárcel tampoco supone una solución barata: mantener a un preso cuesta cerca de 25.000 dólares al año. Pero si el objetivo en este punto es explicar la caída de la criminalidad en los noventa, el encarcelamiento es sin duda una de las respuestas clave, ya que explica aproximadamente un tercio del descenso.

Junto con el encarcelamiento suele citarse otra explicación: la mayor imposición de la pena de muerte. Entre los ochenta y los noventa el número de ejecuciones en Estados Unidos se cuadruplicó, empujando a mucha gente a concluir —en el contexto de un debate que se ha prolongado durante décadas— que la pena capital contribuyó al descenso de la criminalidad. No obstante, en ese debate se pierden dos hechos importantes.

Primero, dada la poca frecuencia con que se llevan a cabo las ejecuciones en Estados Unidos y las largas demoras al hacerlo, ningún criminal racional se sentiría disuadido por la amenaza de la ejecución. Pese a que en una década las penas de muerte se cuadruplicaron, durante los noventa sólo se produjeron 478 ejecuciones en todo el país. Cualquier padre que en alguna ocasión haya amonestado a un hijo recalcitrante con una frase tipo «voy a contar hasta diez y esta vez de verdad te voy a castigar», conoce la diferencia entre la advertencia disuasoria y la amenaza vacua. Hasta el momento en que escribo esta nota, el estado de Nueva York, por ejemplo, sólo ha ejecutado a un criminal desde que reinstauró la pena de muerte en 1995. Incluso entre los ocupantes del corredor de la muerte el índice anual de ejecuciones no alcanza más que el 2%, mientras que un miembro de la banda de traficantes Black Gangster Disciple Nation se expone a una probabilidad anual de morir del 7%. Si la vida en el corredor de la muerte es más segura que en las calles, resulta difícil creer que el miedo a ser ejecutado influya en los cálculos de un criminal. Al igual que ocurría con la multa de tres dólares a los padres que llegaban tarde en las guarderías israelíes, el incentivo negativo de la pena capital sencillamente no es lo bastante serio para que un criminal modifique su comportamiento.

El segundo error en el argumento de la pena capital resulta incluso más obvio. Supongamos por un instante que la pena de muerte sí es un elemento de disuasión. ¿Cuántos crímenes evita realmente? El economista Isaac Ehrlich, en un estudio muy citado de 1975, presentó un cálculo aproximado que normalmente se considera optimista: ejecutar a un criminal se traduce en siete homicidios menos que éste podría haber cometido. Ahora hagamos cuentas. En 1991, se llevaron a cabo 14 ejecuciones en Estados Unidos; en 2001, fueron 66. De acuerdo con el cálculo de Ehrlich, esas 52 ejecuciones adicionales habrían supuesto 364 homicidios menos en 2001. Sin duda, no se trata de un ligero descenso, pero representa menos del 4% de la caída de los homicidios ese año. Así que en el mejor de los casos la pena capital sólo podría explicar una vigésimo quinta parte del descenso de los homicidios en la década de los noventa. Y puesto que la pena de muerte rara vez se impone en casos que no sean de homicidio, su efecto disuasorio no puede explicar en absoluto el descenso del resto de los crímenes violentos.

Por consiguiente, resulta extremadamente improbable que la pena capital, como se practica actualmente en Estados Unidos, ejerza influencia real alguna en los índices de criminalidad. Incluso muchos de los que en su día la defendieron han llegado a esta conclusión. «Me siento moral e intelectualmente obligado a reconocer que el experimento de la pena de muerte ha fracasado —declaró Harry A. Blackmun, juez del Tribunal Supremo de Estados Unidos, en 1994, casi veinte años después de haber votado por su reinstauración—. No continuaré jugando con la maquinaria de la muerte.»

De modo que no fue la pena capital lo que hizo descender la criminalidad, como tampoco lo fue la economía floreciente. Pero el aumento de los índices de encarcelamiento sí tuvo mucho que ver. Todos esos criminales no entraron en las cárceles por su propio pie, por supuesto. Alguien tenía que investigar el crimen, atrapar al malo y preparar el caso que lo condenaría; lo que lógicamente nos lleva a un par de explicaciones sobre el descenso de la criminalidad, ambas relacionadas:

Estrategias policiales innovadoras
Mayor número de efectivos policiales

Estudiemos primero la segunda. En la década de los noventa el número de efectivos policiales per cápita en Estados Unidos se incrementó cerca de un 14%. No obstante, ¿redujo la criminalidad el mero aumento del número de policías? La respuesta (sí) parecería obvia, pero demostrarlo no resulta fácil. El motivo es que cuando el crimen aumenta, la gente clama por protección, e invariablemente se destina más dinero a la policía. Así que, si observamos las crudas correlaciones entre la policía y el crimen, descubriremos que cuando más policía hay, tiende a haber más crimen. Por supuesto, eso no significa que la policía cause el crimen, del mismo modo que no significa que, como algunos criminólogos han defendido, el crimen descenderá si se pone a los criminales en libertad.

Para demostrar la causalidad, necesitamos un escenario en el que se contrate un mayor número de policías por razones que no guardan ninguna relación con el incremento de la criminalidad. Si, por ejemplo, se repartieran policías en algunas ciudades al azar y en otras no, podríamos comprobar si en las primeras el crimen efectivamente desciende.

Pues resulta que los políticos ávidos de votos crean a menudo el escenario perfecto. En los meses anteriores a las elecciones, los alcaldes tratan de ganar votos contratando más policías, aun cuando el índice de criminalidad permanezca estable. Así que, si comparamos un grupo de ciudades que han tenido elecciones recientemente (y que, por consiguiente, contrataron más efectivos policiales) con otro grupo de ciudades que no las han tenido (y, por lo tanto, no aumentaron sus fuerzas policiales), es posible deducir el efecto de la policía adicional en el crimen. La respuesta: en efecto, el aumento del número de policías reduce sustancialmente el índice de criminalidad.

De nuevo, tal vez resulte de ayuda echar la vista atrás y comprobar por qué la delincuencia había aumentado en primer lugar. De 1960 a 1985, el número de agentes de policía descendió más de un 50% en relación con el número de crímenes. En algunos casos, la contratación de policía adicional se consideraba una violación de la estética liberal de la época; en otros, sencillamente se consideraba demasiado caro. Ese descenso de un 50% en la policía se tradujo en aproximadamente el mismo descenso de las probabilidades de que un criminal fuese atrapado. Acompañado de la indulgencia antes citada en la otra mitad del sistema judicial criminal, los tribunales, este descenso en el control policial generó un fuerte incentivo positivo para los criminales.

En los noventa, las filosofías —y las necesidades— habían cambiado. La tendencia policial se revirtió, con contrataciones a gran escala en ciudades de todo el país. Esos policías no sólo actuaron como fuerza disuasoria, sino que además proporcionaron los recursos humanos para encarcelar a los criminales que de otro modo no habrían sido atrapados. La contratación de un mayor número de efectivos policiales explica aproximadamente el 10% del descenso de la criminalidad en los noventa.

Pero en esa década no sólo cambió el número de policías; consideremos la explicación al descenso pronunciado del crimen más comúnmente citada: estrategias policiales innovadoras.

Tal vez no había teoría más atractiva que la creencia de que un sistema policial inteligente detiene el crimen. Proponía un conjunto de héroes genuinos, en lugar de una simple escasez de villanos. Esta teoría rápidamente se convirtió en artículo de fe porque apelaba a los factores que, según John Kenneth Galbraith, más contribuían a la formación de la sabiduría convencional: la facilidad con que una idea puede prolongarse y el grado en que afecta nuestro bienestar personal.

La historia acabó de la forma más espectacular en la ciudad de Nueva York, donde el recientemente elegido alcalde Rudolph Giuliani y su cuidadosamente escogido jefe de la policía, William Bratton, prometieron solucionar la situación desesperada que vivía la ciudad en relación con la delincuencia. Bratton adoptó un nuevo enfoque de los métodos policiales. Condujo al Departamento de Policía de Nueva York a lo que un agente que llevaba mucho tiempo en el cuerpo llamó «nuestra época ateniense», en la que se daba más peso a las nuevas ideas que a las prácticas inmutables. En lugar de mimar a los comandantes de su distrito, Bratton exigía responsabilidades. En lugar de confiar exclusivamente en los conocimientos y experiencia anticuados de los agentes, introdujo soluciones tecnológicas como CompStat, un método informatizado de tratar los puntos conflictivos del crimen.

La idea más convincente que Bratton aplicó se basaba en la «teoría de la ventana rota», concebida por los criminólogos James Q. Wilson y George Kelling. La teoría de la ventana rota argumenta que, a menos que se las controle, las alteraciones menores se convierten en alteraciones mayores: es decir, si alguien rompe una ventana y ve que no se arregla de inmediato, recibe el mensaje de que no está mal romper el resto de las ventanas y quizá también prender fuego al edificio.

Así que, con el asesinato haciendo estragos, los policías de Bill

Bratton comenzaron a controlar el tipo de actos que normalmente no se controlaban: colarse en el metro, mendigar de forma demasiado agresiva, orinar en las calles, pasar una escobilla pringosa por la luna de un coche si el conductor no aportaba un «donativo» apropiado...

A la mayoría de los neoyorquinos les encantó esta ofensiva en general. Pero les gustó particularmente la idea, proclamada con firmeza por Bratton y Giuliani, de que acabar con estos pequeños delitos era como cortar la provisión de oxígeno del elemento criminal. El que se cuela hoy en el metro fácilmente podría estar buscado mañana por el asesinato de ayer. Ese yonqui que meaba en un callejón tal vez fuera a cometer un robo.

Cuando el crimen violento comenzó a descender de forma espectacular, los neoyorquinos estaban más que contentos con el operístico alcalde procedente de Brooklyn y su jefe de policía de cara chupada y acento de Boston. Pero los dos tenaces hombres no fueron muy buenos a la hora de compartir la gloria. Poco tiempo después de que el cambio en el tratamiento de la delincuencia llevase a Bratton —y no a Giuliani— a la portada de *Time*, Bratton fue presionado para que dimitiera. Había sido jefe de la policía durante tan sólo veintisiete meses.

La ciudad de Nueva York fue una clara innovadora de estrategias policiales durante el descenso de la criminalidad en los noventa, y también disfrutó de la mayor caída de todas las ciudades de Estados Unidos. Los índices de homicidio descendieron de un 30,7% por cada 100.000 habitantes en 1990 a un 8,4 por cada 100.000 habitantes en 2000, un cambio del 73,6%. Pero un análisis detallado de los hechos demuestra que las estrategias policiales innovadoras probablemente tuvieron escaso efecto en este enorme descenso.

Primero, la caída de la criminalidad en Nueva York comenzó en 1990. Hacia finales de 1993, los delitos violentos (incluido el homicidio) y los relacionados con la propiedad ya habían descendido un 20%. Sin embargo, Rudolph Giuliani no llegó a la alcaldía —y nombró a Bratton jefe de policía— hasta principios de 1994. El crimen ya iba en descenso antes de que ninguno de los dos ocupara su puesto. Y continuaría descendiendo mucho después de que Bratton fuese obligado a dimitir.

Segundo, las nuevas estrategias policiales iban acompañadas de un cambio mucho más significativo dentro de las fuerzas policiales: la prodigalidad en la contratación. Entre 1991 y 2001, el Departamento de Policía de Nueva York creció alrededor de un 45%, más del triple de la media nacional. Como se ha discutido antes, un incremento en el número de policías, independientemente de las nuevas estrategias, ha demostrado reducir el crimen. Mediante un cálculo aproximado, era de esperar que esta enorme expansión de la fuerza policial de Nueva York redujese la criminalidad en la ciudad en un 18% respecto a la media nacional. Si restamos ese 18% de la reducción de homicidios en Nueva York, y de ese modo descontamos el efecto del aumento de la contratación de policías, Nueva York ha dejado de encabezar las estadísticas nacionales con su descenso del 73,6%, para ocupar la parte media de la lista. Muchos de esos nuevos policías en realidad fueron contratados por David Dinkins, el alcalde a quien venció Giuliani. Dinkins estaba desesperado por asegurar el voto de los fanáticos de la ley y el orden, consciente de que su oponente sería Giuliani, antiguo fiscal federal, con quien se había enfrentado cuatro años antes. De modo que quienes deseen atribuir el descenso de la criminalidad a Giuliani pueden seguir haciéndolo, porque fue su reputación de defensor a ultranza de la ley y el orden lo que llevó a Dinkins a contratar a todos esos policías. Al final, por supuesto, el aumento de los efectivos policiales benefició a todo el mundo, aunque mucho más a Giuliani que a Dinkins.

Existe un hecho simple, y que a menudo se soslaya, que pone en entredicho la afirmación de que las innovaciones de la policía de Nueva York redujeron el crimen de manera radical: el crimen descendió en todas partes durante los noventa, no sólo en Nueva York. Pocas ciudades probaron el tipo de estrategias utilizadas en Nueva York, y sin duda ninguna con el mismo entusiasmo. Pero incluso en Los Ángeles, ciudad conocida por su pésimo sistema policial, la criminalidad descendió prácticamente al mismo ritmo que en Nueva York, teniendo en cuenta el crecimiento de las fuerzas policiales de ésta.

Sería una necedad discutir que un sistema policial inteligente no es algo bueno. Bill Bratton sin duda merece reconocimiento por proporcionar un nuevo ímpetu a las fuerzas policiales de Nueva York. Pero es terriblemente escasa la evidencia de que su estrategia fuese la panacea como sostienen tanto él como los medios de comunicación. El paso siguiente será continuar midiendo el impacto de las innovaciones policiales; en Los Ángeles, por ejemplo, donde el mismo Bratton se convirtió en jefe de la policía a finales de 2002. A pesar de que estableció algunas de las innovaciones que habían supuesto su sello distintivo en Nueva York, anunció que su prioridad era reunir el dinero para contratar a miles de nuevos agentes de policía.

Ahora analicemos otro par de explicaciones comunes al descenso de la criminalidad:

> Medidas más estrictas de control de armas
> Cambios en el mercado del crack y de otras drogas

Primero, las armas. Rara vez los debates en torno a este tema son serenos. Los defensores de las armas consideran que las leyes de control son excesivamente estrictas; sus oponentes creen exactamente lo contrario. ¿Cómo es posible que personas inteligentes tengan visiones del mundo diametralmente opuestas? Porque un arma suscita un complejo conjunto de cuestiones que cambian según un único factor: en manos de quién se encuentra.

Quizá merezca la pena dar un paso atrás y formular una pregunta elemental: ¿qué es un arma? Es una herramienta que puede utilizarse para matar a alguien, por supuesto, pero, lo más importante, constituye una enorme perturbación del orden natural de las cosas.

Un arma trastorna el resultado de cualquier disputa. Pongamos que un tipo duro y un tipo no tan duro intercambian unas palabras en un bar, lo que conduce a una pelea. Para el tipo no tan duro es obvio que recibirá una paliza, así que, ¿para qué molestarse en pelear? La jerarquía permanece intacta. Pero si resulta que el tipo no tan duro posee un arma, tiene muchas probabilidades de ganar. En este escenario, la introducción de un arma puede conducir a un aumento de la violencia.

Ahora, en lugar del tipo duro y el no tan duro, imaginemos a una chica de instituto que ha salido a dar una vuelta por la noche cuando de repente se ve asaltada por un atracador. ¿Qué ocurre si sólo el atracador va armado? ¿Y si sólo la joven va armada? ¿Y si ambos van armados? Alguien que se opone a las armas puede decir que en primer lugar el arma ha de mantenerse alejada de las manos del atracador. El que las defiende podría decir que la chica de instituto necesita llevar un arma para perturbar lo que se ha convertido en el orden natural de las cosas: los que llevan las armas son los malos. (Si la chica asusta al atracador, entonces la introducción de un arma en este caso produciría una reducción de la violencia.) Cualquier atracador con mínima iniciativa seguro que va armado, porque en un país como Estados Unidos, con un floreciente mercado negro de armas, cualquiera puede hacerse con una.

En Estados Unidos existen armas suficientes para que, si diésemos una a cada adulto, nos quedásemos antes sin adultos que sin armas. En casi dos tercios de los homicidios del país hay armas de fuego implicadas, un porcentaje mucho mayor que el de otros países industrializados. El índice de homicidios también supera ampliamente al de esos países. Por lo tanto, es probable que nuestro alto índice de homicidios se deba en parte a lo fácil que resulta acceder a un arma. En efecto, las investigaciones demuestran que esto es cierto.

Pero las armas no tienen toda la culpa. En Suiza, todos los hombres adultos reciben un fusil de asalto durante el servicio militar y se les permite conservarlo en sus casas. Proporcionalmente, Suiza posee más armas que cualquier otro país, y aun así es una de las naciones más seguras del mundo. Con esto, los métodos establecidos en Estados Unidos para mantener las armas alejadas de los criminales son, como mínimo, débiles. Y dado que un arma —a diferencia de una bolsa de cocaína, un coche o un par de pantalones— dura prácticamente para siempre, aunque se cierre el grifo de las armas nuevas sigue habiendo una enorme cantidad disponible.

Así que, considerando todo ello, veamos distintas iniciativas recientes relacionadas con las armas para comprobar el impacto que hayan podido tener en la década de los noventa.

La ley más famosa acerca del control de armas es la ley Brady, aprobada en 1993, que requiere una comprobación de antecedentes y un período de espera antes de que una persona esté en condiciones de adquirir un arma. Esta solución quizás haya parecido atractiva a la clase política, pero para un economista no tiene mucho sentido. ¿El motivo?: que la regulación de un mercado legal está condenada al fracaso cuando existe un saludable mercado negro para el mismo producto. Con armas tan baratas y fáciles de conseguir, el criminal estándar no dispone de ningún incentivo para rellenar un formulario en la armería local y esperar una semana. De acuerdo con eso, la ley Brady ha demostrado ser prácticamente inútil en el descenso del crimen. (Un estudio de delincuentes graves encarcelados demostró que aun antes de la ley Brady sólo la quinta parte había comprado sus armas en una tienda autorizada.) También fracasaron diversas leyes de control de armas locales. Tanto Washington, D. C., como Chicago establecieron prohibiciones mucho antes de que la delincuencia comenzara a descender por todo el país en los noventa y, pese a ello, las dos ciudades iban a la cola, no en cabeza, de la reducción del crimen a escala nacional. Un elemento de disuasión que ha demostrado una eficacia moderada es el duro incremento de las penas de prisión para cualquier persona convicta por posesión ilegal de armas. Pero todavía se puede mejorar mucho. Aunque sea improbable, si se condenara a la pena capital a cualquiera que llevase un arma obtenida ilegalmente, y si la pena se hiciese efectiva, no cabe duda de que los crímenes con armas de fuego disminuirían de manera sustancial.

Otro ingrediente en la lucha contra el crimen en los noventa —y en las noticias de la noche— fue el compromiso de readquisición de armas. Recordemos la imagen: una montaña amenazadora y refulgente de armas de fuego rodeada por el alcalde, el jefe de policía, los activistas del barrio... Era una bonita fotografía, pero poseía tanto significado como el compromiso de readquisición de las armas. Las armas que se entregan suelen ser reliquias o trastos. La compensación para el que las vende —normalmente entre cincuenta y cien dólares, aunque en California incluyó tres horas de psicoterapia— no supone un incentivo adecuado para alguien que realmente planea utilizar su arma. Y el número de armas entregadas no puede competir siquiera con la cantidad que sale simultáneamente al mercado. Dado el número de pistolas que hay en Estados Unidos y la cantidad de homicidios que se cometen cada año, la probabilidad de que un arma determinada sea utilizada para matar a alguien es de 1 entre 10.000. El programa de readquisición de armas típico recoge menos de 1.000 armas, lo que se traduce en una expectación de menos de la décima parte de un homicidio por readquisición. No parece suficiente para tener siquiera un impacto mínimo en el descenso de la criminalidad.

Además, existe un argumento contrario: necesitamos más armas en las calles, pero en manos de las personas correctas (como la chica de instituto de antes, en lugar de su atracador). El economista John R. Lott Jr. se erige como el principal defensor de esta idea. Su tarjeta de visita es el libro *More Guns, Less Crime* [Más armas, menos crimen], en el que argumenta que en aquellas zonas en que a los ciudadanos respetuosos de la ley se les permite llevar armas, el crimen violento ha descendido. Su teoría quizá resulte sorprendente, pero es acertada. Si un criminal piensa que su víctima potencial puede ir armada, tal vez se sienta disuadido de cometer el crimen. Los que se oponen al uso de las armas tachan a Lott de ideólogo a favor de las armas, y el mismo Lott se convirtió a sí mismo en el blanco de la controversia. Agravó su problema al crear un seudónimo, «Mary Rosh», con el que defender su teoría en los foros de Internet. Rosh, que se identificaba a sí misma como antigua alumna de Lott, elogiaba la inteligencia de su profesor, su ecuanimidad, su carisma. «He de decir que es el mejor profesor que he tenido nunca —escribió ella/él—. Jamás pensarían en él como en un ideólogo de la derecha... Yo formaba parte de un grupo de estudiantes que tratábamos de asistir a todas las clases que él impartía. Al final, Lott nos recomendó que asistiéramos a las clases de otros profesores para exponernos a distintas formas de enseñanza.» Además, se acusaba a Lott de inventarse algunos de los datos en que sustentaba su teoría de que a más armas, menos crimen. Independientemente de que los datos fuesen falsos o no, la hipótesis de Lott, hay que reconocer que interesante, no parece que sea acertada. Cuando otros expertos han tratado de replicar sus resultados, han descubierto que las leyes «listas para llevar» sencillamente no reducen la criminalidad.

Consideremos la siguiente explicación al descenso de la criminalidad: el estallido de la burbuja del crack. El crack era una droga tan poderosa y adictiva que prácticamente de la noche a la mañana se creó un mercado enormemente rentable. Cierto, sólo los líderes de las bandas de traficantes se enriquecían, pero eso sólo hacía que los traficantes de la calle se sintieran aún más desesperados por avanzar. Para conseguirlo, muchos de ellos estaban dispuestos a matar a sus rivales, perteneciesen a la misma banda o a una distinta. También se producían batallas con armas de fuego cerca de las esquinas donde se vendía droga. El asesinato típico del mundo del crack consistía en un traficante disparando a otro (o dos, o tres) y no, contrariamente a lo que se cree, algún yonqui de ojos saltones disparando a un tendero por unos dólares. El resultado fue un enorme incremento en el crimen violento. Un estudio descubrió que más del 25% de los homicidios cometidos en la ciudad de Nueva York en 1988 estaban relacionados con el crack.

La violencia vinculada al crack comenzó a disminuir hacia 1991. Esto ha llevado a muchas personas a pensar que el crack ha desaparecido, pero no ha sido así. Fumar crack está mucho más extendido de lo que la gente cree. Casi el 5% de los arrestos llevados a cabo en Estados Unidos siguen estando relacionados con la cocaína (frente al 6% en el pico del crack), y las visitas a urgencias de los consumidores de crack tampoco han disminuido tanto.

Lo que sí desapareció fueron los grandes beneficios de la venta de crack. El precio de la cocaína llevaba años descendiendo, y a medida que el crack se extendía, se abarataba aún más. Los traficantes emprendieron una guerra de precios; los beneficios se desvanecían. La burbuja del crack estalló de un modo tan espectacular como lo haría la del Nasdaq. (Pensemos en la primera generación de traficantes como en los millonarios de Microsoft; y en la segunda como en Pets.com.) Puesto que los traficantes veteranos de crack eran asesinados o acababan en prisión, los traficantes más jóvenes decidieron que beneficios tan bajos no justificaban el riesgo. El torneo había perdido su atractivo. Ya no valía la pena matar a alguien para robarle su territorio, y sin duda mucho menos morir por esa causa.

De modo que la violencia disminuyó. De 1991 a 2001, el índice de homicidios entre los jóvenes negros —cuya representación entre los traficantes de crack era desproporcionada— cayó un 48%, comparado con el 30% en el caso de hombres mayores negros y hombres mayores blancos. (Otro factor menor que contribuyó al descenso del número de homicidios es el hecho de que algunos traficantes de crack pasaron a disparar a sus enemigos en el trasero en lugar de asesinarlos; este método de ataque violento se consideraba más degradante —y obviamente el castigo era menos severo— que el asesinato.) Con todo, la quiebra del mercado del crack explicaba aproximadamente el 15% del descenso de la criminalidad en los noventa; un factor sustancial, seguro, aunque debe apuntarse que el crack era el responsable de mucho más del 15% del incremento del crimen en los ochenta. En otras palabras, el efecto global del crack todavía se percibe en forma de crímenes violentos, por no hablar del sufrimiento que la droga en sí continúa causando.

El último par de explicaciones al descenso de la criminalidad hace referencia a dos tendencias demográficas. La primera era frecuentemente citada en los medios de comunicación: el envejecimiento de la población.

Hasta que el crimen descendió de forma tan drástica, nadie hablaba de esta teoría. De hecho, la escuela de criminología en torno al «baño de sangre» defendía exactamente la teoría contraria: que un incremento de población adolescente produciría una generación de superdepredadores que debilitaría el país. «Justo detrás del horizonte, acecha una nube que los vientos pronto traerán sobre nosotros —escribió James Q. Wilson en 1995—. La población comenzará a rejuvenecer... Preparémonos.»

Sin embargo, en términos generales, la población adolescente no aumentaba excesivamente. Criminólogos como Wilson y James Alan Fox se habían equivocado enormemente al interpretar los datos demográficos. El verdadero crecimiento de la población en la década de los noventa en realidad se produjo entre los miembros de la tercera edad. Pese a que esto podría haber resultado aterrador en términos de seguridad médica y social, el americano medio tenía poco que temer de la creciente multitud de ancianos. No sorprendería averiguar que la población anciana no posee una excesiva concentración criminal: el anciano de sesenta y cinco años medio tiene la quinta parte de probabilidades de ser arrestado que el adolescente medio. Esto es lo que hace tan atractiva la teoría del descenso de la criminalidad basada en el envejecimiento de la población: dado que el carácter de la gente se suaviza a medida que ésta envejece, el incremento en el número de personas mayores tiene su correlato en una reducción del crimen. Pero un estudio más minucioso de los datos revela que el envejecimiento de la población estadounidense no contribuyó a reducir el crimen en los noventa. El cambio demográfico es un proceso demasiado lento y sutil —no pasamos de matones adolescentes a señores de la tercera edad en apenas unos años— para comenzar siquiera a explicar lo repentino del descenso del crimen.

No obstante, se produjo otro cambio demográfico imprevisto y de larga gestación, que sí redujo drásticamente la criminalidad en los noventa.

Volvamos por un instante a la Rumanía de 1966. De forma repentina e inesperada, Nicolai Ceausescu declaró ilegal el aborto. Los niños que nacieron tras la ilegalización del aborto tenían muchas más probabilidades de convertirse en criminales que los niños que nacieron antes. ¿El motivo? Estudios realizados en otras áreas de Europa del Este y Escandinavia desde los años treinta hasta la década de los sesenta revelan una tendencia similar. En la mayor parte de los casos, el aborto no se prohibió de la noche a la mañana, pero una mujer debía obtener el permiso de un juez para que se lo practicaran. Los investigadores descubrieron que en los casos en los que se denegaba el aborto a una mujer, con frecuencia ésta se sentía contrariada con el niño y no lograba proporcionarle un buen hogar. Incluso cuando se controlaban los ingresos, la edad, la educación y la salud de la madre, los investigadores hallaron que esos niños también tenían más probabilidades de convertirse en criminales.

Por otra parte, en Estados Unidos la historia del aborto ha sido diferente de la de Europa. En los comienzos de la nación, se permitía abortar antes del «despertar», es decir, cuando podían sentirse los primeros movimientos del feto, lo que ocurre generalmente entre la decimosexta y la decimoctava semana de embarazo. En 1828, Nueva York se convirtió en el primer estado que restringía el aborto, que en 1900 fue ilegalizado en todo el país. En el siglo XX el aborto resultaba con frecuencia peligroso y generalmente costoso, por lo que pocas mujeres pobres abortaban. Éstas también tenían menos acceso al control de la natalidad. En consecuencia, lo que tenían era muchos más hijos.

A finales de los sesenta, varios estados comenzaron a permitir el aborto en circunstancias extremas como violación, incesto o peligro para la madre. En 1970, cinco estados habían declarado legal el aborto y lo habían hecho ampliamente accesible: Nueva York, California, Washington, Alaska y Hawai. El 22 de enero de 1973, la legalización del aborto se extendió repentinamente a todo el país gracias al fallo del Tribunal Supremo de Estados Unidos en el caso «Roe contra Wade». El veredicto por mayoría, redactado por el juez Harry Blackmun, se basaba especialmente en las dificultades de la madre potencial:

> El perjuicio que el Estado ocasionaría a la mujer embarazada al denegar su elección resulta evidente... La maternidad, o el aumento de la descendencia, pueden imponer a la mujer una vida y un futuro angustioso. El daño psicológico puede ser inminente. El cuidado del hijo puede poner a prueba su salud mental y física. También existe la angustia, para todos los involucrados, asociada al niño no deseado, y el problema de criar a un hijo en una familia que ya es incapaz, psicológicamente o de otra forma, de cuidar de él.

El Tribunal Supremo dio voz a lo que las madres de Rumanía y Escandinavia —y de otros países— sabían desde mucho tiempo atrás, a saber, que cuando una mujer no desea tener un hijo, generalmente cuenta con buenas razones para ello. Quizás esté soltera o su matrimonio no funcione. Tal vez considere que es demasiado pobre para criar a un hijo, o que su vida es excesivamente inestable o infeliz, o que su adicción a las drogas o el alcohol dañará la salud del bebé. Quizá piense que es demasiado joven o que aún no ha recibido la educación suficiente. Tal vez quiera tener un hijo, pero en unos años, no en ese momento. Existen mil razones para que sienta que no puede proporcionar un ambiente familiar apropiado para criar a un niño sano y productivo.

El primer año después del caso «Roe contra Wade», en Estados Unidos abortaron cerca de 750.000 mujeres (lo que representaba un aborto por cada 4 nacimientos). En 1980, el número de abortos alcanzó la cifra de 1,6 millones (uno por cada 2,25 nacimientos), momento en que se estabilizó. En un país de 225 millones de habitantes, 1,6 millones de abortos al año —uno por cada 140 norteamericanos— quizá no pareciera una cifra tan espectacular. En el primer año tras la muerte de Nicolai Ceausescu, cuando se reinstauró el aborto en Rumanía, se producía un aborto por cada 22 rumanos. Aun así, 1,6 millones de mujeres estadounidenses al año quedaban embarazadas y no tenían sus hijos.

Antes de «Roe contra Wade», las mujeres que podían concertar y permitirse un aborto ilegal eran predominantemente las hijas de familias de clase media y alta. Ahora, en lugar de un procedimiento ilícito que podía costar quinientos dólares, cualquier mujer estaba en situación de abortar con facilidad, a menudo por menos de cien dólares.

¿Qué tipo de mujer tenía más probabilidades de beneficiarse del precedente creado por «Roe contra Wade»? Con frecuencia se trataba de mujeres solteras, adolescentes o pobres, y en ocasiones las tres cosas al mismo tiempo. ¿Qué tipo de futuro podría haber tenido su hijo? Según un estudio el hijo típico que no nació en los primeros años tras la legalización del aborto habría tenido un 50% más de probabilidades de vivir en la pobreza que la media; también un 60% más de crecer con un solo progenitor. Estos dos factores —la pobreza en la infancia y las familias monoparentales— se encuentran entre los principales factores que permiten predecir que un niño tendrá un futuro criminal. Crecer en una familia monoparental aproximadamente duplica la propensión de un niño a cometer un delito. Al igual que tener una madre adolescente. Otro estudio ha demostrado que entre los factores que conducen a la criminalidad, el más determinante es el bajo nivel educativo materno.

En otras palabras, la multitud de factores que llevó a millones de mujeres estadounidenses a abortar también parecía predecir que, si aquellos hijos hubieran llegado a nacer, habrían llevado vidas infelices y muy probablemente se habrían convertido en criminales.

No cabe duda de que la legalización del aborto en Estados Unidos tuvo miles de consecuencias. El infanticidio disminuyó de manera radical. También lo hicieron los matrimonios «de penalti» y el número de niños entregados en adopción (lo que ha conducido a un auge de las adopciones de niños extranjeros). Las concepciones aumentaron casi un 30%, pero los nacimientos descendieron un 6%, lo cual indica que muchas mujeres utilizaban el aborto como método radical de control de la natalidad.

No obstante, tal vez el efecto más drástico de la legalización del aborto, y que tardaría años en salir a la luz, fue su impacto en la criminalidad. A principios de los noventa, cuando la primera generación de niños que nacieron tras «Roe contra Wade» dejaba atrás la adolescencia —la edad en que los hombres jóvenes se introducen en el mundo de la delincuencia— el índice de criminalidad comenzó a descender. Lo que faltaba en esta generación, por supuesto, eran los niños con mayores probabilidades de convertirse en delincuentes. Y el índice de criminalidad continuó descendiendo cuando toda una generación alcanzaba la mayoría de edad sin aquellos niños cuyas madres no habían querido traer un nuevo ser al mundo. La legalización del aborto supuso menos hijos no deseados; los hijos no deseados suponen un alto índice de criminalidad; por consiguiente, la legalización del aborto supone menos crímenes.

No cabe duda de que esta teoría provocará múltiples reacciones, desde la incredulidad hasta el rechazo, y múltiples objeciones, de las cotidianas a las morales. La primera objeción más probable resulta también la más simple: ¿es cierta la teoría? Quizá la relación entre aborto y criminalidad sea meramente de correlación y no de causalidad.

Tal vez resulte más reconfortante creer lo que dicen los periódicos, que el descenso de la criminalidad se debió a un sistema policial brillante, al control inteligente de las armas y a una economía floreciente. Hemos evolucionado con una tendencia a vincular la causalidad con las cosas tangibles, no con algún fenómeno distante o complicado. Creemos sobre todo en las causas cercanas: una serpiente muerde a un amigo nuestro, éste chilla de dolor y muere. La mordedura de serpiente, concluimos, ha matado a nuestro amigo. La mayor parte del tiempo, semejante parecer resulta correcto. Pero en lo que se refiere a causa y efecto, una idea tan incuestionable a menudo tiene trampa. Ahora sonreímos cuando pensamos en culturas antiguas que abrazaban causas equivocadas; los guerreros que creían, por ejemplo, que lo que les proporcionaba la victoria en el campo de batalla era la violación de una virgen. Pero nosotros también abrazamos causas equivocadas, por lo general ante la insistencia de un experto que proclama una verdad por la que tiene un interés personal.

Entonces, ¿cómo distinguir si la relación entre el aborto y el crimen es un caso de causalidad en lugar de un simple correlato?

Una forma de comprobar el efecto del aborto en la criminalidad consiste en evaluar los datos referentes a ésta en los cinco estados en que el aborto se legalizó antes de que el Tribunal Supremo extendiese el derecho a abortar al resto del país. En Nueva York, California, Washington, Alaska y Hawai, la mujer había podido abortar legalmente al menos dos años antes de «Roe contra Wade». Y, en efecto, esos estados pioneros en la legalización observaron cómo el crimen descendía antes que los otros cuarenta y cinco estados y el distrito de Columbia. Entre 1988 y 1994, el crimen violento en los estados pioneros descendió un 13% comparado con el resto de los estados; entre 1994 y 1997, sus índices de asesinatos descendieron un 23% más que los de los otros estados.

Pero ¿y si esos estados que legalizaron el aborto sencillamente tuvieron suerte? ¿Qué más podríamos buscar en los datos para establecer una conexión entre el aborto y el crimen?

Uno de los factores es la correlación entre el índice de aborto de cada estado y su índice de criminalidad. Sin duda, los estados con los índices de aborto más altos en la década de los setenta experimentaron los mayores descensos del crimen en los noventa, mientras que los estados con bajos índices de abortos experimentaron descensos más leves. (Esta correlación existe incluso cuando se controlan los múltiples factores que influyen en el crimen: la población carcelaria de un estado, el número de policías y su situación económica.) Desde 1985, los estados con altos índices de aborto han experimentado una caída de aproximadamente el 30% en el crimen respecto a los estados con bajo índice de abortos. (La ciudad de Nueva York presentaba altos índices de aborto y se hallaba entre los estados pioneros en la legalización, dos hechos que desmontan aún más la tesis de que los métodos policiales innovadores causaron el descenso del crimen.) Además, antes de finales de los ochenta —cuando la primera generación afectada por la legalización del aborto alcanzaba la edad criminal— no existía ninguna relación entre el índice de abortos de un estado determinado y su índice de criminalidad, lo que constituye otro indicio de que «Roe contra Wade» fue en efecto el acontecimiento que inclinó la balanza de la criminalidad.

Aún existen más correlaciones, positivas y negativas, que refuerzan la relación entre el aborto y el crimen. En estados con altos índices de abortos, todo el descenso del crimen se produjo entre la generación posterior a Roe, a diferencia de los criminales de mayor edad. Además, estudios procedentes de Australia y Canadá han establecido desde entonces una relación similar entre la legalización del aborto y el índice de criminalidad. Y en la generación posterior a Roe no sólo faltaban miles de jóvenes criminales, sino también miles de madres solteras y adolescentes; porque muchas de las niñas que no nacieron debido al aborto con mayor probabilidad habrían repetido las tendencias de sus propias madres.

Descubrir que el aborto fue uno de los factores más determinantes en el descenso del crimen de la historia de Estados Unidos resulta, de más está decirlo, desconcertante. Parece menos propio de Darwin que de Swift; nos recuerda un dardo que hace mucho tiempo se atribuyó a G. K. Chesterton: cuando no quedan sombreros suficientes, el problema no se soluciona cortando algunas cabezas. El descenso del crimen era, en el lenguaje de los economistas, un «beneficio no planeado» de la legalización del aborto. Pero no es necesario estar en contra del aborto por motivos morales o religiosos para sentirse conmocionado ante la idea de una aflicción personal convertida en un bien público.

Efectivamente, existe mucha gente que considera el aborto un crimen violento. Un experto en derecho juzgó el aborto legalizado como peor que la esclavitud (puesto que implica la muerte por norma) o el Holocausto (dado que el número de abortos llevados a cabo en Estados Unidos tras el caso «Roe contra Wade», aproximadamente treinta y siete millones hasta 2004, supera el de los seis millones de judíos asesinados en Europa). Tengamos fuertes convicciones respecto al aborto o no, éste sigue siendo un tema especialmente complicado. Anthony V. Bouza, un antiguo alto cargo de la policía tanto en el Bronx como en Minneapolis, lo descubrió al presentarse para gobernador de Minnesota en 1994. Unos años antes, Bouza había escrito un libro en el que calificaba el aborto como «posiblemente el único mecanismo efectivo en la prevención del crimen adoptado en este país desde finales de los sesenta». Cuando justo antes de las elecciones se divulgó la opinión de Bouza, su caída en los sondeos fue espectacular. Y luego perdió.

Independientemente de lo que una persona sienta acerca del

aborto, es probable que se plantee lo siguiente: ¿qué podemos extraer de la ecuación más aborto – menos crimen? ¿Es posible siquiera asignar una cifra a una transacción tan complicada?

Los economistas tienen la curiosa costumbre de atribuir valoraciones numéricas a transacciones complicadas. Consideremos el esfuerzo de salvar de la extinción al búho manchado del norte. Un estudio económico descubrió que, para proteger a aproximadamente cinco mil búhos, los costes de aprovechamiento —es decir, los ingresos obtenidos por la industria maderera y otras— serían de 46.000 millones de dólares, o poco más de nueve millones por cada búho. Tras el vertido de petróleo del *Exxon Valdez* en 1989, otro estudio calculó la cifra que la familia típica norteamericana estaría dispuesta a pagar para evitar otro desastre semejante: 31 dólares. Un economista puede fijar un valor incluso a una parte determinada del cuerpo. Consideremos la lista que utiliza el estado de Connecticut para indemnizar los daños por accidente laboral.

Parte del cuerpo perdida o dañada	*Semanas de paga de compensación*
Dedo (índice)	36
Dedo (corazón)	29
Dedo (anular)	21
Dedo (meñique)	17
Pulgar (mano dominante)	63
Pulgar (otra mano)	54
Mano (dominante)	168
Mano (otra)	155
Brazo (dominante)	208
Brazo (otro)	194
Dedo del pie (gordo)	28
Dedo del pie (otro)	9
Pie	125
Nariz	35
Ojo	157
Riñón	117
Hígado	347
Páncreas	416

Parte del cuerpo perdida o dañada	*Semanas de paga de compensación*
Corazón	520
Mama	35
Ovario	35
Testículo	35
Pene	35-104
Vagina	35-104

Ahora planteémonos una pregunta atroz: ¿cuál es el valor relativo entre un feto y un recién nacido? Si nos enfrentásemos a la tarea salomónica de sacrificar la vida de un recién nacido por un número no determinado de fetos, ¿qué número elegiríamos? Sólo se trata de un ejercicio mental —es evidente que no existe una respuesta correcta—, pero tal vez contribuya a definir el impacto del aborto en el crimen.

Tanto para una persona firmemente pro vida como para una firmemente pro elección, esto supone un cálculo simple. La primera, que cree que la vida comienza en el momento de la concepción, es probable que equipare el valor de un recién nacido al de un feto. La segunda persona, que considera que el derecho de la mujer a abortar supera cualquier otro factor, probablemente argumente que no existe ningún número de fetos que pueda equipararse al de un solo recién nacido.

Pero consideremos a una tercera persona. (Si el lector se identifica ya sea con la persona número uno o con la número dos, el siguiente ejercicio puede parecerle ofensivo, y tal vez prefiera saltarse este párrafo y el siguiente.) Esta tercera persona no cree que el feto sea totalmente equivalente al recién nacido, aunque tampoco piensa que un feto carezca por completo de valor relativo. Supongamos que se ve forzado a establecer un valor relativo, y decide que un recién nacido equivale a 100 fetos.

En Estados Unidos se llevan a cabo alrededor de 1,5 millones de abortos al año. Para la persona que cree que un recién nacido equivale a 100 fetos, esos 1,5 millones de abortos se traducirían —dividiendo 1,5 millones entre 100— en el equivalente a una pérdida de 15.000 vidas humanas. Quince mil vidas humanas: esa cifra resulta ser aproximadamente el número de personas que mueren anualmente en Estados Unidos víctimas de homicidios, y supera con creces el número de homicidios no cometidos cada año a causa de la legalización del aborto. De modo que, incluso para alguien que considera que un feto sólo vale el 1% de un ser humano, la compensación entre más abortos y menos crimen sería, en opinión de un economista, sumamente ineficaz.

Lo que indica la relación entre el aborto y el crimen es lo siguiente: cuando el gobierno ofrece a una mujer la oportunidad de tomar su propia decisión acerca del aborto, ella suele preguntarse seriamente si se encuentra en posición de criar a un hijo en condiciones. Si decide que no puede hacerlo, con frecuencia elige el aborto.

Pero cuando la mujer decide que tendrá el bebé, surge una cuestión acuciante: ¿qué se supone que han de hacer los padres una vez ha nacido el niño?

5

¿QUÉ HACE PERFECTO A UN PADRE?

¿Ha existido alguna vez un arte convertido en ciencia de forma tan ferviente como el arte de ser padres?

Durante las últimas décadas, ha surgido una enorme y variada multitud de expertos en el cuidado de los hijos. Cualquiera que trate de seguir sus consejos puede sentirse frustrado, porque la sabiduría convencional parece sufrir cambios a cada hora. En ocasiones las opiniones de los expertos difieren sustancialmente. Otras veces, los expertos que más se hacen oír de repente parecen ponerse de acuerdo en que la antigua opinión era equivocada y que la nueva es, al menos por un breve período de tiempo, irrefutablemente correcta. Amamantar a un bebé, por ejemplo, es la única forma de garantizar que un niño crezca sano física y mentalmente... a no ser que darle biberón se convierta en la panacea. Un bebé siempre debe dormir boca arriba... hasta que se decrete que lo mejor es ponerlo a dormir boca abajo. Comer hígado es *a*) tóxico o *b*) imprescindible para el desarrollo mental. La letra con sangre entra; dale un azote e irás a la cárcel.

En su libro *Raising America: Experts, Parents, and a Century of Advice About Children*, Ann Hulbert documenta cómo los expertos en el cuidado de los hijos se contradicen unos a otros e incluso a sí mismos. Sus bromas podrían resultar divertidísimas si no confundiesen tanto y, a menudo, inspirasen miedo. Gary Ezzo, que en la serie de libros *Babywise* promociona una «estrategia para el cuidado de los hijos» dirigida a madres y padres que tratan de «alcanzar la perfección en la educación de sus hijos», destaca la importancia de enseñar al bebé, precozmente, a dormir solo por las noches. En caso contrario, Ezzo advierte de que la privación del sueño podría «producir un impacto negativo sobre el desarrollo del sistema nervioso central de un niño» y suscitar problemas de aprendizaje. Los defensores de que duerman en compañía, por otra parte, aseguran que dormir solo resulta perjudicial para el desarrollo mental y que los bebés deberían dormir en la «cama familiar». ¿Y qué hay del estímulo? En 1983, T. Berry Brazelton escribió que el bebé viene al mundo «perfectamente preparado para la tarea de aprender acerca de sí mismo y del mundo que le rodea». Previamente, Brazelton había defendido el estímulo entusiasta: el niño «interactivo». Sin embargo, un siglo antes, L. Emmet Holt afirmaba que un bebé no es un «juguete» y que no debería ejercerse ninguna «fuerza, presión, o estimulación indebida» durante los dos primeros años de vida del niño. Según Holt, durante esa etapa el cerebro se está desarrollando de tal forma que la sobreestimulación podría causar «un gran perjuicio». También aconsejaba no coger en brazos a un bebé que llorase, a no ser que sufriese algún dolor. Como explicó Holt, debería dejarse al niño llorar entre quince y treinta minutos al día: «Ése es el ejercicio del bebé.»

El típico experto en cuidado de niños, al igual que los expertos en cualquier otro campo, tiende a parecer extremadamente seguro de sí mismo. Los expertos suelen plantar su bandera firmemente en un aspecto, más que considerar las diferentes facetas de una cuestión. Ello se debe a que los expertos cuyas teorías huelen a circunspección o matiz con frecuencia no reciben excesiva atención. Un experto debe mostrarse audaz si espera convertir su teoría de andar por casa en saber convencional. Su mejor baza para lograrlo es captar las emociones del público, porque la emoción es el enemigo del pensamiento racional. Y en lo que se refiere a emociones, una de ellas —el miedo— posee más fuerza que el resto. El superdepredador, las armas de destrucción masiva, la enfermedad de las vacas locas, la muerte súbita: ¿cómo no prestar atención al consejo de un experto respecto a estos horrores cuando, como ese tío malvado que cuenta historias demasiado terroríficas a niños demasiado pequeños, ha conseguido asustarnos hasta el pánico?

Nadie es más vulnerable a morirse de miedo por el discurso de un experto que un padre. El miedo es en realidad un componente fundamental en el cuidado de los hijos. Un padre, después de todo, es el guardián de la vida de otra criatura, una criatura que al comienzo se halla más indefensa que el recién nacido de prácticamente cualquier otra especie. Esto conduce a muchos padres a invertir gran parte de la energía de que disponen para cuidar a sus hijos simplemente pasando miedo.

El problema es que a menudo se preocupan por peligros inexistentes. En realidad no es culpa suya. Diferenciar los hechos de los rumores siempre constituye una ardua tarea, especialmente para un padre ocupado. Y el ruido blanco generado por los expertos —por no hablar de la presión que ejercen otros padres— resulta tan abrumador que apenas pueden pensar por sí mismos. Los hechos que consiguen deducir con frecuencia han sido adornados, exagerados o sacados de contexto para servir a un interés que no es el suyo.

Pensemos en los padres de una niña de ocho años llamada Molly. Sus dos mejores amigas, Amy e Imani, viven cerca de su casa. Los padres de Molly saben que los de Amy tienen un arma en casa, así que han prohibido a Molly que juegue allí. En lugar de eso, Molly pasa mucho tiempo en casa de Imani, que tiene una piscina en el jardín trasero. Los padres de Molly se sienten satisfechos por haber elegido tan sabiamente con el fin de proteger a su hija.

Pero según los datos, su elección no es en absoluto inteligente. En un año, en Estados Unidos se produce una muerte infantil por ahogamiento por cada 11.000 piscinas particulares. (En un país con seis millones de piscinas, esto significa que aproximadamente 550 menores de diez años se ahogan cada año.) Entretanto, por cada millón y pico de armas muere un niño como consecuencia de un disparo. (En un país en el que se calcula que existen 200 millones de armas, esto significa que alrededor de 175 niños menores de diez años mueren anualmente a causa de las armas.) La probabilidad de morir en una piscina (1 entre 11.000) frente a morir de un disparo (una entre más de un millón) no es ni parecida: Molly tiene muchas más probabilidades de morir en un accidente nadando en casa de Imani que jugando con el arma en la de Amy.

Pero al igual que los padres de Molly, en general todos somos muy malos asesores de riesgos. Peter Sandman, que se autoproclama «consejero de comunicación de riesgos» en Princeton, Nueva Jersey, lo apuntó a principios de 2004 después de que un solo caso de la enfermedad de las vacas locas en Estados Unidos provocase un arrebato contra la carne vacuna. «La realidad básica —declaró Sandman al *New York Times*— es que los peligros que producen miedo a la gente y los peligros que matan a la gente son muy diferentes.»

Sandman estableció una comparación entre la enfermedad de las vacas locas (una amenaza realmente aterradora pero extremadamente excepcional) y la proliferación de agentes patógenos alimentarios en la cocina de cualquier casa (sumamente habitual pero que por alguna razón no produce miedo). «Los peligros que controlamos son mucho más tolerables que los que están fuera de nuestro control —afirmó Sandman—. En el caso de las vacas locas, creo que se encuentra fuera de mi control. No puedo saber si la carne que como contiene priones o no. No puedo verlo ni olerlo. En cambio, la suciedad de mi propia cocina se halla bajo mi control. Puedo limpiar los estropajos o fregar el suelo.»

El principio de «control» de Sandman también explicaría por qué la gente suele tener más miedo a volar en avión que a conducir un coche. Su pensamiento funciona así: «Puesto que yo controlo el coche, mi seguridad depende de mí mismo; puesto que yo no controlo el avión, me encuentro a merced de miles de factores externos.»

Entonces, ¿qué debería producirnos mayor miedo: viajar en avión o en coche?

Tal vez sea revelador formularnos antes una pregunta básica: ¿de qué tenemos miedo exactamente? Suponemos que de la muerte. Pero el miedo a la muerte ha de concretarse. Por supuesto, todos sabemos que estamos destinados a morir, y esta cuestión puede preocuparnos ocasionalmente. Pero si nos dicen que tenemos un 10% de probabilidades de morir durante el próximo año, podríamos preocuparnos mucho más, quizás incluso elegir vivir nuestra vida de forma diferente. Y si nos dicen que tenemos un 10% de probabilidades de morir en los próximos diez minutos, posiblemente nos entrará el pánico. De modo que lo que suscita el miedo es la posibilidad inminente de morir, lo que significa que la forma más acertada de calcular el miedo a la muerte es pensar en él por horas.

Si piensa salir de viaje y puede elegir entre el avión o el coche, tal vez le interese considerar el índice de muertes por hora de ambas opciones. Es cierto que en Estados Unidos cada año muere mucha más gente en accidente de carretera (aproximadamente 40.000 personas) que en accidente aéreo (menos de mil). Pero también es cierto que la mayoría de la gente pasa mucho más tiempo en el coche que en un avión. (Cada año muere más gente incluso en accidente de barco que en accidente aéreo; como comprobamos en el caso de las piscinas frente a las armas, el agua es mucho más peligrosa de lo que la mayoría de la gente imagina.) No obstante, el índice de muertes producidas por hora al volante frente al que se produce en avión es prácticamente el mismo. Los dos aparatos presentan las mismas probabilidades (o, en realidad, la misma improbabilidad) de conducir a la muerte.

Pero el miedo crece con mayor fuerza en tiempo presente. Por eso los expertos cuentan con él; en un mundo que se muestra cada vez más impaciente con los procesos a largo plazo, el miedo constituye un poderoso juego a corto plazo. Imagine que es un funcionario del gobierno encargado de reunir fondos para la lucha contra una de dos causas de muerte probadas: los ataques terroristas o las enfermedades cardíacas. ¿Por cuál de las dos causas cree que se abrirán las arcas del estado? La probabilidad de que una persona muera por un ataque terrorista es infinitamente inferior a la probabilidad de que esa misma persona obstruya sus arterias con una alimentación rica en grasas y muera a consecuencia de una enfermedad cardíaca. Sin embargo, un ataque terrorista se produce ahora; la muerte por una cardiopatía es una catástrofe lejana, silenciosa. Los actos terroristas se hallan fuera de nuestro control; las patatas fritas, no. Tan importante como el factor control es lo que Peter Sandman denomina el factor terror. La muerte por un ataque terrorista (o la enfermedad de las vacas locas) se considera espantosa; la muerte por una enfermedad del corazón, por alguna razón, no.

Sandman es un experto que colabora con los dos bandos. Un día puede ayudar a un grupo de ecologistas a exponer un peligro para la salud pública y al siguiente su cliente tal vez sea el directivo de una empresa de comida rápida que trata de ocuparse de un brote de *E. coli*. Sandman ha plasmado su pericia en una simple ecuación: riesgo = peligro + escándalo. En el caso del directivo que ha de vérselas con la carne de hamburguesa en mal estado, Sandman toma partido por la «reducción del escándalo»; en el caso de los ecologistas, opta por un «incremento del escándalo».

Percibimos que Sandman maneja el escándalo, pero no el peligro en sí. Reconoce que en su ecuación del riesgo el escándalo y el peligro no poseen el mismo peso. «Cuando el peligro es alto y el escándalo bajo, la gente reacciona menos de lo que corresponde —afirma—. Y cuando el peligro es bajo y el escándalo alto, reaccionan de forma exagerada.»

Entonces, ¿por qué suscita menos temor una piscina que un arma? La idea de un niño disparado en el pecho por la pistola de un vecino resulta horripilante, dramática, aterradora; en una palabra: atroz. Las piscinas no inspiran atrocidad. Esto se debe en parte al factor de la familiaridad. Al igual que en general la gente pasa más tiempo en coche que en un avión, la mayoría de nosotros hemos pasado muchas más horas nadando en la piscina que disparando armas. Pero un niño sólo tarda aproximadamente treinta segundos en ahogarse, y esto a menudo ocurre en silencio. Un niño puede ahogarse en sólo unos centímetros de profundidad. Sin embargo, los factores para prevenir un ahogamiento son bastante simples: contar con la vigilancia de un adulto, colocar una valla alrededor de la piscina, cerrar la puerta trasera para evitar que el niño se escape.

Si todos los padres tomasen estas precauciones, se salvarían las vidas de unos cuatrocientos niños al año. Eso superaría el número de vidas salvadas por dos de los inventos que más se han promocionado en los últimos años: cunas y asientos infantiles para el coche más seguros. Los datos demuestran que los asientos para el coche son, en el mejor de los casos, útiles sólo en teoría. No cabe duda de que resulta más seguro llevar a un niño en el asiento trasero que sentado en un regazo en el asiento delantero, donde, en caso de accidente, fundamentalmente se convierte en un proyectil. Pero ahora se trata de lograr seguridad al prevenir que los niños reciban un disparo, no que se les ate a una sillita de seguridad de doscientos dólares. Sin embargo, muchos padres magnifican los beneficios de una sillita de seguridad para el coche hasta tal punto que acuden a la comisaría de policía o al cuartel de bomberos más próximo para que se la instalen a la perfección. El suyo es un gesto de amor, pero también de algo que podríamos denominar cuidado obsesivo. (Los padres obsesivos saben quiénes son y generalmente se sienten orgullosos de ello; los padres no obsesivos también saben quiénes son y tienden a burlarse de ellos.)

La mayor parte de las innovaciones en el campo de la seguridad infantil van asociadas a —sorpresa— un nuevo producto lanzado al mercado. (Cada año se venden casi cinco millones de sillitas de seguridad para el coche.) Estos productos constituyen a menudo una respuesta a algún temor creciente en el que, como diría Peter Sandman, el escándalo pesa más que el peligro. Comparemos las cuatrocientas vidas que unas pocas precauciones en la piscina podrían salvar con el número de vidas salvadas por cruzadas mucho más ruidosas: embalajes de seguridad (se calcula que cincuenta vidas al año), pijamas ignífugos (diez vidas), mantener a los niños alejados del *airbag* del coche (menos de cinco niños pequeños han muerto al año desde la introducción del *airbag*), y los cordones de seguridad en la ropa infantil (dos vidas).

Un momento, dirá usted, ¿qué importa si los padres se ven manipulados por los expertos y el mercado? ¿No deberíamos aplaudir cualquier esfuerzo, por mínimo que sea, tendiente a incrementar la seguridad de un solo niño? ¿No tienen ya los padres suficientes preocupaciones? Después de todo, son responsables de una de las hazañas más imponentes e importantes que conocemos: la formación del carácter de un niño. ¿No?

El cambio más radical que se ha producido en los últimos tiempos en la sabiduría convencional acerca del cuidado de los hijos ha venido provocado por una simple pregunta: ¿cuánto influyen los padres en realidad?

Es evidente que la mala educación de los hijos importa y mucho. Como aclara la relación entre el aborto y el crimen, los hijos no deseados —que se hallan desproporcionadamente sujetos al abandono y los malos tratos— tienen peores resultados que los niños que fueron recibidos con entusiasmo por sus padres. Pero ¿cuánto pueden hacer realmente esos padres entusiastas por el bien de sus hijos?

Esta pregunta representa un punto culminante de décadas de

investigación. Una larga lista de estudios, incluida la investigación con gemelos que fueron separados al nacer, ya había concluido que los genes son responsables de aproximadamente un 50% de la personalidad y las capacidades de un niño.

De modo que, si la naturaleza representa la mitad del destino de un niño, ¿qué explica la otra mitad? Sin duda ha de ser la educación: las cintas de Mozart para bebés, los sermones de la iglesia, las visitas al museo, las clases de francés, los pactos y abrazos y disputas y castigos que, en conjunto, constituyen el acto de educar a un hijo. Pero entonces, ¿cómo se explica otro famoso estudio, el Colorado Adoption Project, que siguió las vidas de 245 bebés en adopción y no halló prácticamente ninguna correlación entre los rasgos de personalidad del niño y los de sus padres adoptivos? ¿Y los estudios que demuestran que el carácter de un niño no se ve excesivamente influido por el hecho de asistir a la guardería o no, por contar con un progenitor o dos, porque su madre trabaje o no, por que tenga dos madres, o dos padres o uno de cada?

Estas discrepancias entre naturaleza y educación fueron tratadas en un libro de 1998 escrito por una autora de libros de texto poco conocida llamada Judith Rich Harris. *The Nurture Assumption** constituía en efecto un ataque contra los padres obsesivos, se trataba de un libro tan provocador que requirió dos subtítulos: *Por qué los niños salen como salen* y *Los padres importan menos de lo que se cree y los amigos más*. Harris defendía, si bien con delicadeza, que los padres se equivocan al pensar que contribuyen de una forma tan intensa en la personalidad de sus hijos. Esta creencia, escribió, era un «mito cultural». Afirmaba que la influencia vertical de los padres se ve arrollada por el efecto de raíz de la presión de los de su edad, la fuerza directa ejercida todos los días por amigos y compañeros de clase.

Lo sorprendente del bombazo de Harris —era abuela y no poseía ningún doctorado o antecedente académico— provocó a un tiempo asombro y disgusto. «Se puede perdonar al público por decir "Allá vamos otra vez" —escribió un crítico—. Un año nos dicen que los lazos afectivos son la clave, al siguiente que es el orden del nacimiento. Aguarden, lo que realmente importa es el estímulo. Los

* *El mito de la educación*, Grijalbo, Barcelona, 2000.

primeros cinco años de vida son los más importantes; no, los primeros tres años; no; todo está en el primer año. Olvídenlo: ¡es cuestión de genética!»

Pero la teoría de Harris obtuvo la debida aprobación de una lista de pesos pesados. Entre ellos se hallaba Steven Pinker, el psicólogo cognitivo y autor de gran éxito de ventas, que en su propio libro *Blank Slate** calificó las ideas de Harris de «alucinantes» (en el buen sentido). «Los pacientes en formas de psicoterapia tradicionales pasan sus cincuenta minutos reviviendo conflictos de la infancia y aprendiendo a culpar de su infelicidad al modo en que sus padres los trataron —escribió Pinker—. Muchas biografías hurgan en la infancia del sujeto en busca de las raíces de las tragedias y triunfos del adulto. Los "expertos en educación de los hijos" hacen que las mujeres se sientan como ogros si salen de casa para acudir al trabajo o se saltan una lectura de *Buenas noches, Luna.* Todas estas creencias profundamente arraigadas se han de reconsiderar.»

¿O sí que influyen? Los padres deben importar, nos decimos a nosotros mismos. Además, aun cuando los de su edad ejercen tanta influencia en un niño, ¿no son los padres quienes fundamentalmente eligen a los compañeros de un niño? ¿No es ése el motivo por el que los padres se mueren por el barrio adecuado, la escuela adecuada, el círculo de amistades adecuadas?

Aun así, la pregunta de cuánto influyen los padres es una buena pregunta. También resulta sumamente complicada. Cuando determinamos la influencia de un padre, ¿qué dimensión del niño estamos midiendo? ¿Su personalidad? ¿Sus calificaciones escolares? ¿Su comportamiento moral? ¿Sus aptitudes creativas? ¿Su salario en la edad adulta? Y ¿qué peso deberíamos asignar a cada uno de los factores que influyen en el resultado de un niño: genes, entorno familiar, nivel socioeconómico, estudios, discriminación, suerte, enfermedad, etc.?

Puestos a discutir, consideremos la historia de dos chicos, uno blanco y otro negro.

El chico blanco se cría en un barrio residencial de las afueras de

* *La tabla rasa: la negación moderna de la naturaleza humana*, Paidós, Barcelona, 2004.

Chicago con unos padres que leen mucho y se involucran en la reforma de la escuela. Su padre, que tiene un buen empleo en la industria manufacturera, a menudo lleva al chico de excursión. Su madre es un ama de casa que finalmente regresará a la universidad y obtendrá una licenciatura en Pedagogía. El chico es feliz y obtiene muy buenos resultados en la escuela. Sus profesores piensan que puede tratarse de un auténtico genio de las matemáticas. Sus padres lo alientan y se sienten enormemente orgullosos cuando pasa de curso. Tiene un hermano menor adorable que también es muy brillante. La familia incluso organiza reuniones de carácter literario en su casa.

El chico negro nace en Daytona Beach, Florida, y su madre lo abandona a los dos años de edad. Su padre tiene un buen trabajo como vendedor, pero bebe en exceso. A menudo golpea al niño con el extremo metálico de la manguera del jardín. Una noche, cuando el chico tiene once años, está adornando un pequeño árbol de Navidad —el primero que ha tenido nunca— cuando su padre comienza a golpear a una amiga en la cocina. La golpea tan duramente que algunos dientes salen volando y aterrizan en la base del árbol de Navidad del niño, pero éste sabe que debe permanecer callado. En la escuela, el niño no se esfuerza en absoluto. En poco tiempo está vendiendo drogas, atracando a los de los barrios residenciales y llevando un arma. Se asegura de estar dormido para cuando su padre regresa a casa borracho y de salir antes de que éste se despierte. Al final, el padre va a la cárcel por violación. A los doce años, el chico se las arregla, en esencia, solo.

No es necesario creer en el cuidado obsesivo de los hijos para pensar que el segundo niño no tiene ninguna posibilidad y que el primero las tiene todas. ¿Qué probabilidades tiene el segundo chico, con la desventaja añadida de la discriminación racial, de conseguir llevar una vida productiva? ¿Qué probabilidades tiene el primero, tan hábilmente preparado para el éxito, de fracasar? Y ¿qué proporción de su destino puede atribuir cada uno de ellos a sus padres?

Podríamos especular interminablemente acerca de lo que hace a un padre perfecto. Los autores de este libro no lo harán por dos razones. La primera es que ninguno de nosotros se precia de ser un experto en el cuidado de los hijos (a pesar de que entre ambos tenemos seis hijos menores de cinco años). La segunda es que nos convence menos la teoría del cuidado de los hijos que lo que los datos tienen que decir.

Determinados aspectos de los resultados de un niño —la personalidad, por ejemplo, o su creatividad— no se calculan fácilmente por datos. Pero los resultados escolares, sí. Y dado que muchos padres estarán de acuerdo en que la educación se halla en el centro de la formación de un niño, parece coherente comenzar examinando un elocuente conjunto de datos escolares.

Estos datos se refieren a la elección de escuela, un tema en torno al cual la mayoría de la gente posee opiniones contundentes, ya sea en una dirección o en otra. Los que creen en la elección de escuela argumentan que sus impuestos les compran el derecho a enviar a sus hijos a la mejor escuela posible. A los que la critican les preocupa que la elección de escuela deje atrás a los peores estudiantes en las peores escuelas. Aun así, la mayoría de los padres parece creer que sus hijos lo harán estupendamente sólo si pueden asistir a la escuela adecuada, la que presenta la mezcla apropiada de profesores, actividades extraescolares, cordialidad y seguridad.

La elección de escuela llegó temprano al sistema de Escuelas Públicas de Chicago (CPS, según sus siglas en inglés). El motivo es que el CPS, como la mayor parte de los distritos escolares urbanos, contaba con un número desproporcionado de alumnos pertenecientes a una minoría. A pesar de la resolución del Tribunal Supremo de Estados Unidos de 1954 en el caso de «Brown contra el Consejo de Educación de Topeka», que acabó con la segregación en las escuelas, muchos alumnos negros del CPS continuaron asistiendo a centros en los que prácticamente todo el alumnado era negro. Así que en 1980, el Departamento de Justicia de Estados Unidos y el Consejo de Educación de Chicago se unieron para tratar de integrar mejor las escuelas de la ciudad. Se decretó que los alumnos que ingresaban podrían presentar una solicitud a prácticamente cualquier instituto del distrito.

Aparte de su larga duración, existen varias razones por las que el programa de elección de escuela del CPS resulta apropiado para el estudio. Ofrece un vasto conjunto de datos: Chicago cuenta con el tercer sistema escolar más grande del país, después de Nueva York y Los Ángeles, además de una enorme oferta (más de sesenta institutos) y flexibilidad. Sus índices de aceptación son en consecuencia muy altos, y aproximadamente la mitad de los alumnos del CPS optan por salir de la escuela del barrio. Pero el aspecto más revelador del programa del CPS —al menos para un estudio— es el modo en que se organizó el sistema de elección de escuela.

Como cabría esperar, abrir las puertas de cualquier centro educativo a todos los alumnos de primer año amenazaba con crear un caos. Las escuelas con buenos resultados en los exámenes y altos índices de graduación tendrían una demanda enormemente superior, lo que haría imposible satisfacer las solicitudes de todos los estudiantes.

Para ser imparciales, el CPS recurrió a una lotería, lo cual supone una enorme ayuda para un investigador. Un especialista en conductismo difícilmente sería capaz de concebir un experimento mejor en su laboratorio. Al igual que el científico podría asignar al azar un ratón a un grupo de tratamiento y otro a un grupo de control, el Consejo de Educación de Chicago hizo efectivamente lo mismo. Imaginemos a dos estudiantes, estadísticamente idénticos, que desean asistir a una escuela nueva y mejor. Gracias al modo en que la bola rebota en la tolva, uno de ellos ingresa en la nueva escuela y el otro se queda atrás. Ahora imaginemos que esos estudiantes se multiplican por miles. El resultado es un experimento natural a gran escala. Éste no era precisamente el objetivo que tenían en mente los funcionarios de las escuelas de Chicago a la hora de concebir la lotería. Pero si lo miramos de otra forma, la lotería ofrece un medio maravilloso de calcular la verdadera importancia de la elección de escuela o, en realidad, de una escuela mejor.

¿Y qué revelan los datos?

La respuesta no resultará alentadora para los padres obsesivos: en ese caso, la elección de escuela apenas tenía importancia. Es cierto que los estudiantes de Chicago que accedieron a la lotería que les permitía elegir escuela tenían más probabilidades de graduarse que los que no lo hicieron, lo que parece sugerir que la elección de centro educativo sí que importa. Pero se trata de una ilusión. La prueba está en la siguiente comparación: los estudiantes que ganaron la lotería y fueron a una escuela «mejor» no obtuvieron mejores resultados que los alumnos equivalentes que perdieron en la lotería y quedaron atrás. Es decir, el estudiante que optó por una escuela fuera de su barrio tenía más probabilidades de graduarse tanto si realmente conseguía la oportunidad de asistir a la nueva escuela como si no. Lo que parece una ventaja por asistir a una nueva escuela en realidad no presenta ninguna conexión con ésta, lo cual significa que los estudiantes —y padres— que eligen salir de la escuela del barrio tienden a ser más inteligentes y a estar más motivados académicamente para empezar. Pero estadísticamente no obtuvieron ningún beneficio académico por cambiar de escuela.

Y ¿es cierto que los alumnos que quedaron atrás en las escuelas de sus barrios sufrieron? No: continuaron aproximadamente con los mismos niveles que antes de la «fuga de cerebros».

Sin embargo, hubo un grupo de estudiantes en Chicago en el que sí se observó un cambio radical: los que ingresaron en escuelas técnicas o de formación profesional. Dichos estudiantes obtuvieron resultados sustancialmente mejores que en sus antiguos entornos académicos y se graduaron con unos índices muy superiores a lo que sus resultados anteriores habrían predicho. De modo que el programa de elección de escuelas del CPS sí que contribuyó a preparar para sólidas carreras a una pequeña parte de estudiantes que de otro modo habrían sufrido dificultades proporcionándoles experiencia práctica. Pero no parece que haya vuelto más inteligente a nadie.

¿Es posible que en realidad la elección de escuela no influya excesivamente? Ningún padre que se precie, obsesivo o no, está dispuesto a creerlo. Pero, un momento: quizá se deba a que el estudio del CPS evalúa a los alumnos de instituto; quizá para entonces ya es demasiado tarde. «Hay demasiados estudiantes que llegan al instituto sin la preparación necesaria para realizar el trabajo que se espera de ellos —apuntó recientemente Richard P. Mills, el delegado en Educación del estado de Nueva York—, demasiados cuyo nivel de lectura, escritura y matemáticas es muy bajo. Debemos corregir el problema en los primeros cursos.»

En efecto, determinados estudios académicos han confirmado la preocupación de Mills. Al examinar la diferencia de ingresos entre adultos blancos y negros —está demostrado que éstos ganan considerablemente menos que aquéllos— los especialistas han descubierto que la diferencia prácticamente desaparece si se tienen en cuenta los resultados de los alumnos negros en octavo curso. En otras palabras, la diferencia de ingresos entre la población blanca y la negra es en gran medida producto de una diferencia de educación entre ambas razas que podría haberse observado muchos años antes. «Reducir la diferencia de resultados escolares entre blancos y negros —declararon los autores de un estudio— haría más para promover la igualdad racial que cualquier otra estrategia que cuente con un amplio apoyo político.»

Así pues, ¿de dónde procede la diferencia de calificaciones entre estudiantes blancos y negros? A lo largo de los años se han expuesto multitud de teorías: la pobreza, la estructura genética, el fenómeno denominado «retroceso de verano» (se cree que los alumnos negros pierden más terreno que los blancos cuando terminan las clases), la parcialidad (prejuicios raciales a la hora de examinar o en las ideas de los profesores), y una reacción por parte de la población negra contra «actuar como un blanco».

En un informe titulado «La economía de "actuar como un blanco"», el joven economista de Harvard Roland G. Fryer Jr. afirma que algunos alumnos negros «sufren una enorme falta de incentivos frente a determinados comportamientos (por ejemplo, la educación, el ballet, etc.) debido al hecho de que se les puede juzgar como a alguien que trata de actuar como una persona blanca (lo que equivaldría, en términos coloquiales, a "venderse"). En algunos barrios esa etiqueta puede acarrear penas que van desde ser considerado un marginado de la sociedad, a recibir palizas o incluso la muerte». Fryer cita los recuerdos de un joven Kareem Abdul-Jabbar, entonces conocido como Lew Alcindor, que acababa de pasar a cuarto curso en una escuela nueva y descubrió que leía mejor incluso que los alumnos de séptimo: «Cuando los chicos lo descubrieron, me convertí en un objetivo... Era la primera vez que me encontraba lejos de casa, mi primera experiencia en una situación sólo ante negros, y me vi a mí mismo castigado por todo lo que me habían enseñado que era correcto. Siempre sacaba sobresalientes y me odiaban por ello; hablaba correctamente y me llamaban rastrero. Tuve que aprender un nuevo lenguaje sencillamente para poder enfrentarme a las amenazas. Tenía buenos modales y era un niño muy bueno, y pagué por ello.»

Fryer es también uno de los autores de «Comprender la diferencia de resultados en los exámenes entre blancos y negros en los dos primeros años de escuela». Este informe se sirve de un nuevo tesoro de datos gubernamentales que ayuda de forma fiable a tratar la diferencia entre ambas razas. Lo que quizá resulte más curioso es que los datos responden satisfactoriamente a la pregunta que todos los padres —ya sean blancos, negros o de cualquier otra raza— desean formular: ¿qué factores influyen en el rendimiento escolar de un niño durante los primeros años y cuáles no?

A finales de los noventa, el Departamento de Educación de Estados Unidos emprendió un proyecto monumental denominado Estudio Longitudinal de la Primera Infancia (ECLS según sus siglas en inglés). El ECLS pretendía calcular el progreso académico de más de veinte mil niños desde la guardería hasta el quinto curso. Los sujetos fueron elegidos por todo el país para representar un amplio y preciso espectro de escolares norteamericanos.

El ECLS evaluaba los resultados académicos de los estudiantes y reunía la información típica de estudio acerca de cada niño: raza, sexo, estructura familiar, posición socioeconómica, nivel de educación de sus padres, etc. Pero el estudio fue más allá de estos datos básicos. También incluía entrevistas con los padres de los alumnos, así como con profesores y administradores escolares, con una larga lista de preguntas más personales que las de la típica entrevista gubernamental: si los padres pegaban a sus hijos, y con qué frecuencia, si los llevaban a bibliotecas y museos, cuántas horas de televisión veían los niños...

El resultado es una base de información increíblemente rica que, con las preguntas adecuadas, proporciona algunas historias sorprendentes.

¿Cómo conseguir que este tipo de conjunto de datos relate una historia fiable? Sometiéndolo al truco preferido del economista: el análisis de regresión. No, no se trata de ninguna forma olvidada de tratamiento psiquiátrico. El análisis de regresión es una herramienta muy útil —aunque limitada— que se sirve de técnicas estadísticas para identificar correlaciones que de otro modo serían difíciles de reconocer.

Correlación no es más que un término estadístico que indica si dos variables se producen juntas o no. Cuando nieva, suele hacer frío en la calle; estos dos factores se encuentran correlacionados positivamente. El sol y la lluvia, por otra parte, se hallan correlacionados de forma negativa. Es bastante fácil, mientras sólo existan un par de variables. Pero con un par de cientos de éstas, la cosa se pone más difícil. El análisis de regresión es la herramienta que permite organizar estas enormes montañas de datos. El economista lo hace manteniendo constante de forma artificial cada variable excepto las dos en las que desea concentrarse, y después demostrando cómo ambas co-varían.

En un mundo perfecto, un economista podría llevar a cabo un experimento controlado exactamente igual que un físico o un biólogo: preparando dos muestras, manipulando una de ellas al azar y midiendo el efecto. Pero un economista rara vez puede permitirse el lujo de un experimento puro semejante. (Ése es el motivo de que la lotería de elección de escuela en Chicago representara un accidente tan feliz.) Por regla general, un economista cuenta con un conjunto de datos con multitud de variables, ninguna de ellas generada aleatoriamente, unas relacionadas y otras no. A partir de este embrollo, ha de determinar qué factores se hallan correlacionados y cuáles no.

En el caso de los datos del ECLS, puede ayudarnos pensar en el análisis de regresión con la siguiente tarea: convertir cada uno de esos veinte mil escolares en una especie de placa de circuitos con un número idéntico de interruptores. Cada interruptor representa una única categoría de datos del niño: calificación en primer curso de matemáticas, calificación de matemáticas en tercero, calificación de lectura en primero, calificación de lectura en tercero, nivel de educación de su madre, ingresos de su padre, número de libros que hay en su casa, bienestar económico relativo en su barrio, etc.

Ahora bien, un investigador es capaz de extraer algunas ideas de este complicado conjunto de datos. Puede alinear a los niños que comparten numerosas características —todas las placas de circuitos con los interruptores en la misma dirección— y después precisar la única característica que no comparten. De ese modo aísla el impacto real de ese único interruptor en la creciente placa de circuitos. Así es cómo el efecto de ese interruptor —y, finalmente, de todos los interruptores— se pone de manifiesto.

Digamos que queremos formular a los datos del ECLS una pregunta fundamental acerca de ser padres y la educación: ¿tener multitud de libros en casa implica que su hijo rendirá satisfactoriamente en la escuela? El análisis de regresión no puede responder del todo a esa pregunta, pero puede contestar a una sutilmente diferente: ¿tiende un niño con multitud de libros en su casa a rendir más que un niño sin libros? La diferencia entre la primera pregunta y la segunda es la diferencia entre la causalidad (pregunta número 1) y la correlación (pregunta número 2). Un análisis de regresión puede demostrar correlación, pero no prueba causa. Después de todo, dos variables pueden estar correlacionadas de distintas formas. X puede causar Y; y puede causar X; o es posible que algún otro factor esté causando tanto X como Y. Una regresión por sí sola no puede decirnos si nieva porque hace frío, si hace frío porque nieva, o si resulta que las dos cosas van unidas.

Los datos del ECLS sí demuestran, por ejemplo, que un niño con una gran cantidad de libros en casa tiende a tener mejores calificaciones que uno sin ellos. De modo que esos factores se hallan correlacionados, y es bueno saberlo. Pero las calificaciones más altas están correlacionadas con otros múltiples factores. Si sencillamente comparamos a los niños que disponen de muchos libros con los niños que carecen de ellos, la respuesta tal vez no resulte excesivamente significativa. Quizás el número de libros en casa de un niño sólo refleje el dinero que ganan sus padres. Lo que realmente deseamos hacer es comparar a dos niños muy similares en todos los aspectos excepto en uno —en este caso, el número de libros que hay en su casa— y comprobar si ese único factor implica una diferencia en sus resultados escolares.

Cabría señalar que el análisis de regresión es más arte que ciencia (en este sentido, posee mucho en común con el cuidado de los hijos), pero alguien que lo practica con pericia puede utilizarlo para establecer el valor de una correlación, e incluso precisar si dicha correlación indica una relación de causa.

Así pues, ¿qué nos dice el análisis de los datos del ECLS acerca del rendimiento escolar de un niño? Multitud de cosas. La primera se refiere a la diferencia de calificaciones entre los niños blancos y los negros.

Se ha venido observando que los niños negros, aun antes de

pisar una clase, demuestran un rendimiento inferior al de los blancos. Es más, los niños negros ni siquiera estaban a la misma altura cuando se controlaba toda una serie de variables. (Controlar una variable es, en esencia, eliminar su influencia, en gran medida como un golfista que utiliza un *handicap* frente a otro. En el caso de un estudio académico como el ECLS, un investigador podría controlar cualquier número de desventajas de un estudiante cuando se compara con el estudiante medio.) Pero este nuevo conjunto de datos nos revela algo distinto. Tras controlar tan sólo unas variables —incluidos los ingresos y el nivel de educación de sus padres y la edad de la madre cuando dio a luz a su primer hijo— la diferencia entre niños blancos y negros queda eliminada casi por completo en el momento en que los niños comienzan la escuela.

Esto supone un hallazgo alentador en dos frentes. Significa que los niños pequeños negros han seguido haciendo progresos en relación con los blancos. También implica que independientemente de que se mantenga la diferencia, puede vincularse a un conjunto de factores fácilmente identificables. Los datos revelan que los niños negros con mal rendimiento escolar no lo presentan por el hecho de ser negros, sino porque tienen más probabilidades de pertenecer a familias de ingresos y nivel educativo bajos. Un niño negro y uno blanco típicos con el mismo origen socioeconómico, no obstante, demuestran las mismas aptitudes para las matemáticas y la lectura al entrar en el jardín de infancia.

Una buena noticia, ¿no? Bueno, no nos precipitemos. Antes de nada, debido a que el niño negro medio tiene más probabilidades de proceder de una familia de ingresos y nivel educativo bajos, la diferencia es muy real: el promedio de los niños negros en cuanto a calificaciones sigue siendo inferior. Peor todavía, incluso cuando se controlan los ingresos y la educación de los padres, la diferencia reaparece dos años después de que el niño entre en la escuela. Cuando termina el primer año, los resultados de un niño negro se encuentran por debajo de los de uno blanco estadísticamente equivalente. Y la diferencia continúa aumentando sin interrupción durante el segundo y el tercer curso.

¿Por qué ocurre esto? Se trata de una pregunta complicada. Pero una respuesta posible se halla tal vez en el hecho de que la escuela a la que asiste el típico niño negro no es la misma a la que asiste el típico niño blanco, y el típico niño negro asiste a una escuela que es, sencillamente, mala. Incluso cincuenta años después del caso de «Brown contra el Consejo», muchas escuelas estadounidenses siguen segregadas en la práctica. El proyecto del ECLS estudió aproximadamente mil escuelas, tomando muestras de veinte niños de cada una. En el 35% de dichas escuelas, no se incluyó ni un solo niño negro como muestra. El niño blanco típico representado en el estudio del ECLS asiste a una escuela cuyo porcentaje de alumnos negros es de tan sólo el 6%; entretanto, el niño negro típico asiste a una escuela cuyo alumnado negro supone el 60%.

¿En qué sentido exactamente son malas las escuelas negras? Curiosamente no en los aspectos por los que se suele medir a una escuela. En términos de tamaño de las clases, de formación de los profesores, de proporción de ordenadores y alumnos... las escuelas a las que asisten blancos y negros son similares. Pero la típica escuela de niños negros tiene unos índices mucho más altos de indicadores conflictivos, como problemas de bandas, gente ajena al centro merodeando frente al mismo y falta de recursos de las asociaciones de padres. En resumidas cuentas, estas escuelas proporcionan un ambiente que no es propicio para el aprendizaje.

Los alumnos negros no son los únicos que sufren en escuelas malas. Los niños blancos que asisten a las mismas también presentan un bajo rendimiento. De hecho, durante los primeros años en una mala escuela, y una vez controlado el origen de los alumnos, no existe una diferencia de resultados entre blancos y negros, sino que todos ellos pierden terreno respecto a los alumnos de escuelas buenas. Quizá los educadores e investigadores se equivocan al concentrarse tanto en la diferencia de resultados entre blancos y negros cuando tal vez sea más importante la diferencia entre escuela buena y escuela mala. Consideremos el siguiente hecho: los datos del Estudio Longitudinal revelan que los alumnos negros de escuelas buenas no pierden terreno respecto de los blancos, y que los alumnos negros en buenas escuelas obtienen mejores resultados que los blancos en escuelas malas.

De modo que, de acuerdo con estos datos, la escuela a la que asiste un niño sí parece tener un claro impacto en el progreso académico de éste, al menos durante los primeros años. ¿Se puede decir lo mismo en el caso del cuidado de los hijos? ¿Merecían la pena todas esas cintas de Mozart? ¿Y las lecturas maratonianas de *Buenas noches, Luna*? ¿Valió la pena trasladarse al barrio residencial de las afueras? ¿Obtienen mejores resultados los niños cuyos progenitores pertenecen a la asociación de padres que los niños cuyos padres nunca han oído hablar de esa clase de asociaciones?

Los amplios datos del ECLS ofrecen multitud de convincentes correlaciones entre las circunstancias personales de un niño y su rendimiento escolar. Por ejemplo, una vez que se controlan todos los demás datos, resulta evidente que los estudiantes de zonas rurales tienden a obtener peores resultados que la media. Los niños de las zonas residenciales de las afueras de las ciudades, entretanto, se hallan en un término medio, mientras que los niños que viven en la ciudad tienden a obtener calificaciones superiores a la media. (Es posible que las ciudades atraigan a una fuerza de trabajo con mayor formación y, por lo tanto, a padres con hijos más listos.) De promedio, las niñas obtienen mejores resultados que los niños, y los asiáticos mejores que los blancos, a pesar de que los negros, como ya hemos establecido, actúan de forma similar a los blancos cuando proceden de ambientes equiparables y estudian en escuelas equiparables.

Con la información que ahora poseemos acerca del análisis de regresión, la sabiduría convencional y el arte de cuidar a los hijos, consideremos la siguiente lista de dieciséis factores. De acuerdo con los datos del ECLS, ocho de los factores demuestran una estrecha correlación —ya sea positiva o negativa— con los resultados de los exámenes. Los ocho restantes no parecen tener influencia alguna. Adivine cuáles son. Tenga en cuenta que estos factores sólo reflejan los resultados de los primeros años, un análisis útil pero bastante limitado, los malos resultados en los exámenes a una edad temprana no constituyen necesariamente un verdadero presagio de futuros ingresos, creatividad o felicidad.

Los padres del niño poseen educación superior.
El niño pertenece a una familia estructurada.
Los padres del niño tienen una posición socioeconómica alta.
Los padres del niño se han mudado a un vecindario mejor.

La madre del niño tenía treinta años o más en el momento del nacimiento de su primer hijo.

La madre del niño no trabajó entre el nacimiento y el jardín de infancia.

El niño tuvo un peso bajo al nacer.

El niño asistió al Programa federal de Enseñanza preescolar para niños con carencias.

Los padres del niño hablan inglés en el hogar.

Los padres del niño llevan regularmente a éste a visitar museos.

El niño es adoptado.

El niño recibe azotes con frecuencia.

Los padres del niño pertenecen a la asociación de padres.

El niño ve la televisión con frecuencia.

El niño tiene muchos libros en casa.

Los padres del niño leen para él casi a diario.

Éstos son los ocho factores estrechamente correlacionados con las calificaciones:

Los padres del niño poseen educación superior.

Los padres del niño tienen una posición socioeconómica alta.

La madre del niño tenía treinta años o más en el momento del nacimiento de su primer hijo.

El niño tuvo un peso bajo al nacer.

Los padres del niño hablan inglés en el hogar.

El niño es adoptado.

Los padres del niño pertenecen a la asociación de padres.

El niño tiene muchos libros en casa.

Y los ocho que no lo están:

El niño pertenece a una familia estructurada.

Los padres del niño se han mudado a un vecindario mejor.

La madre del niño no trabajó entre el nacimiento y el jardín de infancia.

El niño asistió al Programa federal de Enseñanza preescolar para niños con carencias.

Los padres del niño le llevan regularmente a visitar museos.

El niño recibe azotes con frecuencia.
El niño ve la televisión con frecuencia.
Los padres del niño leen para él casi a diario.

Ahora de dos en dos:

Influye: Los padres del niño poseen educación superior.
No influye: El niño pertenece a una familia estructurada.

Un niño cuyos padres poseen educación superior generalmente demuestra un buen rendimiento escolar, lo cual no sorprende excesivamente. Una familia con amplia formación académica tiende a valorar los estudios, y lo que quizás es aún más importante: los padres con cocientes intelectuales superiores tienden a recibir mayor educación, y el cociente intelectual es altamente hereditario. Pero el hecho de que una familia esté estructurada no parece ser relevante. Al igual que los estudios antes citados demuestran que la estructura familiar tiene un impacto leve en la personalidad de un niño, tampoco parece afectar a sus aptitudes para el estudio, al menos durante los primeros años. Con esto no estamos diciendo que las familias deberían ir rompiéndose de cualquier manera, pero, por ejemplo, debería alentar a los aproximadamente veinte millones de escolares norteamericanos que proceden de familias monoparentales.

Influye: Los padres del niño tienen una posición socioeconómica alta.
No influye: Los padres del niño se han mudado a un vecindario mejor.

Una posición socioeconómica elevada está estrechamente correlacionada con notas más altas en los exámenes, lo cual parece razonable. En general, la posición socioeconómica es un fuerte indicador de éxito —sugiere un cociente intelectual superior y una mayor educación—, y los padres exitosos tienen más probabilidades de que sus hijos también lo sean. Pero el traslado a un mejor vecindario no mejora las posibilidades de un niño en la escuela. Es posible que incluso sea un factor perturbador; una casa más bonita no mejora las notas en matemáticas o lectura del mismo modo que unos calcetines más bonitos no hacen saltar más alto.

Influye: La madre del niño tenía treinta años o más en el momento del nacimiento de su primer hijo.
No influye: La madre del niño no trabajó entre el nacimiento y el jardín de infancia.

Una mujer que no tiene a su primer hijo hasta cumplidos al menos los treinta es probable que vea que el niño es buen estudiante. Esa madre suele ser una mujer que deseaba tener alguna educación superior o afianzarse laboralmente. También es probable que desee más un hijo que una madre adolescente. Esto no significa que una madre primeriza mayor sea necesariamente mejor madre, pero se ha colocado a sí misma —y a sus hijos— en una posición más aventajada. (Cabe destacar que esta ventaja es inexistente en el caso de una madre que espera hasta los treinta para tener a su segundo hijo. Los datos del ECLS muestran que el rendimiento escolar de éste no será mejor que el del primero.) Al mismo tiempo, una madre que permanece en casa dejando el trabajo hasta que su hijo acude al jardín de infancia no parece proporcionar ningún beneficio. Los padres obsesivos pueden hallar esta falta de correlación molesta —¿para qué todas esas clases de «Mamá y Yo»?—, pero eso es lo que nos indican los datos.

Influye: El niño tiene un peso bajo al nacer.
No influye: El niño asistió al Programa federal de Enseñanza preescolar para niños con carencias.

Un niño que nació con bajo peso tiende a sacar malas notas en la escuela. Es posible que nacer prematuramente sea perjudicial para el bienestar general del niño. También es posible que el peso bajo al nacer constituya un fuerte indicador de un cuidado deficiente por parte de los padres, puesto que una madre que fuma, bebe o maltrata de otra forma al bebé en el útero no tiene muchas probabilidades de cambiar las cosas una vez que el niño nace. Un niño con bajo peso, a su vez, tiene más probabilidades de ser un niño pobre, y, por lo tanto, de asistir al Programa federal de Enseñanza preescolar. Pero de acuerdo con los datos del ECLS, éste no influye en las futuras notas de un niño. A pesar del profundo aprecio hacia el Programa (uno de los autores de este libro fue alumno de una escuela subvencionada), hemos de reconocer que se ha demostrado repetidamente ineficaz a largo plazo. Ésta es una de las posibles razones: en lugar de pasar el día con su propia madre insuficientemente educada y con excesivo trabajo, el niño típico del Programa federal de Enseñanza preescolar lo hace con la madre insuficientemente educada y con excesivo trabajo de otro (y toda una habitación repleta de niños con carencias similares). Se da el caso de que menos del 30% de los maestros del programa son licenciados. Y el trabajo está tan mal pagado —alrededor de 21.000 dólares de salario para un maestro del Programa frente a 40.000 para el maestro medio de jardín de infancia de la escuela pública— que no es probable que en breve atraiga mejores profesores.

Influye: Los padres del niño hablan inglés en el hogar.
No influye: Los padres del niño llevan regularmente a éste a visitar museos.

Un niño cuyos padres hablan inglés tiene mejores notas en la escuela que otro cuyos padres no lo hablan. De nuevo, no es una gran sorpresa. Esta correlación se ve más refrendada por el rendimiento escolar de los alumnos hispanos del ECLS. En general, los hispanos obtienen malas notas; también es desproporcionadamente probable que sus padres no sean hablantes de inglés. (No obstante, sí suelen hallarse al mismo nivel que sus compañeros en cursos posteriores.) ¿Y qué hay del caso contrario, el de unos padres que no sólo dominan el inglés a la perfección sino que además pasan los fines de semana ampliando los horizontes culturales de sus hijos llevándolos a museos? Lo lamentamos: la inmersión cultural puede ser una de las creencias en las que se basa el cuidado obsesivo de los hijos, pero los datos del ECLS demuestran que no existe correlación alguna entre las visitas a los museos y los resultados de los exámenes.

Influye: El niño es adoptado.
No influye: El niño recibe azotes con frecuencia.

Existe una estrecha correlación —negativa— entre la adopción y las calificaciones escolares. ¿Por qué? Algunos estudios han demostrado que las aptitudes académicas reciben una influencia mucho mayor del cociente intelectual de los padres biológicos que del de los padres adoptivos, y las madres que entregan a sus hijos en adopción suelen tener cocientes intelectuales apreciablemente inferiores que las personas que llevan a cabo la adopción. Existe otra explicación para los niños adoptados con bajos resultados que, aunque pueda resultar desagradable, encaja con la teoría económica básica del interés personal: la mujer que sabe que entregará a su hijo en adopción quizá no siga los mismos cuidados prenatales que la que se quedará al bebé. (Consideremos —aun a riesgo de potenciar el pensamiento desagradable— cómo tratamos nuestro propio coche frente a un coche que alquilamos para el fin de semana.) Pero si un niño adoptado tiende a obtener calificaciones inferiores en los exámenes, el niño que recibe un azote no. Esto quizá resulte sorprendente, no porque el azote en sí sea necesariamente perjudicial, sino porque suelen considerarse los azotes como una práctica anticuada. En consecuencia, podemos suponer que los padres que dan un azote son anticuados en otros aspectos. Quizá no sea así en absoluto. O tal vez exista otra historia acerca de los azotes. Recordemos que el informe del ECLS incluía entrevistas directas con los padres de los niños. De modo que un padre debía sentarse codo con codo con un investigador del gobierno y admitir dar algún azote a su hijo. Esto indicaría que el padre que lo hace es anticuado o —lo más interesante— congénitamente sincero. Tal vez la sinceridad sea más importante para el buen cuidado de los hijos que el azote para el mal cuidado.

Influye: Los padres del niño pertenecen a la asociación de padres.

No influye: El niño ve la televisión con frecuencia.

Un niño cuyos padres pertenecen a la asociación de padres tiende a ser buen estudiante, lo cual tal vez indique que los padres con una estrecha relación con la educación se involucran en la asociación de padres, no que su participación en ésta haga de algún modo más listos a sus hijos. Por otra parte, los datos del ECLS no demuestran correlación alguna entre las calificaciones de un niño y la cantidad de televisión que ve. A pesar de la sabiduría convencional, aparentemente ver la televisión no convierte en papilla el cerebro del niño. (En Finlandia, cuyo sistema educativo está considerado como el mejor del mundo, la mayoría de los niños no comienzan la escuela hasta los siete años, pero a menudo han aprendido a leer solos viendo la televisión norteamericana con subtítulos en finlandés.) No obstante, utilizar un ordenador en casa tampoco convierte a un niño en un Einstein: los datos del ECLS demuestran que no existe correlación entre el uso del ordenador y las notas de los exámenes escolares.

Y el último par de factores:

Influye: El niño tiene muchos libros en casa.
No influye: Los padres del niño leen para él casi a diario.

Como hemos apuntado con anterioridad, se ha descubierto que un niño en cuya casa hay muchos libros obtiene buenos resultados en los exámenes. Pero por lo general el que un niño lea no influye en sus primeras calificaciones.

Esto quizá resulte misterioso, y nos devuelve a la pregunta original: ¿cuánto y de qué forma influyen realmente los padres?

Comencemos con la correlación positiva: el que haya libros en casa equivale a notas más altas en las pruebas. La mayoría de la gente observaría esta correlación y deduciría una relación obvia de causa-efecto. A saber: un niño llamado Isaiah tiene un montón de libros en su casa; Isaiah es muy bueno en sus pruebas de lectura de la escuela; esto puede deberse a que su padre o su madre le leen regularmente. Pero la amiga de Isaiah, Emily, que también tiene un montón de libros en su casa, prácticamente nunca los toca. Prefiere vestir a su Barbie o ver los dibujos animados. Y Emily tiene tan buenas notas como Isaiah. Por otra parte, Ricky, amigo de Isaiah y de Emily, no tiene ningún libro en casa. Pero Ricky acude a la biblioteca a diario en compañía de su madre. Y aun así, sus resultados en la escuela son peores que los de Emily o Isaiah.

¿Qué podemos deducir de esto? Si durante la primera infancia la lectura no influye en los resultados, ¿es posible que la mera presencia física de los libros en casa vuelva a los niños más inteligentes? ¿Producen los libros algún tipo de ósmosis en el cerebro de un niño? Si es así, podría tentarnos la idea de limitarnos a descargar un camión de libros en cada casa donde viva un niño en edad preescolar.

De hecho, eso es lo que el gobernador de Illinois trató de hacer. A principios de 2004, el gobernador Rod Blagojevich anunció un plan para enviar por correo un libro al mes a cada niño de Illinois desde que naciese hasta que entrase en el jardín de infancia. El plan costaría 26 millones de dólares al año. Pero, según Blagojevich, se trataba de una intervención vital en un estado en el que el 40% de los niños de tercer curso leían por debajo del nivel correspondiente a su edad. «Cuando [los libros] te pertenecen, y son tuyos —declaró—, y simplemente forman parte de tu vida, todo eso contribuye a crear un sentimiento... de que los libros deberían formar parte de tu vida.»

De modo que todos los niños que naciesen en Illinois acabarían con una biblioteca de sesenta volúmenes en el momento de entrar en la escuela. ¿Significa eso que todos tendrían mejores resultados en sus pruebas de lectura?

Probablemente no. (Aunque nunca podremos estar seguros: al final, la asamblea legislativa de Illinois rechazó el plan de los libros.) Después de todo, los datos del ECLS no dicen que la presencia de libros en casa cause notas altas; sólo dicen que existe una correlación entre ambas cosas.

¿Cómo debería interpretarse esta correlación? Una teoría probable: la mayoría de los padres que compran gran cantidad de libros infantiles tienden a ser inteligentes y a poseer una buena educación para empezar. (Y transmiten su inteligencia y ética del trabajo a sus hijos.) O quizá se preocupan mucho por la educación y por sus hijos en general. (Lo que significa que crean un ambiente que alienta y recompensa el aprendizaje.) Dichos padres pueden creer —tan fervientemente como el gobernador de Illinois— que cada libro infantil es un talismán que conduce a la inteligencia sin límites. Pero probablemente se equivocan. Un libro es, en realidad, menos una causa de inteligencia que un indicador.

Entonces, ¿qué significa todo esto en relación con la importancia de los padres en general? Consideremos de nuevo los ocho factores del ECLS que están correlacionados con los resultados escolares:

Los padres del niño poseen educación superior.

Los padres del niño tienen una posición socioeconómica alta.

La madre del niño tenía treinta años o más en el momento del nacimiento de su primer hijo.

El niño tuvo un peso bajo al nacer.

Los padres del niño hablan inglés en el hogar.

El niño es adoptado.

Los padres del niño pertenecen a la asociación de padres.

El niño tiene muchos libros en casa.

Y los ocho que no lo están:

El niño pertenece a una familia estructurada.

Los padres del niño se han mudado a un vecindario mejor.

La madre del niño no trabajó entre el nacimiento y el jardín de infancia.

El niño asistió al Programa federal de Enseñanza preescolar para niños con carencias.

Los padres del niño llevan regularmente a éste a visitar museos.

El niño recibe azotes con frecuencia.

El niño ve la televisión con frecuencia.

Los padres del niño leen para él casi a diario.

Para generalizar un poco, la primera lista describe cosas que los padres son; la segunda describe cosas que los padres hacen. Los padres que poseen una buena educación, que son exitosos y gozan de buena salud tienden a tener hijos con buenos resultados escolares; pero no parece influir excesivamente que un niño recorra los museos o reciba un azote o se le envíe al Programa federal de Enseñanza preescolar o se le lea con frecuencia o se quede dormido delante del televisor.

Para los padres, y los expertos en el cuidado de los niños, que están obsesionados con la técnica de la crianza de éstos, puede constituir incluso un revulsivo. La realidad es que la técnica parece estar sobrevalorada.

Pero esto no significa que los padres no influyan. Es obvio que influyen enormemente. Aquí está el acertijo: para cuando la mayoría de la gente coge un libro acerca del cuidado de los hijos, es demasiado tarde. La mayor parte de las cosas que importan se decidieron mucho antes: quiénes somos, con quién nos casamos, qué tipo de vida llevamos. Si somos inteligentes y trabajadores, hemos recibido una buena educación, tenemos un buen sueldo y estamos casados con alguien igualmente afortunado, entonces es más probable que nuestros hijos tengan éxito. (Tampoco es perjudicial, con toda probabilidad, ser honestos, reflexivos, cariñosos y con curiosidad ante el mundo.) Pero no es tanto una cuestión de qué se hace como padre, sino de quién se es. A este respecto, un padre dominante se parece enormemente al candidato político que cree que el dinero gana elecciones, cuando en realidad si un candidato no gusta a los votantes no saldrá elegido ni con todo el dinero del mundo.

En un estudio titulado «La naturaleza y educación de los resultados económicos», el economista Bruce Sacerdote trataba el debate de naturaleza frente a educación desde una perspectiva cuantitativa a largo plazo de los efectos del cuidado de los hijos. Utilizó tres estudios acerca de la adopción, dos estadounidenses y uno británico, cada uno de ellos con datos exhaustivos acerca de los niños adoptados, sus padres adoptivos y sus padres biológicos. Sacerdote descubrió que los padres que adoptan niños son típicamente más inteligentes, han recibido una mejor educación y ganan mejores sueldos que los padres biológicos del bebé. Pero las ventajas de los padres adoptivos tenían escasa influencia en el rendimiento escolar de los niños. Como también se ha visto con los datos del ECLS, los niños adoptados obtienen resultados relativamente malos en la escuela; cualquier influencia que los padres adoptivos pudieran ejercer parece superada por la fuerza de la genética. Sin embargo, Sacerdote descubrió que los padres no eran impotentes para siempre. Para cuando los niños adoptados se convertían en adultos, se habían desviado claramente del destino que el cociente intelectual únicamente podría haber predicho. Comparados con niños similares que no fueron entregados en adopción, los adoptados tenían muchas más probabilidades de asistir a la universidad, de tener un trabajo bien remunerado y de esperar a abandonar la adolescencia antes de casarse. Lo que marcaba la diferencia, concluía Sacerdote, era la influencia de los padres adoptivos.

6

EL CUIDADO PERFECTO DE LOS HIJOS, SEGUNDA PARTE; O: ¿TENDRÍA UNA ROSHANDA UN OLOR TAN DULCE SI SU NOMBRE FUESE OTRO?

Obsesivo o no, cualquier padre quiere creer que está marcando una gran diferencia en el tipo de persona en que se convierte su hijo. Si no, ¿por qué preocuparse?

La creencia en el poder de los padres se manifiesta en el primer acto oficial que un padre encara: proporcionar un nombre al niño. Como cualquier padre moderno sabe, la industria de los nombres de bebé se encuentra en pleno apogeo, como evidencia la proliferación de libros, páginas *web* y consejeros de nombres de bebés. Muchos padres parecen creer que un niño no puede prosperar si no se le adjudica el nombre adecuado; se considera que los nombres acarrean grandes poderes estéticos o incluso vaticinadores.

Esto podría explicar por qué, en 1958, un hombre de Nueva York llamado Robert Lane decidió llamar a su hijo Winner [ganador]. Los Lane, que vivían en un complejo de viviendas subvencionadas de Harlem, ya habían tenido varios hijos, todos con nombres bastante típicos. Pero este chico... bueno, al parecer Robert Lane sentía algo especial acerca de él. Winner Lane: ¿cómo podía fracasar con un nombre como ése?

Tres años más tarde, los Lane tuvieron otro niño, su séptimo y último hijo. Por razones que hasta hoy nadie ha sido capaz de precisar, Robert decidió llamarlo Loser [perdedor]. Aparentemente, Robert no se sentía insatisfecho con el nuevo bebé; sólo pareció divertirle el efecto del nombre. Primero un Winner, después un Loser. Pero si de Winner Lane no podía esperarse el fracaso, ¿podía Loser Lane alcanzar el éxito?

En realidad, Loser Lane sí tuvo éxito. Asistió a un instituto privado gracias a una beca, se licenció por la Universidad Lafayette de Pennsylvania y entró en el Departamento de Policía de Nueva York (éste había sido el sueño de su madre durante años), donde se convirtió en detective y, finalmente, en sargento. Aunque nunca ocultó su nombre, mucha gente se sentía incómoda al utilizarlo. «De modo que tengo un montón de nombres —declara hoy—, de Jimmy a James o como quieran llamarme. Timmy. Pero rara vez me llaman Loser.» De vez en cuando, explica, «le dan un toque francés: "Losier."». Sus compañeros del cuerpo lo conocen como Lou.

¿Y qué hay de su hermano con el nombre de seguro ganador? El logro más notable de Winner Lane, que ahora ronda la cuarentena, es su largo expediente de antecedentes: más de treinta arrestos por robo, violencia doméstica, allanamiento, resistencia a la autoridad y otros delitos.

Actualmente, Loser y Winner apenas se hablan. El padre que les dio nombre hace tiempo que falleció. Claramente, tuvo la idea correcta —que un nombre marca el destino—, pero debió de equivocarse con los niños.

Por otra parte está el caso reciente de Temptress [tentadora], una joven de quince años cuyos delitos la condujeron al Juzgado de Familia del condado de Albany, en Nueva York. El juez, W. Dennis Duggan, había percibido tiempo atrás los extraños nombres de algunos de los acusados. Un adolescente, Amcher, recibió ese nombre por las siglas de lo primero que sus padres vieron al llegar al hospital: el letrero de la Sala de Urgencias del Centro Médico de Albany.* Pero Duggan consideró Temptress el nombre más extravagante con el que se había topado.

«La hice abandonar la sala para poder hablar con su madre acerca de por qué había llamado Temptress a su hija —recordaba más tarde el juez—. Ella me explicó que estaba viendo el *Show de Bill Cosby* y le gustaba la joven actriz. Le dije que el verdadero nombre

* Albany Medical Center Hospital Emergency Room. *(N. de la T.)*

de la actriz era Tempesst Bledsoe. Ella contestó que eso no lo supo hasta más tarde, cuando ya habían escrito mal el nombre. Le pregunté si sabía lo que *temptress* significaba, y respondió que eso también lo averiguó más tarde. A la hija se la acusaba de conducta ingobernable, lo que incluía llevar hombres a casa mientras su madre trabajaba. Le pregunté a la madre si había pensado alguna vez que su hija vivía su nombre. La mayor parte de esto le era ajeno por completo.»

¿De verdad vivía Temptress su nombre, como pensaba el juez Duggan? ¿O habría terminado metiéndose en problemas aunque su madre la hubiese llamado Chastity [castidad]?*

No resulta difícil suponer que Temptress no contaba con unos padres ideales. No sólo su madre estuvo dispuesta a llamarla Temptress, sino que además no era lo suficientemente lista para saber siquiera lo que esa palabra significaba. Tampoco sorprende excesivamente, hasta cierto punto, que un muchacho llamado Amcher acabe en el juzgado de familia. Las personas que no pueden preocuparse por hallar un nombre para su hijo tampoco tienen muchas probabilidades de ser los mejores padres.

Así pues, ¿influye el nombre que les ponemos a nuestros hijos en sus vidas? ¿O es nuestra vida la que se refleja en su nombre? En cualquier caso, ¿qué tipo de señal envía al mundo el nombre de un niño? Y lo que es más, ¿importa realmente?

Da la casualidad de que tanto Loser y Winner como Temptress y Amcher eran negros. ¿Supone esto una mera curiosidad o implica algo más acerca de los nombres y la cultura?

Toda generación parece producir algunos académicos destacados que reflexionan acerca de la cultura negra. Roland G. Fryer Jr., el joven economista negro que analizó el fenómeno de «actuar como un blanco» y la diferencia de resultados entre blancos y negros, puede hallarse entre los siguientes. Su ascensión ha sido insólita. Era un estudiante mediocre en el instituto, procedente de una familia inestable, y fue a la Universidad de Texas en Arlington gracias a una beca deportiva. Durante la carrera, le ocurrieron dos

* Véase nota en pág. 306.

cosas: enseguida se dio cuenta de que nunca llegaría a la Liga Nacional de Fútbol o a la NBA; y, tomándose los estudios en serio por primera vez en su vida, descubrió que le gustaban. Tras realizar estudios de posgrado en la Universidad de Pennsylvania y en la Universidad de Chicago, fue contratado como profesor de Harvard a los veinticinco años de edad. Para entonces, su reputación por la reflexión sincera acerca de la raza ya era sólida.

La misión de Fryer consiste en el estudio del rendimiento inferior de los negros. «Podría recitar de un tirón todas las estadísticas que afirman que los negros no lo hacen muy bien —declara—. Podemos observar el diferencial entre blancos y negros en cuanto a nacimientos fuera del matrimonio, mortalidad infantil o esperanza de vida. Los negros son el grupo étnico con peores resultados en el SAT.* Los negros ganan menos que los blancos. Todavía no les va bien, y punto. Básicamente deseo averiguar en qué fallaron los negros, y quiero dedicar mi vida a ello.»

Además de la desigualdad económica y social entre ambas razas, a Fryer le intrigaba la segregación cultural de hecho. Los blancos y los negros ven programas distintos de televisión. (*Monday Night Football* es el único programa que suele aparecer entre los diez primeros en las listas de audiencia de ambos grupos; *Seinfeld*, una de las comedias más populares de la historia, nunca se halló entre los cincuenta programas más vistos entre la población negra.) Fuman tabacos diferentes. (Los Newport disfrutan de una cuota de mercado del 75% entre los adolescentes negros, frente al 12% entre los blancos; los adolescentes blancos fuman principalmente Marlboro.) Y los padres negros dan a sus hijos nombres completamente distintos de los de los niños blancos.

Fryer llegó a preguntarse: ¿es la cultura distintiva negra una causa de la disparidad económica entre blancos y negros o meramente un reflejo de ella?

Como con el ECLS, Fryer se dedicó a buscar la respuesta en una montaña de datos: información de certificados de nacimiento de todos los niños nacidos en California desde 1961. Los datos, que abarcaban más de dieciséis millones de nacimientos, incluían ele-

* Siglas del Scholastic Aptitude Test. En Estados Unidos, examen de aptitud escolar que se realiza a los alumnos para entrar en la universidad. *(N. de la T.)*

mentos estándar como el nombre, sexo, raza, peso al nacer y el estado civil de los padres, además de factores de mayor información acerca de éstos, como el código postal (que indica la posición socioeconómica y la composición racial del vecindario), sus medios para pagar la factura del hospital (de nuevo, un indicador económico) y su nivel educativo.

Los datos de California demuestran la enorme diferencia a la hora de elegir nombre para sus hijos por parte de los padres blancos y los negros. Sin embargo, los padres blancos y de origen asiático ponen a sus hijos nombres notablemente similares; existe una ligera disparidad entre los padres blancos y los hispanos, pero es escasa comparada con la diferencia entre blancos y negros.

Los datos también demuestran que la diferencia entre blancos y negros es un fenómeno reciente. Hasta principios de los setenta, existía una gran coincidencia entre los nombres de ambas razas. La niña típica nacida en un barrio negro en 1970 recibía un nombre dos veces más común entre los negros que entre los blancos. En 1980 recibía un nombre veinte veces más común entre la población negra. (Los nombres de varón se movían en la misma dirección, pero de una forma menos agresiva, probablemente porque los padres de todas las razas suelen arriesgarse menos con los nombres de los niños que con los de las niñas.) Dado el momento y el lugar en el que se produjo este cambio (zonas urbanas densas en las que el activismo afroamericano iba cobrando fuerza), la causa más probable de la explosión de nombres particularmente negros fue el movimiento del Black Power que buscaba acentuar la cultura africana y luchar contra las afirmaciones de inferioridad negra. Si en efecto esta revolución de los nombres vino inspirada por el Black Power, representaría uno de los vestigios más duraderos del movimiento. Actualmente los peinados afro son raros, las *dashikis* multicolores aún más; el fundador de las Panteras Negras, Bobby Seale, hoy es más conocido por vender una línea de productos para preparar barbacoas.

Actualmente, un gran número de nombres negros son exclusivos de los negros. Más del 40% de las niñas negras nacidas en California en un año determinado reciben un nombre que ni una de las aproximadamente cien mil niñas blancas recibió ese mismo año. Y aún más notable es el hecho de que casi el 30% de las niñas negras recibe un nombre único entre todos los bebés, negros o blancos, que nacen ese año en California. (También hay 228 bebés llamadas Unique sólo en los noventa, una Uneek, una Uneque y otra Uneqqee.) Incluso entre nombres negros muy populares, hay poca coincidencia con los blancos. De las 626 niñas llamadas Deja en los noventa, 591 eran negras. De las 454 llamadas Precious, 431 eran negras. De las 318 Shanices, 310 eran negras.

¿Qué tipo de padre o madre presenta mayores probabilidades de poner a un niño un nombre tan distintivamente negro? Los datos ofrecen una clara respuesta: una madre adolescente soltera, con bajos ingresos y escasa educación que tiene a su vez un nombre distintivamente negro. En opinión de Fryer, dar un nombre supernegro a un hijo es una señal de solidaridad de un padre negro hacia la comunidad. «Si empiezo a llamar a mi hija Madison —dice—, pensarían "Ah, quieres mudarte al otro lado de las vías, ¿no?"» Si se considera que los niños negros que estudian cálculo o ballet «actúan como un blanco», dice Fryer, entonces las madres que llaman a sus hijas Shanice sencillamente «actúan como se supone que lo hará un negro».

El estudio llevado a cabo en California demuestra que muchos padres blancos envían una fuerte señal en la dirección opuesta. Más del 40% de los bebés blancos reciben nombres que son al menos cuatro veces más comunes entre la población blanca. Pensemos en Connor y Cody, Emily y Abigail. En un período reciente de diez años, cada uno de estos nombres se puso al menos a 2.000 bebés de California, menos del 2% de los cuales eran negros.

¿Cuáles son los nombres «más blancos» y cuáles los «más negros»?

Los veinte nombres de niña «más blancos»

1. Molly
2. Amy
3. Claire
4. Emily
5. Katie
6. Madeline
7. Katelyn
8. Emma
9. Abigail
10. Carly
11. Jenna
12. Heather
13. Katherine
14. Caitlin
15. Kaitlin
16. Holly

17. Allison
18. Kaitlyn
19. Hannah
20. Kathryn

Los veinte nombres de niña «más negros»

1. Imani
2. Ebony
3. Shanice
4. Aaliyah
5. Precious
6. Nia
7. Deja
8. Diamond
9. Asia
10. Aliyah
11. Jada
12. Tierra
13. Tiara
14. Kiara
15. Jazmine
16. Jasmin
17. Jazmin
18. Jasmine
19. Alexus
20. Raven

Los veinte nombres de niño «más blancos»

1. Jake
2. Connor
3. Tanner
4. Wyatt
5. Cody
6. Dustin
7. Luke
8. Jack
9. Scot
10. Logan
11. Cole
12. Lucas
13. Bradley
14. Jacob
15. Garrett
16. Dylan
17. Maxwell
18. Hunter
19. Brett
20. Colin

Los veinte nombres de niño «más negros»

1. DeShawn
2. DeAndre
3. Marquis
4. Darnell
5. Terrell
6. Malik
7. Trevon
8. Tyrone

9. Willie
10. Dominique
11. Demetrius
12. Reginald
13. Jamal
14. Maurice
15. Jalen
16. Darius
17. Xavier
18. Terrance
19. Andre
20. Darryl

¿En qué influye tener un nombre muy blanco o muy negro? A lo largo de los años, una serie de «estudios de auditoría» ha tratado de calcular cómo percibe la gente diferentes nombres. En un estudio típico, un investigador enviaría dos currículos idénticos (y falsos), uno con un nombre tradicionalmente blanco y el otro con un nombre que pareciese propio de un inmigrante o perteneciente a una minoría, a un empleador potencial. Los currículos «blancos» siempre han cosechado más entrevistas de trabajo.

De acuerdo con dicho estudio, si DeShawn Williams y Jake Williams enviasen currículos idénticos a la misma empresa, Jake Williams tendría más posibilidades de recibir una respuesta. Esto implica que los nombres que suenan a negro conllevan una sanción económica. Los estudios de esta índole resultan tentadores, pero enormemente limitados, porque no pueden explicar por qué no citaron a DeShawn. ¿Lo rechazaron porque el empleador es racista y está convencido de que DeShawn Williams es negro? ¿O porque «DeShawn» suena a alguien que procede de una familia de bajos ingresos y educación? Un currículo es un conjunto poco fiable de pistas (un estudio reciente demostró que más de la mitad contienen mentiras) de modo que «DeShawn» puede, sencillamente, señalar un origen desfavorecido para un empleador que cree que los trabajadores de semejante origen no son de fiar.

Los estudios de auditoría sobre la diferenciación entre blancos y negros tampoco predicen lo que podría haber ocurrido en una entrevista de trabajo. ¿Y si el empleador es racista y sin querer accede a entrevistar a una persona negra que resulta tener un nombre que suena a blanco? ¿Estaría más dispuesto a contratar al candidato negro tras conocerlo en persona? ¿O constituye la entrevista una pérdida de tiempo dolorosa y desalentadora para el candidato negro, es decir, una sanción económica por tener un nombre que suena a blanco? En esa línea, quizás una persona negra con un nombre blanco pague una sanción económica en la comunidad negra; y ¿qué hay de la ventaja potencial en el seno de ésta de tener un nombre distintivamente negro? Pero, puesto que los estudios de auditoría no pueden medir los verdaderos resultados de la vida del ficticio DeShawn Williams frente a Jake Williams, son incapaces de evaluar el impacto más amplio de un nombre distintivamente negro.

Tal vez DeShawn simplemente debería cambiar de nombre.

Por supuesto, la gente lo hace constantemente. Los empleados del juzgado civil de la ciudad de Nueva York informaron recientemente de que el cambio de nombre ha alcanzado cifras sin precedentes. Algunos cambios son mera aunque extrañamente estéticos. Recientemente, una joven pareja llamada Natalie Jeremijenko y Dalton Conley rebautizaron a su hijo de cuatro años como Yo Xing Heyno Augustus Eisner Alexander Weiser Knuckles Jeremijenko-Conley. Algunas personas cambian sus nombres con fines económicos: después de que un taxista llamado Michael Goldberg recibiese un disparo en 2004, se informó de que el señor Goldberg era en realidad un sij nacido en la India que creyó una ventaja tomar un nombre judío al inmigrar a Nueva York. La decisión de Goldberg podría haber desconcertado a algunas personas del negocio del espectáculo, donde cambiar los nombres judíos es una tradición consagrada. Así se convirtió Issur Danielovitch en Kirk Douglas; así se elevó a la categoría de prominente la agencia William Morris, antigua Zelman Moses.

La pregunta es: ¿habría tenido tanto éxito Zelman Moses si no se hubiese convertido en William Morris? Y ¿le iría mejor a DeShawn Williams si se llamase Jake Williams o Connor Williams? Resulta tentador pensarlo, tanto como pensar que un camión cargado de libros hará a los niños más inteligentes.

Pese a que los estudios de auditoría no pueden utilizarse para medir la verdadera relevancia de un nombre, los datos de los nombres de California sí.

¿Cómo? Los datos de California no sólo incluían estadísticas de la vida de cada bebé, sino información acerca del nivel educativo, los ingresos y, lo que es más importante, la fecha de nacimiento de la madre. Este último hecho hizo posible identificar los cientos de miles de madres californianas que habían nacido a su vez en

California y después relacionarlas con sus propios archivos de nacimiento. De los datos surgió otra historia nueva y extremadamente interesante: era posible averiguar el resultado de la vida de cada una de esas mujeres. Éste es el tipo de cadena de datos con el que sueñan los investigadores, ya que hace posible identificar un conjunto de niños que nacieron en las mismas circunstancias, y luego resituarlos veinte o treinta años más tarde para comprobar qué ha sido de ellos. Entre los cientos de miles de mujeres que incluyen los datos recogidos en California, muchas de ellas llevaban nombres distintivamente negros y muchas otras no. Utilizando el método de análisis de regresión para controlar otros factores que pudiesen influir en la trayectoria de sus vidas, fue posible medir el impacto de un solo factor —en este caso el nombre de pila de una mujer— en los resultados de su educación, ingresos y salud.

Entonces, ¿importa un nombre?

Los datos demuestran que, de promedio, una persona con un nombre distintivamente negro —ya sea una mujer llamada Imani o un hombre llamado DeShawn— sí tiene, como resultado, una vida peor que la de una mujer llamada Molly o un hombre llamado Jake. Pero no es culpa de sus nombres. Si dos niños negros, Jake Williams y DeShawn Williams, nacen en el mismo vecindario y en las mismas circunstancias económicas y familiares, es probable que sus vidas resulten similares. Pero la clase de padres que llaman a su hijo Jake no tienden a vivir en el mismo barrio o a compartir circunstancias económicas con la clase de padres que llaman a su hijo DeShawn. Y ésa es la razón, generalmente, de que un chico llamado Jake suela ganar más dinero y obtener una mayor educación que un chico llamado DeShawn. Es más probable que un DeShawn se halla visto en situación de desventaja debido a un entorno caracterizado por unos ingresos bajos, una educación deficiente y una familia monoparental. Su nombre es un indicador —no una causa— de sus resultados. Al igual que un niño en cuya casa no hay libros es probable que no obtenga buenos resultados en las pruebas escolares, un chico llamado DeShawn es probable que no lo lleve tan bien en la vida.

¿Y si DeShawn hubiese cambiado su nombre por el de Jake o Connor? ¿Mejoraría entonces su situación? Una idea: cualquiera que se preocupe de cambiar su nombre en busca del éxito económico —como el alumno de instituto que entró en la lotería de elección de escuela— al menos se siente altamente motivado, y la motivación es probablemente un indicador del éxito más sólido que... bueno, un nombre.

Como ya demostraban los datos de las respuestas a las preguntas del ECLS acerca del cuidado de los hijos que iban mucho más allá de la diferencia de resultados entre blancos y negros, los datos de los nombres de California cuentan multitud de historias además de la de los nombres distintivamente negros. En líneas generales, los datos nos muestran cómo se ven a sí mismos los padres, y, lo que es más, qué tipo de expectativas tienen para sus hijos.

Una pregunta para empezar: ¿de dónde proviene un nombre? No hablamos de la fuente real del nombre, algo que suele ser obvio: de la Biblia, de una inmensa lista de nombres tradicionales ingleses, alemanes, italianos y franceses, de nombres de princesas y nombres hippies, nombres nostálgicos y nombres de lugares. Cada vez hay más nombres de marcas (Lexus, Arman, Bacardi, Timberland) y lo que podrían denominarse nombres «aspirantes»: los datos de California muestran a ocho llamados Harvard nacidos en los noventa (todos negros), quince Yale (todos blancos), y dieciocho Princeton (todos negros). No había ningún Doctor, pero sí tres Lawyer [abogado] (todos negros), nueve Judge [juez] (ocho de ellos blancos), tres Senator (todos blancos), y dos President (ambos negros). Luego están los nombres inventados. Mientras discutía acerca de su investigación sobre los nombres en un programa de radio, Roland G. Fryer Jr. aceptó una llamada de una mujer negra que se sentía disgustada por el nombre que acababan de dar a su sobrina recién nacida. Se pronunciaba *shuh-Teed*, pero en realidad se escribía como «Shithead» [tonta, despreciable].*

Shithead aún no se ha puesto de moda entre las masas, pero sí lo han hecho otros nombres. ¿Cómo emigra un nombre a través de la población, y por qué? ¿Es pura cuestión del momento o existe alguna explicación razonable? Todos sabemos que los nombres vienen y van y vienen —somos testigos del regreso de Sophie y

* Véase nota en pág. 305.

Max, prácticamente extintos—, pero ¿es posible distinguir un patrón en estos movimientos?

La respuesta se encuentra en los datos de California, y es que sí.

Entre las revelaciones más interesantes en los datos se halla la correlación entre el nombre de un bebé y la posición socioeconómica de sus padres. Pensemos en los nombres de mujer más comunes en los hogares blancos de ingresos medios frente a los de los hogares blancos de ingresos bajos. (Estas listas, y las siguientes, incluyen datos exclusivamente pertenecientes a la década de los noventa, para asegurar una amplia muestra que sigue vigente.)

Nombres más comunes de mujer blanca de ingresos medios

1. Sarah
2. Emily
3. Jessica
4. Lauren
5. Ashley
6. Amanda
7. Megan
8. Samantha
9. Hannah
10. Rachel
11. Nicole
12. Taylor
13. Elizabeth
14. Katherine
15. Madison
16. Jennifer
17. Alexandra
18. Brittany
19. Danielle
20. Rebecca

Nombres más comunes de mujer blanca de bajos ingresos

1. Ashley
2. Jessica
3. Amanda
4. Samantha
5. Britanny
6. Sarah
7. Kayla
8. Amber
9. Megan
10. Taylor
11. Emily
12. Nicole
13. Elizabeth
14. Heather
15. Alyssa
16. Stephanie
17. Jennifer
18. Hannah
19. Courtney
20. Rebecca

Existe una coincidencia considerable, no cabe duda. Pero recordemos que éstos son los nombres más comunes de todos, y consideremos la magnitud del conjunto de datos. La diferencia entre posiciones consecutivas en estas listas puede representar varios cientos o incluso miles de niñas. De ese modo, si Brittany es el número cinco en la lista correspondiente a los bajos ingresos y el número dieciocho en la lista de ingresos medios, Brittany es decididamente un nombre de clase baja. Otros ejemplos resultan incluso más evidentes. Hay cinco nombres en cada categoría que no aparecen entre los veinte más habituales de la otra categoría. Éstos son los cinco nombres destacados entre las familias de clase alta y las de clase baja, en orden de desigualdad relativa con la otra categoría:

Nombres más comunes de mujer de clase alta

1. Alexandra
2. Lauren
3. Katherine
4. Madison
5. Rachel

Nombres más comunes de mujer de clase baja

1. Amber
2. Heather
3. Kayla
4. Stephanie
5. Alyssa

Y en el caso de los varones:

Nombres más comunes de varón de clase alta

1. Benjamin
2. Samuel
3. Jonathan
4. Alexander
5. Andrew

Nombres más comunes de varón de clase baja

1. Cody
2. Brandon
3. Anthony
4. Justin
5. Robert

Teniendo en cuenta la relación existente entre el salario y los nombres, y dado que el sueldo y la educación están estrechamente correlacionados, no resulta sorprendente hallar un nexo con una fuerza similar entre el nivel educativo de los padres y el nombre que ponen a sus hijos.

De nuevo, de entre la gran cantidad de nombres más comunes entre los niños blancos, éstos son los más escogidos entre los padres con un nivel educativo alto frente a los padres con una educación inferior:

Nombres más comunes de niña blanca entre padres con alto nivel educativo

1. Katherine
2. Emma
3. Alexandra
4. Julia
5. Rachel

Nombres más comunes de niña negra entre padres con un nivel educativo inferior

1. Kayla
2. Amber
3. Heather
4. Brittany
5. Brianna

Nombres más comunes de niño blanco entre padres con un nivel educativo alto

1. Benjamin
2. Samuel
3. Alexander
4. John
5. William

Nombres más comunes de niño blanco entre padres con un nivel educativo inferior

1. Cody
2. Travis
3. Brandon
4. Justin
5. Tyler

El efecto resulta aún más acusado cuando la muestra se amplía más allá de los nombres más comunes. De toda la base de datos de California, éstos son los nombres que mejor representan a los padres blancos con menor educación:

Los veinte nombres de niña blanca que mejor representan a los padres con menor educación*
(Años de educación de la madre entre paréntesis)

1.	Angel	(11,38)	11.	Jazmine	(11,94)
2.	Heaven	(11,46)	12.	Shyanne	(11,96)
3.	Misty	(11,61)	13.	Britany	(12,05)
4.	Destiny	(11,66)	14.	Mercedes	(12,06)
5.	Brenda	(11,71)	15.	Tiffanie	(12,08)
6.	Tabatha	(11,81)	16.	Ashly	(12,11)
7.	Bobbie	(11,87)	17.	Tonya	(12,13)
8.	Brandy	(11,89)	18.	Crystal	(12,15)
9.	Destinee	(11,91)	19.	Brandie	(12,16)
10.	Cindy	(11,92)	20.	Brandi	(12,17)

* Con un mínimo de 100 incidencias.

Si usted o una persona a la que quiere se llama Cindy o Brenda y sobrepasa, digamos, los cuarenta años, y cree que esos nombres antes no connotaban una familia de baja educación, es cierto. Las implicancias de esos nombres, al igual que las de muchos otros, han cambiado enormemente y muy rápido en los últimos años. Algunos de los demás son, evidentemente, la forma mal escrita, ya sea de modo intencionado o no, de nombres más clásicos. En la mayor parte de los casos, la escritura estándar de los nombres —Ta-bitha, Cheyenne, Tiffany, Brittany y Jasmine— también implica una baja educación. Pero incluso las distintas formas de un solo nombre pueden revelar una fuerte disparidad:

Diez «Jasmine» en orden ascendente de educación materna
(Años de educación de la madre entre paréntesis)

1. Jazmine (11,94)
2. Jazmyne (12,08)
3. Jazzmin (12,14)
4. Jazzmine (12,16)
5. Jasmyne (12,18)
6. Jasmina (12,50)
7. Jazmyn (12,77)
8. Jasmine (12,88)
9. Jasmin (13,12)
10. Jasmyn (13,23)

A continuación reproducimos la lista de los nombres de niño blanco de bajo nivel educativo. Incluye el error ocasional de escritura (Micheal y Tylor), pero es más común la tendencia del apócope o nombre familiar como nombre propio.

Los veinte nombres de niño blanco que mejor representan a los padres con un nivel educativo bajo*
(Años de educación de la madre entre paréntesis)

1.	Ricky	(11,55)	11.	Tommy	(11,89)
2.	Joey	(11,65)	12.	Tony	(11,96)
3.	Jessie	(11,66)	13.	Micheal	(11,98)
4.	Jimmy	(11,66)	14.	Ronnie	(12,03)
5.	Billy	(11,69)	15.	Randy	(12,07)
6.	Bobby	(11,74)	16.	Jerry	(12,08)
7.	Johnny	(11,75)	17.	Tylor	(12,14)
8.	Larry	(11,80)	18.	Terry	(12,15)
9.	Edgar	(11,81)	19.	Danny	(12,17)
10.	Steve	(11,84)	20.	Harley	(12,22)

Ahora pasemos a los nombres que implican el nivel más alto de educación de los padres. Estos nombres no tienen mucho en común, fonética o estéticamente, con los nombres de bajo nivel educativo. Los nombres de niña son diversos en muchos aspectos, aunque con una buena dosis de toques literarios o artísticos. Una advertencia para futuros padres que van en busca de un nombre «inteligente»: recuerden que ese nombre no hará a su hijo inteligente; sin embargo, sí le dará el nombre de otros niños inteligentes, al menos durante un tiempo. (Para consultar una lista mucho más extensa y diversa de nombres de niño y niña, véanse págs. 306-308.)

Los veinte nombres de niña blanca que mejor representan a los padres con un nivel educativo alto*
(Años de educación de la madre entre paréntesis)

1.	Lucienne	(16,60)	7.	Clementine	(16,23)
2.	Marie-Claire	(16,50)	8.	Philippa	(16,21)
3.	Glynnis	(16,40)	9.	Aviva	(16,18)
4.	Adair	(16,36)	10.	Flannery	(16,10)
5.	Meira	(16,27)	11.	Rotem	(16,08)
6.	Beatrix	(16.26)	12.	Oona	(16)

* Con un mínimo de 100 incidencias.

13.	Atara	(16,00)	17.	Pascale	(15,82)
14.	Linden	(15,94)	18.	Eleanora	(15,80)
15.	Waverly	(15,93)	19.	Elika	(15,80)
16.	Zofia	(15,88)	20.	Neeka	(15,77)

Ahora veamos los nombres de niño que están surgiendo actualmente en los hogares con un nivel educativo alto. Esta lista está especialmente caracterizada por los nombres hebreos y muestra una tendencia notable hacia el tradicionalismo irlandés.

Los veinte nombres de niño blanco que mejor representan a los padres con un nivel educativo alto*
(Años de educación de la madre entre paréntesis)

1.	Dov	(16,50)	11.	Finnegan	(16,13)
2.	Akiva	(16,42)	12.	MacGregor	(16,10)
3.	Sander	(16,29)	13.	Florian	(15,94)
4.	Yannick	(16,20)	14.	Zev	(15,92)
5.	Sacha	(16,18)	15.	Beckett	(15,91)
6.	Guillaume	(16,17)	16.	Kia	(15,90)
7.	Elon	(16,16)	17.	Ashkon	(15,84)
8.	Ansel	(16,14)	18.	Harper	(15,83)
9.	Yonah	(16,14)	19.	Sumner	(15,77)
10.	Tor	(16,13)	20.	Calder	(15,75)

Si gran parte de los nombres de la lista anterior le resultaban poco familiares, no se preocupe. Incluso los nombres de niño —que siempre han sido más escasos que los de niña— han estado proliferando a un ritmo trepidante. Esto significa que en la actualidad los nombres populares son menos populares de lo que solían ser. Pensemos en los diez nombres más populares que se dieron a los niños negros en California en 1990 y en 2000. La lista de los diez más populares incluye a 3.375 bebés (el 18,7% de los nacidos ese año), mientras los diez más populares de 2000 incluyen a sólo 2.115 (el 14,6% de los nacidos ese año).

* Con un mínimo de 100 incidencias.

Nombres más populares de niño negro
(Número de incidencias entre paréntesis)

1990			2000		
1.	Michael	(532)	1.	Isaiah	(308)
2.	Christopher	(531)	2.	Jordan	(267)
3.	Anthony	(395)	3.	Elijah	(262)
4.	Brandon	(323)	4.	Michael	(235)
5.	James	(303)	5.	Joshua	(218)
6.	Joshua	(301)	6.	Anthony	(208)
7.	Robert	(276)	7.	Christopher	(169)
8.	David	(243)	8.	Jalen	(159)
9.	Kevin	(240)	9.	Brandon	(148)
10.	Justin	(231)	10.	Justin	(141)

En espacio de una década, incluso los nombres más populares entre los niños negros (532 incidencias en el caso de Michael) se volvieron mucho menos populares (308 incidencias de Isaiah). De modo que los padres tienden claramente hacia la diversificación de los nombres. Pero en estas listas se ha producido otro cambio destacable: un ritmo de renovación muy rápido. Observemos que cuatro de los nombres de 1990 (James, Robert, David y Kevin) desaparecieron de entre los diez más populares en 2000. De acuerdo, se hallaban en la mitad inferior de la lista de 1990. Pero los nombres que los reemplazaron en 2000 no se colocaron al final. Tres de los nuevos nombres —Isaiah, Jordan y Elijah— eran en realidad los números uno, dos y tres en 2000. Para observar un ejemplo aún más drástico de la velocidad y fuerza a la que un nombre puede entrar y salir del ciclo de uso, consideremos los diez nombres más populares que recibían las niñas blancas de California en 1960 y después en 2000.

Nombres más populares de niña blanca

1960	2000
1. Susan	1. Emily
2. Lisa	2. Hannah
3. Karen	3. Madison
4. Mary	4. Sarah
5. Cynthia	5. Samantha
6. Deborah	6. Lauren
7. Linda	7. Ashley
8. Patricia	8. Emma
9. Debra	9. Taylor
10. Sandra	10. Megan

Ni un solo nombre de 1960 permanece entre los diez más extendidos. Pero se dirá que es difícil seguir siendo popular durante cuarenta años. Así pues, ¿qué tal si comparamos los nombres más populares de hoy con los diez más populares de hace sólo veinte años?

Nombres más populares de niña blanca

1980	2000
1. Jennifer	1. Emily
2. Sarah	2. Hannah
3. Melissa	3. Madison
4. Jessica	4. Sarah
5. Christina	5. Samantha
6. Amanda	6. Lauren
7. Nicole	7. Ashley
8. Michelle	8. Emma
9. Heather	9. Taylor
10. Amber	10. Megan

Sólo uno continúa: Sarah. Entonces, ¿de dónde provienen todos esos nombres como Emily, Emma y Lauren? ¿De dónde diablos salió Madison?* Resulta fácil comprobar que los nuevos nombres se vuelven muy populares a gran velocidad, pero ¿por qué?

Echemos otro vistazo a dos listas anteriores. A continuación aparecen los nombres más populares de la década de los noventa entre familias de bajos ingresos y familias de ingresos medios y altos.

Nombres de niña blanca de «clase alta» más comunes en los noventa

1. Alexandra
2. Lauren
3. Katherine
4. Madison
5. Rachel

Nombres de niña blanca de «clase baja» más comunes en los noventa

1. Amber
2. Heather
3. Kayla
4. Stephanie
5. Alyssa

¿Percibe usted algo? Tal vez desee comparar estos nombres con la lista de «nombres más populares de niña blanca» que aparecía en la página 192, que incluye los diez nombres de 1980 y 2000. Lauren y Madison, dos de los nombres más populares entre la «clase alta» de los noventa, forman la lista de los diez más utilizados

* Casi sin lugar a dudas, Madison proviene de la película *Splash*, de 1884, en la que Daryl Hannah interpreta a una sirena que llega a las orillas de Nueva York y adopta su nombre del letrero de la avenida Madison; en el caso de los humanos, el nombre pasó de excesivamente raro a una elección perenne entre los cinco más llevados.

en 2000. Amber y Heather, sin embargo, dos de los nombres más populares de 1980, se hallan ahora entre los nombres propios de la «clase baja».

Hay un claro patrón en juego: una vez que un nombre se pone de moda entre los padres de ingresos y nivel educativo altos, comienza a abrirse camino hacia abajo en la escala socioeconómica. Amber y Heather surgieron como nombres de clase alta, al igual que Stephanie y Brittany. Por cada bebé llamada Stephanie o Brittany, otras cinco niñas de clase baja recibieron esos nombres en diez años.

Así que, ¿cuál es el mercado de nombres para las familias de clase baja? Muchas personas suponen que las tendencias en cuanto a los nombres proceden de personajes famosos. Pero los famosos en realidad tienen un débil efecto en los nombres de bebé. En cuanto al año 2000, la estrella del pop Madonna había vendido 130 millones de discos en todo el mundo, pero no había generado los diez nombres de imitación —en California, nada menos— necesarios para entrar en el índice original de cuatro mil nombres del que se extrajo la lista de nombres de niña que aparece en la página 306. O si se tienen en cuenta a todas las niñas llamadas Brittany, Britney, Brittani, Brittanie, Brittney y Brittni que hallamos actualmente, podría pensar en Britney Spears. Pero en realidad ella es un síntoma, no una causa, de la explosión de Brittany/Britney/Brittani/Brittanie/Brittney/Brittni. En su forma escrita más común, el nombre de Brittany, en el número dieciocho entre las familias de clase alta y el número cinco entre las de clase baja, sin duda se está aproximando a su fin. Décadas antes, Shirley Temple era de manera similar un síntoma del *boom* Shirley, aunque con frecuencia se la recuerda como su causa. (También cabe destacar que multitud de nombres de niña, incluidos Shirley, Carol, Leslie, Hilary, Renee, Stacy y Tracy surgieron como nombres de niño, pero la tendencia femenina nunca llegó a cruzarse con la masculina.)

Así pues, no son los personajes famosos quienes dirigen el juego de los nombres. Es la familia de unas manzanas más allá, la que tiene una casa más grande y un coche más nuevo. El tipo de familias que se adelantaron en llamar a sus hijas Amber o Heather y ahora las llaman Lauren o Madison. El tipo de familias que solían llamar a sus hijos Justin o Brandon y ahora los llaman Alexander o Benjamin. Los padres se muestran reticentes a elegir un nombre de alguien demasiado cercano —miembros de la familia o amigos íntimos—, pero a muchos de ellos, advertidamente o no, les gusta el sonido de nombres que suenan «a éxito».

No obstante, a medida que un nombre de clase alta se adopta en masa, los padres de clase alta comienzan a abandonarlo. Al final, se considera tan común que incluso los padres de clase baja tal vez no lo quieran, por lo que sale de la rotación de nombres por completo. Los padres de clase baja, no obstante, buscan el nombre siguiente que han introducido los de clase alta.

De modo que la implicación es clara: los padres de todas esas niñas llamadas Alexandra, Lauren, Katherine, Madison y Rachel no deberían esperar que la distinción se prolongase mucho más. Esos nombres ya se encuentran camino de la sobreexposición. Entonces, ¿de dónde surgirán los nuevos nombres de clase alta?

No nos sorprendería hallarlos entre los nombres de niños y niñas más «inteligentes» de California, que aparecen en las páginas 189-190, que siguen siendo poco conocidos. De acuerdo, algunos de ellos —Oona y Glynnis, Florian y Kia— lo seguirán siendo. Lo mismo podría suponerse de la mayor parte de los nombres hebreos (Rotem y Zofia, Akiva y Zev), aun cuando muchos de los nombres mayoritarios (David, Jonathan, Samuel, Benjamin, Rachel, Hannah, Sarah, Rebecca) son por supuesto nombres bíblicos hebreos. Aviva puede ser el nombre hebreo moderno listo para estallar: es fácil de pronunciar, bonito, con garra y adecuadamente flexible.

A continuación proponemos una muestra de los nombres de clase alta de hoy, extraídos de dos bases de datos «inteligentes». Algunos de ellos, por extraño que parezca, se convertirán en los nombres mayoritarios de mañana. Antes de burlarse, pregúntese lo siguiente: ¿alguno de estos nombres suena más ridículo de lo que «Madison» habría sonado hace diez años?

¿Nombres de niña más populares de 2015?

Annika	Flannery
Ansley	Grace
Ava	Isabel
Avery	Kate

Aviva	Lara
Clementine	Linden
Eleanora	Maeve
Ella	Marie-Claire
Emma	Maya
Fiona	Philippa
Phoebe	Sophie
Quinn	Waverly

¿Nombres de niño más populares de 2015?

Aidan	Jackson
Aldo	Johan
Anderson	Keyon
Ansel	Liam
Asher	Maximilian
Beckett	McGregor
Bennett	Oliver
Carter	Reagan
Cooper	Sander
Finnegan	Sumner
Harper	Will

Evidentemente, cuando los padres consideran un nombre para su hijo entran en funcionamiento multitud de motivos. Quizá deseen algo tradicional o algo bohemio, algo único o algo perfectamente de moda. Sería una exageración afirmar que todos los padres —consciente o inconscientemente— buscan un nombre «inteligente» o «de clase alta». Pero todos tratan de señalar algo con un nombre, ya sea éste Winner o Loser, Madison o Amber, Shithead o Sander, DeShawn o Jake. Lo que sugieren los datos de los nombres de California es que un número abrumador de padres utilizan un nombre para señalar sus propias expectativas referentes al éxito que tendrán sus hijos. Es poco probable que el nombre marque diferencia alguna, pero los padres al menos pueden sentirse mejor al saber que, desde el principio, hicieron todo lo posible.

EPÍLOGO

DOS CAMINOS A HARVARD

Y ahora, dejando atrás todas estas páginas, se ha confirmado una promesa temprana: este libro efectivamente no posee «tema unificador» alguno.

Pero aunque *Freakonomics* carece de tema unificador, al menos existe un hilo común que recorre la aplicación cotidiana de la economía de lo raro. Está relacionado con la reflexión sensata acerca de cómo se comportan las personas en el mundo real. Todo lo que requiere es un modo original de ver las cosas, de discernir, de analizar. No se trata de una tarea necesariamente difícil, tampoco requiere una reflexión supersofisticada. En esencia, hemos intentado averiguar lo que el típico miembro de banda o el típico luchador de sumo averiguaron por sí mismos (aunque nosotros tuvimos que hacerlo a la inversa).

¿Mejorará su vida considerablemente la capacidad de pensar así? Probablemente no. Quizá decida colocar una verja resistente alrededor de su piscina o empujar a su agente inmobiliario para que se esfuerce un poco más. Pero el efecto global probablemente será más sutil que todo eso. Tal vez se vuelva más escéptico acerca de la sabiduría convencional; tal vez comience a buscar indicios en cuanto a que las cosas no son exactamente lo que parecen; quizá busque algún tesoro de datos y los pase por una criba, sopesando su inteligencia e intuición para llegar al germen de una nueva idea. Algunas de estas ideas tal vez le incomoden, o lo hagan impopular incluso. Declarar que la legalización del aborto produjo un enorme descenso de la criminalidad inevitablemente provocará reacciones morales explosivas. Pero la realidad de la cuestión es que el pensamiento al estilo de *Freakonomics* sencillamente no actúa en el plano moral. Como indicamos al comienzo del libro, si la moral representa un mundo ideal, la economía representa el mundo real.

El resultado más probable de la lectura de este libro es muy simple: tal vez se encuentre usted formulándose un montón de preguntas. Muchas de ellas no llevarán a nada, pero algunas producirán respuestas interesantes, incluso sorprendentes. Consideremos la pregunta formulada al comienzo del penúltimo capítulo de este libro: ¿cuánto influyen realmente los padres?

Hasta ahora los datos han dejado claro que los padres influyen en gran medida en ciertos aspectos (muchos de los cuales ya han sido determinados cuando nace un niño) y en absoluto en otros (aquellos con los que nos obsesionamos). No podemos culpar a los padres por tratar de hacer algo —lo que sea— por ayudar a sus hijos a alcanzar el éxito, aunque se trate de algo tan irrelevante como proporcionarles un nombre de clase alta.

Recuerde por un instante a los dos niños, uno blanco y el otro negro, que se describían en el capítulo 5. El niño blanco que creció fuera de Chicago contaba con unos padres inteligentes, firmes y estimulantes que hacían hincapié en la educación y la familia. El niño negro de Daytona Beach fue abandonado por su madre, golpeado por su padre y, ya adolescente, formaba parte de una banda con todas las de la ley. ¿Y qué fue de los dos niños?

El segundo niño, que ahora tiene veintiocho años, es Roland G. Fryer Jr., el economista de Harvard que estudia el rendimiento inferior de los negros.

El niño blanco también llegó a Harvard. Pero, poco después, las cosas le fueron mal. Su nombre es Ted Kaczynski.*

* Theodore Kaczynski, más conocido como Unabomber. *(N. de la T.)*

MATERIAL ADICIONAL

Añadido a la edición revisada y ampliada de *Freakonomics* (2006)

1. El artículo original de *The New York Times Magazine* acerca de Steven D. Levitt y escrito por Stephen J. Dubner, que llevó a la creación de este libro.

2. Siete columnas de «freakonomics» escritas para *The New York Times Magazine*, publicadas entre agosto de 2005 y abril de 2006.

3. Selección de entradas del *blog* de los autores, publicadas entre marzo de 2005 y mayo de 2006 en *http://www.freakonomics.com/blog/*.

1

La probabilidad de que un agente inmobiliario le esté engañando (y otros enigmas de la vida moderna) En el interior de la mente curiosa del joven y aclamado economista Steven Levitt

Por Stephen J. Dubner
New York Times Magazine,
3 de agosto de 2003

El joven economista más brillante de Estados Unidos —al menos el calificado como tal por un jurado de patriarcas del mundo de la economía— frena para detenerse ante un semáforo al sur de Chicago. Es un día soleado de mediados de junio. Conduce un anticuado Chevy Cavalier verde con un salpicadero polvoriento y una ventana que no se cierra del todo, lo que produce un rugido sordo cuando aumenta la velocidad en carretera. Pero por ahora el coche permanece silencioso, como lo están las calles de mediodía: gasolineras, cemento infinito, construcciones de ladrillo con ventanas de contrachapado...

Un anciano sin techo se acerca. Su cartel dice que no tiene hogar y además pide dinero. Lleva una chaqueta andrajosa, demasiado gruesa para el cálido día, y una gorra de béisbol roja y mugrienta.

El economista no cierra las puertas del coche o avanza lentamente. Tampoco se hurga en los bolsillos en busca de algo de calderilla. Sólo observa, como si lo hiciese a través de un espejo de doble cara. Al cabo de un momento, el hombre se marcha.

—Llevaba unos auriculares buenos —dice el economista mientras sigue contemplándolo en el espejo retrovisor—. Bueno, al menos mejores que los míos. Si no es por eso, no parece tener mucho más.

Steven Levitt tiende a ver las cosas de un modo distinto de como lo hace el hombre medio. También de un modo diferente al economista medio. Esto constituye un rasgo maravilloso, o perturbador, depende de lo que pensemos de los economistas. Al economista medio se le conoce por extenderse misteriosamente acerca de todos y cada uno de los asuntos monetarios. Pero si pidieses a Levitt su opinión acerca de algún asunto económico típico, probablemente se retiraría el cabello de los ojos y alegaría desconocimiento. «Dejé de fingir que sabía cosas que no sabía hace mucho tiempo —confiesa—. Quiero decir que no sé... que no sé mucho del campo de la economía. No se me dan bien las matemáticas, y no sé mucho de econometría, y tampoco sé teorizar. Si me preguntas si el mercado de valores está al alza o a la baja, si me preguntas si la economía va a crecer o a hundirse, si me preguntas si la deflación es buena o mala, si me preguntas acerca de los impuestos... quiero decir que mentiría por completo si te dijese que sé algo de alguna de esas cosas.»

Para Levitt, la economía es una ciencia que cuenta con herramientas excelentes para la obtención de respuestas, pero que sufre una seria escasez de preguntas interesantes. Su don especial consiste en la capacidad de formular esas preguntas. Por ejemplo: si los traficantes ganan tanto dinero, ¿por qué siguen viviendo con sus madres? ¿Qué es más peligroso: un arma o una piscina? ¿Cuál fue la verdadera causa de que los índices de criminalidad cayesen en picado durante la década pasada? ¿Los agentes inmobiliarios realmente velan por los intereses de sus clientes? ¿Por qué los padres negros ponen a sus hijos nombres que puedan perjudicar su futuro laboral? ¿Los profesores mienten para alcanzar los estándares de alto índice? ¿Es corrupto el sumo?

¿Y cómo puede permitirse un hombre sin techo con la ropa hecha jirones unos auriculares de cincuenta dólares?

Muchas personas —incluido un gran número de sus colegas—

quizá no reconozcan el trabajo de Levitt como economista. Simplemente ha reducido la denominada ciencia sombría a su objetivo esencial: explicar cómo la gente obtiene lo que desea. A diferencia de la mayoría de los estudiosos, no teme servirse de observaciones y curiosidades personales; tampoco teme la anécdota o la narración de historias (pero sí tiene miedo al cálculo). Cree en la intuición. Revisa una montaña de datos para hallar una historia que nadie más ha hallado. Inventa el modo de calcular un efecto que economistas veteranos han declarado incalculable. Sus intereses persistentes —pese a que afirma no haber participado en ellos— son las trampas, la corrupción y el crimen.

Entretanto, su interés por los auriculares del hombre sin techo no duró mucho. «Quizá —diría más tarde—, sólo atestigua que soy demasiado desorganizado para comprarme unos auriculares que yo mismo codicio.»

Levitt es el primero en afirmar que algunos de sus temas rozan lo trivial. Pero ha demostrado ser un investigador tan ingenioso y un pensador tan lúcido que en lugar de quedar relegado al margen de su campo, ha ocurrido lo contrario: ha mostrado a otros economistas que sus herramientas son capaces de hallar sentido al mundo real.

«Levitt es considerado un semidiós, una de las personas más creativas del mundo de la economía y quizá de todas las ciencias sociales —declara Colin F. Camerer, economista del Instituto de Tecnología de California—. Representa lo que todo el mundo cree que será cuando se especializa en economía, pero normalmente su chispa creativa se aburre hasta desaparecer por las interminables matemáticas, a saber, una especie de detective intelectual que trata de averiguar cosas.»

Levitt es populista en un campo que está pasando por una fase de popularización. Los departamentos de Economía de las universidades de elite son hormigueros de estudiantes. La economía se ve como la mezcla ideal de prestigio intelectual (después de todo, brinda la oportunidad de obtener un Nobel) y aprendizaje práctico para una carrera prometedora en el mundo de las altas finanzas (a menos que, como Levitt, escojan permanecer en el mundo académico). Al mismo tiempo, la economía resulta cada vez más visible en el mundo real, gracias a la continua adoración del mercado de valores y la continua fijación con Alan Greenspan.

No obstante, el mayor cambio se ha experimentado en las filas académicas. Los microeconomistas están ganando terreno a la multitud macroeconomista, los empiristas a los teóricos. Los economistas conductuales han puesto en duda la mismísima noción del «*Homo economicus*», supuestamente nuestra parte racional encargada de la toma de decisiones. Jóvenes economistas de todas las tendencias tienden más a trabajar en torno a aspectos del mundo real y a tratar disciplinas limítrofes —psicología, criminología, sociología, incluso neurología— con el objeto de rescatar a su ciencia de la dependencia servil de los modelos matemáticos.

Levitt encaja en todas partes y en ninguna. Es una mariposa racional a la que nadie ha conseguido prender las alas (en una ocasión se le ofreció un puesto en el equipo económico de Clinton, y los encargados de la campaña de Bush de 2000 le pidieron que participase como consejero en temas de criminalidad), pero a quien todos aclaman. «Steve no es realmente un economista conductual, pero les encantaría contar con él —afirma Austan Goolsbee, que enseña economía en la escuela de Negocios de la Universidad de Chicago.» «No es realmente un tipo de viejas teorías de precios, pero esos tipos de Chicago se alegran de aclamarlo. No es realmente un tipo de Cambridge —aunque Levitt asistió a Harvard y después al Instituto de Tecnología de Massachusetts—, pero les encantaría que volviera.»

Tiene críticos, no cabe duda. Daniel Hamermesh, destacado economista laboral de la Universidad de Texas, ha enseñado el informe de Levitt «El impacto de la legalización del aborto en el crimen» a sus alumnos. «He estudiado este trabajo en su versión preliminar, en la publicada, largo y tendido, y por mi vida, no veo nada de malo en él —declara Hamermesh—. Por otra parte, no creo una sola palabra. Y lo de los luchadores de sumo... bueno, no es exactamente esencial, a menos que seas japonés y peses doscientos kilos.»

Pero a los treinta y seis años, Levitt es profesor titular en el departamento de Economía de la Universidad de Chicago, el programa más legendario del país. (Obtuvo la titularidad tras sólo dos años en él.) Es editor del *Journal of Political Economy*, una publicación puntera en el campo. Y la Asociación Económica Americana recientemente le otorgó el premio John Bates Clark, concedido cada dos años al mejor economista estadounidense menor de cuarenta años.

Es un escritor prolífico y polifacético. Pero su estudio que relaciona el incremento del aborto con la caída del crimen ha hecho más ruido que todos los demás juntos. Levitt y su coautor, John Donohue, de la Facultad de Derecho de Stanford, argumentaban que se puede rastrear hasta un 50% del enorme descenso de la criminalidad desde principios de los noventa hasta «Roe contra Wade». Su idea es la siguiente: las mujeres con mayores probabilidades de requerir un aborto —madres pobres, solteras, negras o adolescentes— son las mismas madres cuyos hijos, si han nacido, se ha demostrado que tienen mayores probabilidades de convertirse en criminales. Pero, dado que esos niños no nacieron, el crimen comenzó a descender durante los años en que ellos habrían alcanzado su apogeo criminal. Conversando, Levitt reduce la teoría a un silogismo limpio: «Tener un hijo no deseado conduce a una alta criminalidad; el aborto conduce a menos hijos no deseados; el aborto conduce a menor criminalidad.»

Levitt ya había escrito extensamente acerca del crimen y el castigo. Todavía se cita de forma regular un estudio que escribió como estudiante de posgrado. Su pregunta era de una simplicidad que desarma: ¿una mayor policía se traduce en menos crimen? La respuesta parecería obvia —sí—, pero nunca se había demostrado: dado que el número de policías tiende a incrementarse con el número de crímenes, resulta difícil calcular la eficacia de la policía.

Levitt necesitaba un mecanismo que desvinculara el índice de criminalidad de la contratación de policías. Lo halló en la política. Se dio cuenta de que alcaldes y gobernadores que se presentan a una reelección con frecuencia contratan a un mayor número de policías. Al calcular esos incrementos policiales frente a los índices de criminalidad, fue capaz de determinar que, en efecto, el aumento de policías hacía descender el crimen violento.

Ese estudio se cuestionó más adelante —otro estudiante encontró un error matemático grave en él—, pero el ingenio de Levitt resultaba obvio. Comenzó a ser conocido como un maestro de la solución simple e inteligente. Es el tipo que ve a todos los ingenieros perdiendo el tiempo alrededor de una máquina rota, y se da cuenta de que a nadie se le ha ocurrido enchufarla.

Afirmar que la policía ayudaba a evitar el crimen no creó enemigos a Levitt. Afirmar que el aborto impedía el crimen era otra cuestión.

En el estudio acerca del aborto, publicado en 2001, él y su coautor, John Donohue, advirtieron de que sus hallazgos «no debían ser malinterpretados, ya fuese como una aprobación del aborto o como una llamada a la intervención del Estado en las decisiones de la fertilidad de la mujer». Incluso sugirieron que se podía poner freno al crimen fácilmente «proporcionando mejores ambientes para aquellos niños expuestos al mayor riesgo del crimen en el futuro».

En cualquier caso, la sola mención del tema conseguía ofender prácticamente a todo el mundo. A los conservadores les enfurecía que pudiese considerarse el aborto como una herramienta en la lucha contra el crimen. A los liberales les horrorizaba que esas mujeres negras y pobres se viesen señaladas con el dedo. Los economistas se quejaban de que la metodología de Levitt no era sólida. Un silogismo, después de todo, puede constituir un truco de magia: todos los gatos mueren; Sócrates murió; por consiguiente, Sócrates era un gato.

«Creo que es enormemente brillante en muchísimas áreas, concentrándose en gran medida en el tema de la causalidad inversa —declara Ted Joyce, economista en el Baruch College y autor de una respuesta crítica al estudio acerca del aborto—. Pero en este caso creo que lo desconocía o no lo trató lo bastante bien.»

Mientras los medios de comunicación se cebaban en una historia de crimen y aborto, los ataques contra Levitt se hicieron directos. Conservadores y liberales por igual lo tachaban de ideólogo, defensor de la eugenesia, racista y demonio redomado.

En realidad, no parece que sea nada de todo eso. Tiene poca idea de política y menos incluso de moralizar. Es genial, sencillo e imperturbable, seguro de sí mismo pero nada soberbio. Es un profesor y colega respetado; un colaborador solicitado que, debido a la amplitud de sus intereses, con frecuencia trabaja junto a académicos fuera de su campo, otra rareza en el caso de un economista.

«Me cuesta utilizar estas palabras, pero Steve es un embaucador, en el mejor sentido —declara Sudhir Venkatesh, sociólogo de la Universidad de Columbia—. Es el bufón shakespeariano. Te hará creer que sus ideas eran tuyas.» Venkatesh era el coautor de Levitt en «Análisis económico de las finanzas de una banda de traficantes de droga», que descubrió que el traficante medio de la calle vive con su madre porque su sueldo neto es, francamente, terrible. El estudio analizaba las actividades económicas de una banda de crack como si se tratase de una empresa. (Fue Venkatesh quien aportó los datos, proporcionados por un antiguo miembro de la banda.) Nunca se había intentado nada similar. «Esta falta de atención —afirmó Levitt, deliberadamente inexpresivo— resulta en parte atribuible al hecho de que pocos economistas se han hallado envueltos en el estudio de las bandas.»

Levitt habla con un ceceo infantil. Su aspecto encaja con el de un empollón: camisa de cuadros, pantalones caquis sin nada de particular, cinturón trenzado y cómodos zapatos marrones. Su calendario de bolsillo lleva impreso el logo de la Oficina Nacional de Investigación Científica. «Me gustaría que se cortase el pelo más de tres veces al año —dice su mujer, Jeannette— y que dejase de llevar las gafas que compró hace quince años, cuando ya estaban pasadas de moda.» En el instituto jugaba bien al golf, pero se ha atrofiado tanto físicamente que se llama a sí mismo «el ser humano vivo más débil» y en casa le pide a Jeannette que abra los tarros. En otras palabras, no hay nada en su apariencia o actitud que sugiera un lanzallamas. Te dirá que lo único que hace es sentarse a su mesa, día y noche, lidiando con alguna extraña montaña de datos. Te dirá que lo haría gratis (se dice que su salario supera los 200.000 dólares), y tiendes a creerle. Puede ser un provocador accidental, pero es un provocador de todas formas.

Disfruta particularmente atrapando malhechores. En un estudio, diseñó un conjunto de algoritmos capaces de identificar a los maestros del sistema de escuelas públicas de Chicago que estaban haciendo trampas. «Las clases que hacen trampas se diferencian de forma sistemática de otras en un número de dimensiones», escribieron Levitt y su coautor, Brian Jacob, de la Escuela Kennedy de Gobierno, en «Atrapar a maestros tramposos». «Por ejemplo, los alumnos que se encuentran en una clase en la que se hacen trampas es probable que experimenten subidas en las calificaciones inusualmente altas en el año de las trampas, seguidas de ligeras subidas o incluso un descenso en los años siguientes, cuando el impulso atribuible a las trampas desaparece.»

Levitt utilizó datos de resultados de los exámenes de las escuelas de Chicago que llevaban mucho tiempo a disposición de otros investigadores. Se dio cuenta de que existían diferentes maneras de que un maestro pudiera hacer trampas. Si era particularmente descarado (e idiota), podría dar a los estudiantes las respuestas correctas. O, después del examen, en realidad podía borrar las respuestas incorrectas de los alumnos e introducir las correctas. Un tramposo sofisticado se mostraría cuidadoso a la hora de evitar bloques de respuestas idénticos que resultaran sospechosos. Pero Levitt era más sofisticado. «El primer paso al analizar series sospechosas es calcular la probabilidad de que cada niño diera una respuesta en particular a cada pregunta —escribió—. Este cálculo se realiza utilizando un esquema logit multinomial con resultados de exámenes anteriores, características demográficas y socioeconómicas como variables explicativas.»

De ese modo, al juzgar cualquier serie de factores —la dificultad de una pregunta en especial, la frecuencia con la que los alumnos respondían correctamente preguntas difíciles e incorrectamente las fáciles, el grado en que determinadas preguntas eran altamente correlativas en una clase...—, Levitt identificó a los maestros que creía que hacían trampas. (Tal vez con el mismo valor, también fue capaz de identificar a los buenos maestros.) El sistema de escuelas de Chicago, en lugar de cuestionar los descubrimientos de Levitt, le invitó a repetir las pruebas en las escuelas. Como resultado, los tramposos fueron despedidos.

Por otra parte está el estudio, de próxima aparición, «Comprender por qué el crimen descendió en los noventa: cuatro factores que explican el descenso y siete que no lo hacen». Levitt afirma que todo el descenso del crimen se debió al aumento del número de policías, el del número de prisioneros, el debilitamiento de la epidemia de crack y «Roe contra Wade».

Uno de los factores que probablemente no influyó, defiende, fue la estrategia policial innovadora pregonada a los cuatro vientos en Nueva York por Rudolph Giuliani y William Bratton.

«Creo —afirma Levitt—, que me encuentro bastante solo al afirmarlo.»

Levitt procede de una familia de gran potencial, aunque inusual, de Minneapolis. Su padre, investigador médico, está considerado una autoridad puntera en el campo del gas intestinal. (Se anuncia a sí mismo como «el hombre que ha otorgado estatus al flato y clase al gas».*) Uno de los tíos abuelos de Levitt, Robert May, escribió *El reno Rodolfo*, el libro; otro tío abuelo, Johnny Marks, compuso más tarde la canción.

En Harvard, Levitt centró su tesis en la reproducción de los pura sangre y se graduó *summa cum laude*. (Sigue obsesionado con las carreras de caballos y ha diseñado un sistema de apuestas —cuyos detalles no va a compartir— para sacar partido de la corrupción.) Trabajó durante dos años como consultor de gestión antes de matricularse en el Instituto de Tecnología de Massachusetts para realizar un doctorado en Economía. El programa de dicho instituto era famoso por su intensidad matemática. Levitt había cursado exactamente una asignatura de matemáticas como universitario y había olvidado eso incluso. Durante su primera clase de doctorado, preguntó al alumno que se sentaba a su lado acerca de una fórmula que aparecía en la pizarra: «¿Existe alguna diferencia entre el signo recto y el curvado?» «Tienes un gran problema», recibió como respuesta.

«La gente le daba por perdido —recuerda Austan Gollsbee, el economista de Chicago que entonces era compañero de clase de Levitt—. Decían: "Ese tío no tiene futuro."»

Levitt siguió su propio curso. Otros estudiantes de doctorado permanecían despiertos toda la noche trabajando en conjuntos de problemas. Él la pasaba investigando y escribiendo. «Creía que el modo de alcanzar el éxito en esta profesión es escribir grandes trabajos —dice—. De modo que simplemente empecé.»

En ocasiones comenzaba con una pregunta. Otras veces, lo que llamaba su atención era un conjunto de datos. Pasó un verano entero tecleando en el ordenador los resultados de años de elecciones al Congreso. (Hoy en día, con tanta información disponible en Internet de forma tan fácil, Levitt se queja de que no logra que sus alumnos introduzcan un solo dato.) Lo único que tenía él era una leve curiosidad acerca de por qué los titulares de los cargos eran reelegidos con tanta frecuencia.

Entonces descubrió un libro de ciencias políticas cuyos auto-

* En inglés, «The Man Who Gave Status to Flatus and Class to Gas». *(N. de la T.)*

res aseguraban que el dinero gana elecciones, y punto. «Trataban de explicar los resultados electorales como un destino de los gastos de campaña —recuerda—, ignorando por completo el hecho de que los contribuyentes sólo donan dinero a los candidatos cuando éstos tienen una oportunidad realista de ganar, y los titulares de los cargos sólo gastan una gran cantidad cuando tienen la posibilidad de perder. Se convencieron a sí mismos de que ésta era la historia causal aun cuando resulta tan obvio en retrospectiva que se trata de un efecto engañoso.»

Obvio al menos para Levitt. En cinco minutos tenía una visión del estudio que escribiría. «Me vino —declara— en pleno impulso.»

El problema radicaba en que sus datos no le decían quién constituía un buen candidato y quién no. Por consiguiente, resultaba imposible deducir el efecto del dinero. Como en el caso del rompecabezas policía-crimen, Levitt tenía que engañar a los datos.

Debido a que había introducido él mismo los datos en el ordenador, se había dado cuenta de algo: a menudo, los mismos dos candidatos se enfrentaban entre sí en múltiples ocasiones. Al analizar exclusivamente los datos de esas elecciones, Levitt fue capaz de encontrar un resultado real. Su conclusión: el dinero de campaña influye alrededor de una décima parte de lo que comúnmente se le atribuía.

Como estudiante de doctorado desconocido, envió su trabájo al *Journal of Political Economy* —un profesor le advirtió de que estaba loco por intentarlo siquiera—, donde fue publicado. Terminó su doctorado en tres años, pero debido a sus prioridades, declara, era «invisible» para la facultad, «un absoluto cero». Entonces se encontró con lo que ahora denomina el momento crucial de su carrera.

Tenía una entrevista para la Sociedad de Amigos, un venerable club intelectual de Harvard que paga a jóvenes por hacer su propio trabajo, durante tres años, sin compromisos. Levitt no creía tener ninguna posibilidad. Para empezar, no se consideraba a sí mismo un intelectual. Sería entrevistado durante una cena con los miembros más antiguos del club, un grupo de filósofos, científicos e historiadores de renombre internacional. No creía que tuviera suficiente conversación para el primer plato siquiera.

Pero, en lugar de ello, estaba pletórico. Cualquiera que fuese el tema que surgía —cerebro, hormigas, filosofía...— daba la casualidad de que recordaba algo significativo que había leído. Bullía de agudeza como nunca lo había hecho. Cuando les habló acerca de los dos veranos que pasó apostando a los caballos en Minnesota, ¡se mostraron entusiasmados!

Finalmente, en tono inquietante, uno de ellos le preguntó:

—No acabo de ver cuál es el tema unificador de su trabajo. ¿Podría explicarlo?

Levitt se quedó paralizado. No tenía ni idea de cuál era su tema unificador, o de si tenía uno siquiera.

Amartya Sen, el economista y futuro premio Nobel, intervino en la conversación y resumió hábilmente lo que él creía que era el tema unificador de Levitt.

—Sí —dijo Levitt con entusiasmo—, ése es mi tema.

Entonces otro miembro propuso otro tema.

—Tiene razón —admitió Levitt—, ése es mi tema.

Y así siguieron, como perros que tirasen de un hueso, hasta que el filósofo Robert Nozick los interrumpió. Si se pudiera decir que Levitt tenía un héroe intelectual, ése era Nozick.

—¿Cuántos años tienes, Steve? —preguntó.

—Veintiséis.

Nozick se volvió hacia el resto de los miembros del club.

—Tiene veintiséis años. ¿Para qué necesita un tema unificador? Tal vez resulte una de esas personas con tanto talento que no necesitan tenerlo. Tomará una pregunta y simplemente la responderá, y será perfecto.

El departamento de Economía de la Universidad de Chicago contaba con un tema unificador famoso —el Evangelio del Libre Mercado, de tendencia conservadora—, y por lo tanto no parecía el lugar en el que probablemente mejor encajara Levitt. Según éste, Chicago trata de teoría, pensamiento profundo y grandes ideas, mientras que él trata de empirismo, pensamiento inteligente e «ideas con gracia, pero, en última instancia, insustanciales.»

Pero Chicago también contaba con Gary Becker. Para Levitt, Becker es el economista más influyente de los últimos cincuenta años. Mucho antes de ponerse de moda, Becker llevó la teoría microeconómica a los temas poco convencionales, la familia y el crimen en particular. Durante años, Becker fue demonizado (una única frase como «el precio de los niños» haría saltar incontables alarmas. «A lo largo de mi carrera he experimentado el enojo de mucha gente que consideraba que mi trabajo era estúpido, irrelevante o no era economía», declara Becker. Pero Chicago le apoyó; perseveró, y recibió el premio Nobel en 1992; y se convirtió en el modelo a seguir de Steven Levitt.

Becker le dijo a Levitt que Chicago constituiría un ambiente excelente para él. «No todo el mundo está de acuerdo con tus resultados —dijo—, pero estamos de acuerdo en que lo que haces es un trabajo muy interesante, y te apoyaremos en ello.»

Levitt pronto descubrió que el apoyo de la Universidad de Chicago iba más allá del ámbito académico. Un año después de ser contratado, su mujer dio a luz al primer hijo de ambos, Andrew. Un día, cuando Andrew acababa de cumplir un año, tuvo una ligera fiebre. El médico diagnosticó una infección de oído. Cuando, a la mañana siguiente, el niño comenzó a vomitar, sus padres lo llevaron al hospital. Unos días más tarde había fallecido de meningitis neumocócica.

Abrumado por el dolor, Levitt debía impartir una clase de doctorado. Pero Gary Becker —premio Nobel cercano a los setenta años— lo sustituyó. Otro colega, D. Gale Johnson, envió una carta de pésame que conmovió a Levitt de tal forma que aún puede citarla de memoria.

Levitt y Johnson, economista agrícola de más de ochenta años, comenzaron a hablar regularmente. Levitt supo que la hija de Johnson había sido una de los primeros norteamericanos en adoptar a una niña de China. Pronto los Levitt emprendieron los trámites para hacer lo mismo: adoptar a una niña llamada Amanda. Además de Amanda, desde entonces han tenido otra hija, que ahora tiene casi tres años, y un hijo. Pero la muerte de Andrew ha seguido ocupando un papel importante en sus vidas, en diferentes aspectos. Los Levitt han entablado una estrecha amistad con la familia de la pequeña a quien se implantó el hígado de Andrew. (También donaron su corazón, pero el niño que lo recibió falleció.) Y, lo que no sorprende viniendo de un estudioso que se centra en los aspectos de la vida real, la muerte también ha supuesto una fuente de información para el trabajo de Levitt.

Él y Jeannette se unieron a un grupo de apoyo para padres que han perdido un hijo. A Levitt le llamó la atención la cantidad de niños que habían muerto ahogados en piscinas. Se trata del tipo de accidente que no aparece en los periódicos, a diferencia, por ejemplo, del niño que muere mientras juega con un arma.

Levitt sintió curiosidad, comenzó a buscar las cifras que proporcionaban coherencia a los casos y publicó los resultados como columnista de opinión para el *Chicago Sun-Times*. Mostraba el tipo de contraintuición por la que se ha hecho famoso: «Si posees un arma y una piscina en el jardín trasero, resulta cien veces más probable que un niño muera a causa de la piscina que del arma.»

En un intento por alejar su mente de la muerte, Levitt adquirió un pasatiempo: rehabilitar y vender casas antiguas de Oak Park, donde vive. Esta experiencia también ha conducido a otro estudio, acerca del mercado inmobiliario. Es su trabajo más al estilo de Chicago hasta el momento, una victoria en el campo de la teoría de los precios, una señal de que la influencia de la universidad en él es quizá tan fuerte como su propia influencia en la institución. Pero, como no podía ser diferente para Levitt, también trata de la corrupción.

Mientras negociaba para comprar casas, descubrió que con frecuencia el agente del propietario, aunque cautelosamente, le alentaba a hacer una oferta inferior. Esto resultaba extraño: ¿no representaba el agente el mejor interés del propietario? Entonces pensó más acerca del papel del agente. Como con muchos otros «expertos» (acuden a la mente mecánicos del automóvil y corredores de Bolsa), se cree que un agente inmobiliario conoce su campo mucho mejor que un lego en la materia. Al propietario de una casa se le alienta a confiar en la información del agente. De modo que, si el agente establece una oferta baja y afirma que podría ser lo mejor que el propietario puede esperar, el propietario tiende a creerle. Pero la clave, determinó Levitt, subyace en el hecho de que los agentes «sólo reciben una pequeña parte del incremento de la ganancia cuando la casa se vende a un precio superior». Como un corredor de Bolsa que hace rotar en exceso para incrementar las comisiones o un corredor de apuestas que se lleva un pellizco, un agente simplemente trata de cerrar un trato, cualquier trato. Por lo que puede empujar a los propietarios a vender demasiado rápido y demasiado barato.

Si Levitt pudiera calcular este efecto... De nuevo, encontró un mecanismo inteligente. Utilizando los datos de más de 50.000 ventas de casas en el condado de Cook, Illinois, comparó las cifras de las casas propiedad de agentes inmobiliarios con las de las casas en las que ellos sólo actuaban en calidad de agentes. Las casas de los agentes inmobiliarios permanecían en el mercado alrededor de diez días más y se vendían por un 2% más.

Una tarde de verano, Levitt se encuentra en su despacho, ubicado en el interior de uno de los mamotretos góticos de la universidad. El techo está manchado, el yeso alrededor de las ventanas se desmorona. Acaba de regresar de un período sabático en Stanford, y su mesa es un verdadero desastre: pilas de libros y periódicos, una taza verde usada y un exprimidor con forma de hipopótamo.

Es su tarde para reunirse con los alumnos. Levitt bebe un Mountain Dew y habla en voz baja. Algunos alumnos acuden en busca de tareas de investigación, otros de consejo. Una acaba de escribir su tesis: «La consecuencia en el mercado laboral de licenciarse en una mala economía». Para una tesis, le dice Levitt, es muy buena. Pero ahora la estudiante quiere publicarla.

«Escribes como una universitaria —dice él—. Lo que ocurre es que estás contando una historia. Hay una prefiguración en proceso, todos esos trucos. Quieres que el lector siga un camino determinado para que cuando alcance los resultados, los entienda y los crea. Pero también quieres ser sincera acerca de tus puntos débiles. La gente es mucho menos severa ante debilidades evidentes que ante debilidades ocultas, como debería ser.»

«Sé sincero acerca de tus puntos débiles.» ¿Ha existido alguna vez un académico galardonado tan sincero acerca de sus debilidades como Steven Levitt? No comprende la economía, afirma, o las matemáticas. Es un pequeño pensador en un mundo de grandes pensadores. Ni siquiera puede abrir un tarro de salsa de tomate en casa, pobre tipo.

Sus amigos dicen que la autocrítica de Levitt es tan calculada como auténtica. Dentro del mundo académico, los economistas se enorgullecen de ser los más feroces de una raza de feroces. Cualquiera que escriba acerca de *El eslabón más débil* (Levitt concluyó que los participantes discriminan a sus rivales latinos y mayores, pero no a los negros o a las mujeres) y el sumo (para mejorar sus rankings de torneos, a menudo los luchadores conspiran para amañar encuentros) mejor que no sea también arrogante.

O tal vez no se trate de autocrítica en absoluto. Tal vez sea autoflagelación. Tal vez lo que Steven Levitt realmente quiere es pasar de sus temas «tontos» y «triviales» y «banales».

Cree haber dado con algo con un nuevo estudio acerca de los nombres de los negros. Deseaba saber si alguien con un nombre particularmente «negro» sufre algún tipo de sanción económica. Su respuesta —contraria a otras investigaciones recientes— es que no. Pero ahora se le presenta una pregunta más amplia: ¿es la cultura de los negros una causa de desigualdad racial o se trata de una consecuencia? Para un economista, incluso para Levitt, se trata de un territorio desconocido, «cuantificar la cultura» lo llama. Como tarea, lo encuentra peliagudo, turbio, imposible quizás, y profundamente tentador.

De regreso a Oak Park esa noche, con su Cavalier repiqueteando tristemente por la autopista Eisenhower, se plantea diligentemente su futuro. Abandonar el mundo académico por un fondo de salvaguardia o un trabajo gubernamental no le interesa (aunque podría, como trabajo extra, abrir una empresa para atrapar a maestros tramposos). Se dice que se encuentra entre los primeros de las listas de candidatos a los departamentos de Economía. Pero el árbol que él y Jeannette plantaron cuando Andrew murió está creciendo demasiado para trasplantarlo. Da la sensación de que Levitt permanecerá en Chicago una temporada.

Levitt declara sentirse preparado para tratar problemas importantes. ¿Por ejemplo? «La evasión de impuestos. El blanqueo de dinero. Me gustaría reunir un conjunto de herramientas que nos permitiesen atrapar a los terroristas. Quiero decir que ése es el objetivo. Eso no implica necesariamente que sepa cómo lo encararía. Pero con los datos adecuados, apenas me cabe duda de que podría hallar la respuesta.»

Tal vez resulte absurdo que un economista sueñe con atrapar terroristas. Tan absurdo como habría parecido un maestro de escuela de Chicago, a quien llaman a un despacho y le comunican que... ejem, los algoritmos concebidos por un hombre flacucho y con gafas de gruesos cristales han determinado que es un tramposo. Y que está siendo despedido. Steven Levitt quizá no crea plenamente en sí mismo, pero sí cree en lo siguiente: maestros, criminales y agentes inmobiliarios pueden mentir, y también los políticos, e incluso los analistas de la CIA. Pero los números no.

2

Columnas del *New York Times*

SE ESFUMÓ
¿QUÉ LE OCURRIÓ AL CRACK?

7 de agosto de 2005

Si te basas en los medios de comunicación de noticias para obtener información, es probable que pienses que el crack es algo perteneciente al pasado. Sin embargo, si te basas en los datos, llegas a una conclusión diferente.

Calcular el consumo y el impacto de una droga como el crack no resulta fácil. No existe ninguna página *web* gubernamental que proporcione datos acerca del crack, y encuestar a los traficantes no cabe duda de que resulta poco fidedigno. Así pues, ¿cómo se puede averiguar la verdad acerca del consumo de crack? Una de las formas es observar diferentes variables imperfectas pero plausibles, incluidos los arrestos, las visitas a urgencias y las muertes por consumo de cocaína. A diferencia del volumen de cobertura mediática, los índices de todos estos factores siguen siendo sorprendentemente altos. Los arrestos por cocaína, por ejemplo, sólo han descendido un 15% aproximadamente desde el *boom* del crack de finales de los ochenta. Las muertes relacionadas con el consumo de cocaína en realidad son más numerosas ahora; al igual que el número de visitas a urgencias causadas por esta droga. Si se combinan de un modo acertado, estas variables pueden utilizarse para construir un índice útil del crack.

¿Y qué revela dicho índice? Que el consumo de crack era inexistente hasta comienzos de la década de los ochenta y aumentó de forma demencial en 1985, alcanzando su pico en 1989. Que llegó temprano a la Costa Oeste, pero donde más se extendió fue en las ciudades de estados del noreste y el Medio Atlántico. Y que produjo un nivel de violencia armada remarcable, en particular entre los jóvenes negros, que constituían el grueso de los traficantes de crack en las calles. Durante el *boom* del crack, la tasa de homicidios entre los jóvenes negros de entre trece y diecisiete años era más de cuatro veces superior. Pero quizá la mayor sorpresa en el índice del crack es el hecho de que, en 2000 —el año más reciente del cual se disponen datos— los norteamericanos seguían fumando alrededor del 70% de lo que fumaban cuando el consumo estaba en su punto más alto.

Si aún se compra y se vende tanto crack, ¿por qué no tenemos noticias de ello? Porque la violencia asociada al crack ha desaparecido en gran medida. Y era la violencia lo que hacía más relevante el crack para la clase media. ¿Qué hizo que desapareciera la violencia? Simple economía. Las bandas callejeras urbanas eran los principales distribuidores de crack. Al comienzo, la demanda de su producto era extraordinaria, al igual que los beneficios potenciales. La mayor parte de los asesinatos relacionados con el crack no eran el resultado de algún adicto al crack que atracaba a una abuela para drogarse, sino, más bien, el de un traficante que disparaba a otro —y quizás a varios transeúntes— para ganar territorio.

Pero el mercado pronto cambió. Los efectos destructores de la droga se hicieron aparentes: la gente joven veía el daño que el crack infligía a consumidores mayores y comenzó a mantenerse alejada de él. (Un estudio reciente demostró que el consumo de crack es ahora tres veces más común entre personas cerca de la cuarentena que entre adolescentes y veinteañeros.) Cuando descendió la demanda, comenzaron las guerras de precios, haciendo caer los beneficios. Y a medida que la cantidad de dinero en juego disminuía y disminuía, la violencia también se disipó. Los miembros jóvenes de las bandas siguen vendiendo crack en las esquinas, pero cuando una esquina pierde valor, hay menos incentivos para asesinar, o ser asesinado, por ella.

Entonces, ¿cómo es posible que el consumo de crack siga siendo tan elevado? Parte de la respuesta puede hallarse relacionada con la geografía. El índice muestra que actualmente el consumo ha aumentado en estados alejados de la costa, como Arizona, Minnesota, Colorado y Michigan. Pero la respuesta principal subyace en el mismo cambio de precios que redujo la violencia en el tráfico de crack. El precio ha descendido alrededor de un 75% desde su pico, lo que ha llevado a un patrón de consumo interesante: hay muchos consumidores menos, pero cada uno de ellos fuma más crack. Esto también tiene sentido económico. Si eres un abnegado adicto al crack y el precio es la cuarta parte que antes, puedes permitirte fumar cuatro veces más.

Pero, mientras que el crack ha madurado convirtiéndose en una droga que causa menos daño social, las leyes que castigan su venta siguen siendo las mismas. En 1986, en medio de la histeria nacional producida por la muerte de Len Bias, declarado uno de los mejores jugadores de la NBA y consumidor de cocaína, el congreso aprobó una legislación que castigaba la venta de sólo cinco gramos de crack con una pena obligatoria de cinco años; tendrías que vender 500 gramos de cocaína en polvo para obtener una sentencia equivalente. Esta disparidad ha sido tachada con frecuencia de racista, puesto que encarcela desproporcionadamente a negros.

En realidad, la ley probablemente tenía sentido en esa época, cuando un gramo de crack sí tenía unos costes sociales mucho más devastadores que un gramo de cocaína en polvo. Pero ya no lo tiene. Len Bias tendría ahora cuarenta años, y habría sobrevivido con creces su utilidad en los Boston Celtics. Tal vez haya llegado el momento de reconocer que la ley inspirada en su muerte ha hecho lo mismo.

¿LA VERDAD SE ENCUENTRA EN EL INTERIOR? LA VIDA DE UN PROFESOR DEDICADA A LA AUTOEXPERIMENTACIÓN

11 de septiembre de 2005

Seth Roberts es un profesor de psicología de cincuenta y dos años en la Universidad de California, en Berkeley. Si conociste a Roberts hace veinticinco años, tal vez le recuerdes como un hombre con problemas. Tenía acné, y la mayoría de los días se levantaba demasiado temprano, lo que le dejaba agotado. No estaba deprimido, pero no siempre se encontraba de buen humor. Lo más penoso para Roberts era que sufría sobrepeso: con 1,56 metros de estatura, pesaba más de noventa kilos.

Cuando te encuentras a Seth Roberts en la actualidad, es un hombre de piel despejada, descansado y completamente afable que pesa alrededor de 73 kilos y parece diez años más joven de lo que es. ¿Cómo ocurrió esto?

Comenzó cuando Roberts era estudiante de doctorado. Primero tuvo la brillante idea de convertir sus problemas personales en objeto de investigación. Entonces decidió que utilizaría su propio cuerpo como laboratorio. Así, Roberts se embarcó en uno de los períodos más prolongados de autoexperimentación científica conocidos: no sólo se tocó, pinchó y midió más de lo aconsejable, sino que registró rigurosamente cada dato en el proceso.

La autoexperimentación, pese a no ser una idea precisamente nueva en las ciencias, continúa siendo rara. Muchos científicos modernos la rechazan por no ser lo suficientemente científica: no existe un control de grupo evidente, y difícilmente puedes llevar a cabo un experimento doble-ciego cuando el investigador y el sujeto son la misma persona. Pero ¿es posible que la naturaleza no del todo científica de la autoexperimentación sea también algo bueno? Se ha descubierto que muchos experimentos científicos llevados a cabo en laboratorios, especialmente en el campo de la medicina, se ven después dañados por una mala metodología o un interés ostensible. En el caso de Roberts, su interés personal es extremado, pero al menos es evidente. Su metodología es tan simple —probar un millón de soluciones hasta dar con una que funciona— que crea la mayor transparencia.

En algunos aspectos, la autoexperimentación tiene más en común con la economía que con las ciencias puras. Sin la capacidad de llevar a cabo experimentos aleatorios, los economistas con frecuencia han de atenerse a explotar los datos que se encuentran disponibles. Digamos que eres un economista que trata de calcular el efecto del encarcelamiento en los índices de criminalidad. Idealmente, lo que desearías hacer es que varios estados elegidos al azar liberaran a 10.000 presos, mientras otros estados al azar encarcelaran a otras 10.000 personas. En ausencia de un experimento tan perfecto, te ves obligado a basarte en variables creativas, como las demandas contra varios estados por el hacinamiento en las cárceles, lo que al final lleva a liberar a un gran número de presos al azar. (Y, sí, una vez se libera a los presos, el crimen aumenta bruscamente en esos estados.)

¿Qué medio de generar datos podría ser más oportunista que explotar tu propio cuerpo? Roberts empezó con poco, con su acné, y después pasó al insomnio. Le llevó más de diez años de experimentación, pero descubrió que su insomnio matutino podía curarse si, el día anterior, recibía gran cantidad de luz de la mañana, se saltaba el desayuno y pasaba al menos diez horas de pie.

Más extraño todavía fue el remedio que encontró para elevar su ánimo: ver la televisión durante al menos una hora cada mañana, en especial bustos parlantes, pero nunca tales programas por la noche. Una vez se topó con esta solución, Roberts, como multitud de científicos, volvió la vista a la Edad de Piedra en busca de explicación. La investigación antropológica sugiere que los primeros humanos mantenían mucho contacto cara a cara cada mañana pero muy poco al anochecer, un patrón que ahora imitaba la forma de ver la televisión de Roberts.

También fue la Edad de Piedra la que basó su sistema de control de peso. A lo largo de los años, había probado una dieta de *sushi*, una dieta de pasta tubular, una dieta de cinco litros de agua al día y otras distintas. Todas resultaron infructuosas y demasiado duras o aburridas de soportar. Había llegado a abrazar la teoría de que nuestros cuerpos se hallan regulados por un «punto para set», una especie de termostato de la Edad de Piedra que establece un peso óptimo para cada persona. Este termostato, sin embargo, trabaja del modo opuesto al de tu casa. Cuando tu casa se enfría, el termostato enciende la caldera. Pero, según la interpretación de Roberts de la teoría del punto para set, cuando la comida escasea, tienes menos hambre; y ésta aumenta cuando hay un montón de comida a tu alrededor.

Esto puede parecer una regresión, como ordenar a la caldera de tu casa que funcione sólo durante el verano. Pero hay una diferencia fundamental entre la calefacción del hogar y las calorías: mientras no existe un modo eficaz de almacenar el aire caliente en tu casa para el próximo invierno, existe un modo de almacenar las calorías de hoy para un uso futuro. Se llama grasa. A este respecto, la grasa es como el dinero: puedes ganarlo hoy, depositarlo en el banco y sacarlo después cuando sea necesario.

Durante una época de escasez —una época en la que la comida siguiente dependía de una caza fructífera, no de una llamada telefónica fructífera a Hunan Garden—* este sistema de «punto para set» resultaba vital. Te permitía gastar tus ahorros de grasa cuando la comida escaseaba y hacer depósitos cuando la comida era abundante. Roberts estaba convencido de que este sistema iba acompañado de un mecanismo de señales: cuando ingerías una comida de gran sabor (que se correlacionaba con una época de abundancia) y familiar (que indicaba que habías ingerido esa comida antes y habías obtenido un beneficio), tu cuerpo pedía que almacenaras todas las calorías posibles.

Roberts comprendió que esas señales eran asociaciones adquiridas —tan fiables como la campana de Pavlov— que una vez resultaron muy útiles para la humanidad. En la actualidad, sin embargo, al menos en lugares con constantes oportunidades de comer, estas señales pueden conducir a un problema grande y gordo: la sobrealimentación rampante.

Así pues, Roberts probó este sistema de la Edad de Piedra. ¿Y si conseguía mantener su termostato bajo gracias a un menor envío de señales de sabor? Una solución obvia era una dieta blanda, pero no era de su interés. (En realidad, Roberts es un auténtico *gourmet*.) Tras una larga experimentación, descubrió dos agentes capaces de engañar al sistema de «punto para set». Unas cucharadas de aceite sin saborizantes (utilizó aceite de canola o de oliva extra light), ingeridas varias veces al día entre las comidas, proporcionaban a su cuerpo algunas calorías, pero no activaban la señal para abastecerse de más. Unos gramos de agua azucarada (utilizó fructosa granulada, que contiene un índice glucémico inferior al del azúcar refinado) producían el mismo efecto. (La dulzura no parece actuar como un «sabor» en el sistema de señales calóricas del cuerpo.)

Los resultados fueron increíbles. Roberts perdió dieciocho ki-

* Conocido restaurante de comida china en Estados Unidos. *(N. de la T.)*

los y no volvió a recuperarlos. Podía comer bastante cuando quería y lo que quería, pero tenía mucha menos hambre que nunca. Amigos y colegas probaron su dieta, normalmente con resultados similares. Su régimen parece cumplir una serie de requisitos que muchas dietas comerciales no cumplen: era fácil, se basaba en una teoría científica y, lo más importante, Roberts no pasaba hambre.

En la comunidad académica, la autoexperimentación de Roberts ha encontrado críticos, pero también serios admiradores. Entre los últimos se encuentra el estimado psicólogo Robert Rosenthal, quien ha elogiado a Roberts por «abordar los datos con un espíritu explorador más que, o al menos además de, con un espíritu de confirmación» y por considerar los datos de análisis «como la oportunidad de enfrentarse a una sorpresa». Rosenthal se atrevió incluso a prever «una época en el futuro en la que el "autoexperimentador" se convierta en una profesión a tiempo parcial (o completo)».

Pero, ¿funcionará realmente la extraña solución para el control de peso de Seth Roberts —él la denomina «Dieta Paraíso Terrenal»— para los millones de personas que la necesitan? Pronto lo averiguaremos. Con la compañía dietética de Atkins camino de la bancarrota, Estados Unidos está ansioso por una nueva moda dietética. Y quizá varias cucharadas de azúcar sean justo el tipo de sacrificio que los norteamericanos puedan sobrellevar.

CONTROLAR A TU PERRO
¿PUEDE LA TECNOLOGÍA MANTENER LA CIUDAD DE NUEVA YORK LIBRE DE EXCREMENTOS?

2 de octubre de 2005

Veinticinco toneladas. Ésa es la cantidad diaria de estiércol producido por los 200.000 caballos que transportaban personas y mercancías en Nueva York a finales del siglo XIX. Gran parte del estiércol no se recogía, lo cual planteaba un problema terrible. (Por no mencionar la orina de los equinos, el ruido ensordecedor de los cascos o los cuerpos de los animales muertos que se dejaban pudrir en la calle.) El estiércol estaba tan extendido y eran tan oloroso que las casas de piedra rojiza se construían con las entradas en el segundo piso para que los propietarios pudieran elevarse sobre él.

Como muchos problemas abrumadores similares, éste se resolvió, de forma bastante sencilla, gracias a la tecnología. El tranvía eléctrico y más tarde el automóvil llevaron a la desaparición de los caballos, y con ellos se fue su estiércol.

La mayor parte de los excrementos animales producidos en el Nueva York de hoy procede de nuestros perros. (El cálculo aproximado de la población canina varía ampliamente, pero un millón parece una cifra acertada.) Toda su caca no está ahí, por supuesto. En 1978, Nueva York aprobó su famosa (y extensamente imitada) ley «*pooper scooper*»,* y la ciudad se halla claramente más limpia, es más consciente del problema, de lo que era. Pero, con una multa de tan sólo cincuenta dólares por la primera infracción, la ley no proporciona demasiado incentivo económico para recoger detrás de tu perro. Tampoco parece hacerse respetar de forma enérgica. Supongamos que el 99% de los propietarios de perros obedecen la ley. Eso aún nos deja 10.000 perros cuya caca se queda en espacios públicos a diario. Durante el pasado año, la ciudad sólo multó 471 violaciones de la ley relativa a los excrementos de perro, lo que sugiere que el infractor típico sólo se enfrenta a una probabilidad de 1 contra 8.000 de ser multado. Entonces, hay un misterio: ¿por qué tanta gente recoge lo que dejan sus perros? Éste sería al parecer un caso en el que los incentivos sociales —la mirada dura de un transeúnte y el sentimiento de culpabilidad del infractor— son al menos tan poderosos como los incentivos económicos y legales.

Si las fuerzas sociales avanzan la mayor parte, ¿cómo nos enfrentamos al bellaco ocasional que no usa la pala? Después de todo, un paseo por cualquier barrio de Nueva York confirma que el cumplimiento de la ley no es precisamente total. El departamento de Parques, entretanto, que realiza comprobaciones regulares de limpieza de parques y áreas de juegos infantiles, afirma que la caca de perro sólo representa el 20% de sus «incumplimientos de limpieza». La caca de perro es obviamente mucho menos molesta que el estiércol de caballo. Pero si eres, digamos, un padre que lleva a dos

* Nombre coloquial que se da a la pala utilizada para recoger el excremento de los perros en las calles. *(N. de la T.)*

hijos a la escuela a pie cada día y trata de que ninguno de los tres experimente ese suave «plaf» revelador de un paso mal dado, resulta molesto de todas maneras.

En el caso de los caballos, la solución fue sencillamente eliminarlos. ¿Existe alguna forma de deshacerse de la caca de perro sin deshacerse de los perros? Tal vez ayude por un momento pensar en un perro como si se tratase de un arma. Utilizar la ley para eliminar las armas ha demostrado ser extremadamente difícil. Un arma determinada dura mucho tiempo y, como con los perros, las armas son queridas por mucha gente. Pero deshacerse de las armas nunca debería haber sido el objetivo del control de armas; el objetivo, más bien, debería ser deshacerse del mal uso de las armas, es decir, el uso de éstas en crímenes. Por consiguiente, las políticas más exitosas son aquellas que castigan directamente el mal uso, como las sentencias a prisión obligatorias por cualquier crimen que envuelva un arma. En California y en otros lugares, tales medidas han reducido el crimen sustancialmente.

De un modo similar, el problema en Nueva York no se debe tanto a los perros en sí. De modo que quizá tratar el problema real —su caca— dará lugar a una solución.

Una idea: el muestreo de ADN. Durante el proceso de obtención de licencia, todos los perros deberán proporcionar una muestra de saliva o de sangre para establecer un expediente de ADN. Entonces, cuando se encuentre una montaña de caca en la acera, se puede tomar una muestra para establecer el ADN del infractor. (Debido a que el estómago y las paredes intestinales liberan tantas células, la caca es en realidad una fuente sólida de ADN; durante un juicio de asesinato en Indiana en 2002, el acusado fue condenado en gran parte porque la caca de perro hallada en la suela de su zapatilla le relacionaba con la escena del crimen.) Una vez el ADN fecal coincide con el expediente de ADN de un perro determinado, se enviará una multa a su propietario. Podría costar alrededor de treinta millones de dólares establecer una muestra de ADN de todos los perros de Nueva York. Si la gente deja de violar la ley, entonces Nueva York habrá gastado treinta millones de dólares en disfrutar de unas calles limpias; si no, los treinta millones de dólares serán el capital iniciador para un nuevo torrente de ingresos.

Por desgracia, este plan presenta un gran inconveniente. Para hacer coincidir un montón de caca con su fuente, es necesario tener el ADN de todos los perros en expediente, y en 2003, el año más reciente en los archivos, sólo 102.004 perros en Nueva York tenían licencia. Pese a que legalmente se necesita una licencia, y que sólo cuesta 8,50 dólares al año y se puede obtener fácilmente por correo, la mayoría de los propietarios de perros desconocen la ley, y por una buena razón: el año pasado, sólo se despacharon sesenta y ocho citaciones en la ciudad de Nueva York por perros sin licencia. De modo que, aunque el plan del ADN se aprobara hoy, la mayoría de los infractores seguirían sin recibir castigo alguno.

De hecho, es lógico que el perro típicamente con licencia tenga menos probabilidades de infringir la ley que el perro típicamente sin licencia, dado que el tipo de propietario que es lo suficientemente responsable como para obtener una licencia también es muy probable que sea lo suficientemente responsable para limpiar tras su can. Entonces, ¿cómo lograr que todos los perros de Nueva York tengan licencia? En lugar de cobrar incluso una suma simbólica, la ciudad tal vez quiera que la gente pague por las licencias de sus perros. Y entonces, en lugar de tratar la ley de obtención de licencias como opcional, hacerla cumplir de verdad. Establecer controles aleatorios de licencias de perro puede molestar a algunos neoyorquinos, pero sin duda encaja en el enfoque de las «ventanas rotas» de la época de Giuliani del crimen a bajo nivel.

Antes de que rechaces toda la idea del ADN canino como idiota —lo cual, sinceramente, estuvimos a punto de hacer en cuanto surgió en nuestras cabezas— considera lo siguiente: resulta que los líderes de las ciudades de Viena y Dresden han presentado la misma idea. (En efecto, uno de los políticos de Viena citó al alcalde Giuliani como inspiración.) Más cerca de casa, una alumna de octavo curso en Hoboken, Nueva Jersey, también propuso la solución del ADN.

El año pasado, durante un pleno del Ayuntamiento de Hoboken, Lauren Mecka, hija de un capitán de policía, expuso su caso en torno a la caca de perro. «Mientras adultos como ustedes se sienten horrorizados e indignados por la visión de la caca de perro sin recoger que adorna nuestros parques y aceras —dijo—, son los niños como yo misma y más jóvenes quienes corren mayor riesgo de contacto y exposición. Somos nosotros quienes montamos en bicicleta, jugamos a la pelota y patinamos por las aceras de la ciudad. Y somos nosotros quienes celebramos nuestros picnics, representamos nuestras aventuras y fantaseamos con matar al dragón sobre la hierba de nuestros parques.»

El ayuntamiento, dice Mecka hoy, no pareció tomar su propuesta en serio. ¿Por qué? «La rechazaron, básicamente, porque yo era una niña de doce años», contesta.

¿POR QUÉ VOTAR? NO EXISTEN MOTIVOS ECONÓMICOS PARA ACUDIR A LAS URNAS, ASÍ QUE, ¿QUÉ ES LO QUE IMPULSA EL INSTINTO DEMOCRÁTICO?

6 de noviembre de 2005

Dentro de los departamentos de Economía de ciertas universidades, corre una historia famosa aunque probablemente apócrifa acerca de dos economistas de renombre internacional que se encuentran ante la cabina electoral.

—¿Qué haces aquí? —pregunta uno de ellos.

—Mi mujer me ha hecho venir —contesta el otro.

El primer economista asiente con la cabeza.

—Lo mismo.

Tras un momento de vergüenza por ambas partes, uno de ellos urde un plan:

—Si tú prometes no decirle nunca a nadie que me has visto aquí, yo nunca le diré a nadie que te he visto a ti.

Se dan la mano, terminan el asunto de la votación y salen disparados.

¿Por qué se avergonzaría un economista de ser visto en la cabina electoral? Porque votar exige un coste —de tiempo, esfuerzo, productividad perdida— sin recompensa perceptible excepto quizás una vaga sensación de haber cumplido con tu «deber cívico». Como escribió la economista Patricia Funk en un estudio reciente: «Un individuo racional debería abstenerse de votar.»

La probabilidad de que tu voto influya realmente en el resultado de una elección determinada es muy, muy, muy escasa. Esto fue documentado por los economistas Casey Mulligan y Charles Hunter, que analizaron más de 56.000 elecciones al Congreso y a la asamblea legislativa desde 1898. Pese a toda la atención prestada por los medios de comunicación a las elecciones reñidas, resulta que éstas son realmente excepcionales. El margen medio de victoria en las elecciones al Congreso era del 22%; en las legislativas, era del 25%. Incluso en las elecciones más reñidas, casi nunca se da el caso de que un solo voto sea fundamental. De las más de 40.000 elecciones por legisladores del estado que Mulligan y Hunter analizaron, que comprendían mil millones de votos, sólo siete se decidieron por un solo voto, con otras dos empatadas. De las más de 16.000 elecciones al Congreso, en las cuales vota mucha más gente, en los últimos cien años sólo una —una carrera de 1910 en Buffalo— se decidió por un único voto.

Pero hay algo más importante: cuanto más reñidas son unas elecciones, más probable es que su resultado sea arrebatado de las manos de los votantes; el ejemplo más vívido, por supuesto, es la carrera por la presidencia en 2000. Es cierto que el resultado de esas elecciones fue cuestión de un puñado de votantes; pero sus nombres eran Kennedy, O'Connor, Rehnquist, Scalia y Thomas. Y sólo fueron los votos que emitieron mientras llevaban sus togas los que importaron, no los que podrían haber emitido en sus distritos electorales.

Aun así, la gente continúa votando, a millones. ¿Por qué? Aquí exponemos tres posibilidades:

1. Tal vez sencillamente no somos muy brillantes y, por lo tanto, creemos que nuestros votos influirán en los resultados.
2. Quizá votamos con el mismo ánimo con el que compramos los billetes de lotería. Después de todo, las probabilidades de ganar la lotería y de influir en unas elecciones son bastante similares. Desde una perspectiva económica, jugar a la lotería es una mala inversión. Pero es divertido y relativamente barato: por el precio de un número, compras el derecho a imaginar cómo gastarías el premio, como cuando imaginas que tu voto tendrá algún impacto en la política.
3. Quizá se nos ha socializado con la idea del voto como deber cívico, bajo la creencia de que es bueno para la sociedad

que la gente vote, aun cuando no sea particularmente bueno para el individuo. Y, de ese modo, nos sentimos culpables por no votar.

Pero, espera un momento, dices. Si todo el mundo pensara en las elecciones como lo hacen los economistas, quizá no habría elecciones en absoluto. Ningún votante acude a las urnas creyendo realmente que su solo voto afectará al resultado, ¿verdad? ¿Y no resulta cruel sugerir siquiera que su voto no merece la pena ser emitido?

Éste es sin duda terreno resbaladizo: el comportamiento aparentemente sin sentido de un individuo, que, en conjunto, adquiere bastante significado. Proponemos un ejemplo similar a la inversa. Imagina que tú y tu hija de ocho años dais un paseo por un jardín botánico cuando de repente ella arranca una flor resplandeciente de un árbol.

—No deberías hacer eso —te oyes decir.

—¿Por qué no? —pregunta ella.

—Bueno —razonas tú—, porque si todo el mundo cogiese una flor, no quedaría ninguna.

—Sí, pero todo el mundo no las está cogiendo —dice ella mirándote—. Sólo yo.

En otros tiempos, existían incentivos más pragmáticos para votar. Los partidos políticos pagaban a los votantes regularmente cinco o diez dólares por depositar la papeleta correcta; en ocasiones el pago llegaba en forma de barril de whisky, de saco de harina o, en el caso de una carrera por el Congreso en New Hampshire, de un cerdo vivo.

Tanto entonces como ahora, mucha gente se preocupa por el descenso del número de votantes —sólo ligeramente más de la mitad de las personas con derecho a voto participaron en las últimas elecciones presidenciales—, pero tal vez merezca más la pena enfrentarse a este problema desde la raíz y formular una pregunta distinta: teniendo en cuenta que un voto individual casi nunca importa, ¿por qué tanta gente se molesta en votar?

La respuesta puede hallarse en Suiza. Allí es donde Patricia Funk descubrió un experimento natural maravilloso que le permitió hacer una evaluación sofisticada del comportamiento de los votantes.

A los suizos les encanta votar, en elecciones parlamentarias, plebiscitos, en lo que salga. Pero la participación había comenzado a descender con los años (tal vez también allí dejaron de regalar cerdos vivos), de modo que se introdujo una nueva opción: el voto por correo. Mientras que en Estados Unidos cada votante ha de registrarse, el caso de Suiza es diferente. Todos los ciudadanos suizos con derecho a voto comenzaron a recibir automáticamente una papeleta por correo, que podían rellenar y devolver por correo.

Desde la perspectiva de un científico social, la organización de este plan de voto por correo presentaba una gran ventaja: como se introdujo en diferentes cantones (los 26 distritos que componen Suiza) en diferentes años, permitía un cálculo altamente desarrollado de sus efectos en el tiempo.

Un votante suizo nunca volvería a tener que tambalearse hasta las urnas en medio de una tormenta; el coste de emitir una papeleta había descendido de forma significativa. Un modelo económico prediría por lo tanto que el número de votantes aumentase sustancialmente. ¿Es eso lo que ocurrió?

En absoluto. En realidad, el número de votantes con frecuencia disminuyó, especialmente en cantones más pequeños y en las comunidades más pequeñas de los cantones. Este hallazgo podría tener serias implicaciones para los que abogan por el voto por Internet, que, se ha defendido mucho, facilitaría el voto y por consiguiente aumentaría el número de votantes. Pero el modelo suizo indica que podría ocurrir exactamente lo contrario.

Pero, ¿por qué es éste el caso? ¿Por qué demonios votaría menos gente cuando el coste de hacerlo ha disminuido?

Esto nos lleva de nuevo a los incentivos que se encuentran detrás del voto. Si un ciudadano determinado no tiene posibilidades de que su voto afecte al resultado, ¿por qué se molesta? En Suiza, como en Estados Unidos, «existe una norma social bastante fuerte consistente en que un buen ciudadano debería acudir a las urnas —escribe Funk—. Mientras el voto en las urnas era la única opción, existía un incentivo (o presión) para acudir a las urnas sólo para ser visto depositando el voto. La motivación podría ser el deseo de consideración social, los beneficios de ser percibido como alguien que coopera o simplemente evitar sanciones informales. Dado que en comunidades pequeñas la gente se conoce entre sí y cotillea acerca de quién cumple con sus deberes cívicos y quién no, los beneficios de la observancia de la norma eran especialmente altos en este tipo de comunidad».

En otras palabras, sí votamos por interés propio —una conclusión que satisfará a los economistas—, pero no necesariamente por el mismo interés propio que el indicado por nuestra verdadera elección de papeleta. Pese a toda la discusión acerca de cómo la gente «vota según su bolsillo», el estudio suizo sugiere que tal vez nos vemos menos empujados a votar por un incentivo económico que por uno social. Es posible que la recompensa más valiosa de votar sea sencillamente la de ser visto en el colegio electoral por tus amigos y compañeros de trabajo.

A menos, por supuesto, que resulte que eres economista.

LA ECONOMÍA DEL DESEO
¿EL MIEDO AL SIDA PUEDE CAMBIAR LA PREFERENCIA SEXUAL?

11 de diciembre de 2005

¿Qué es un precio?

A menos que seas economista, probablemente piensas en un precio simplemente como la suma que pagas por algo determinado (el número de dólares que entregas, por ejemplo, por el almuerzo del domingo en su restaurante favorito del barrio). Pero, para un economista, el precio es un concepto mucho más amplio. Los veinte minutos que pasas esperando por una mesa forman parte del precio. También lo hace cualquier inconveniente nutricional de la comida en sí: una hamburguesa con queso, como ha calculado el economista Kevin Murphy, cuesta 2,5 dólares más que una ensalada en repercusiones en la salud a largo plazo. Asimismo, hay costes morales y sociales que tener en cuenta; por ejemplo, la mirada de desprecio de tu compañero de mesa vegetariano cuando pides la hamburguesa. Aunque la carta del restaurante fija el precio de la hamburguesa en 7,95 dólares, es obvio que se trata sólo del comienzo.

La regla más básica de la economía es que un aumento de precio conduce a una demanda de menor cantidad. Esto se aplica para una comida en un restaurante, un trato inmobiliario, una educación universitaria o casi cualquier cosa que se te ocurra. Cuando el precio de un artículo aumenta, compramos menos cantidad de éste (lo que no significa, por supuesto, que queramos menos).

¿Qué hay del sexo? El sexo, la actividad humana más irracional, no podría responder a la teoría racional de los precios, ¿verdad?

Salvo en algunas situaciones obvias, generalmente no pensamos en el sexo en términos de precios. La prostitución es una de tales situaciones; el cortejo es otra: algunos hombres parecen considerar una cena cara como una inversión en la persecución de un beneficio sexual.

Pero ¿cómo pueden influir los cambios de precios en el comportamiento sexual? ¿Y pueden esos cambios tener algo que comunicarnos acerca de la naturaleza del sexo en sí?

Un ejemplo escueto: un hombre que es encarcelado encuentra que el precio del sexo con una mujer se ha disparado —en términos de escasez de oferta— y tiene muchas más probabilidades de mantener relaciones sexuales con hombres. El aumento del sexo oral entre los adolescentes norteamericanos acomodados también parece ilustrar la teoría de los precios: debido a la posibilidad de enfermedad o embarazo, el coito es costoso, y ha llegado a ser considerado por algunos adolescentes como una garantía no deseada y costosa de compromiso. Desde esta perspectiva, el sexo oral puede contemplarse como una alternativa más barata.

En décadas recientes, hemos sido testigos del nuevo precio más desorbitado asociado al sexo: el virus VIH. Debido a que el sida es potencialmente mortal y a que puede extenderse con relativa facilidad a través del sexo entre dos hombres, la aparición del sida a principios de los ochenta causó un incrementó significativo en el precio del sexo homosexual. Andrew Francis, estudiante de Economía de la Universidad de Chicago, ha tratado de poner una cifra en dólares a este cambio. Fijando el valor de una vida estadounidense en dos millones de dólares, Francis calculó que, en términos de mortalidad relacionada con el sida, a un hombre le costaba 1,923.75 dólares en 1992 (el pico en la crisis del sida) mantener relaciones sexuales sin protección con un hombre gay norteamericano al azar frente a menos de un dólar con una mujer al azar. Aunque el uso del preservativo reduce en gran medida el riesgo de contraer sida, un condón es, por supuesto, un coste más asociado al sexo. En un estudio acerca de la prostitución mexicana, el economista de Berkeley Paul Gertler y dos coautores demostraron que, cuando un cliente pedía mantener relaciones sexuales sin preservativo, una prostituta típicamente cobraba un 24% extra sobre su tarifa estándar.

Francis, en el borrador de un estudio titulado «La economía de la sexualidad», trata de ir mucho más allá de las cifras en dólares. Presenta un argumento empírico que puede cuestionar de forma fundamental el modo en que la gente piensa acerca del sexo.

Al igual que con infinidad de comportamientos que los científicos sociales tratan de analizar, el sexo es un tema delicado. Pero Francis descubrió un conjunto de datos que ofrecía algunas posibilidades fascinantes. El National Health and Social Life Survey, patrocinado por el gobierno de Estados Unidos y un puñado de organizaciones, formuló a casi 3.500 personas preguntas bastante sorprendentes acerca del sexo: los diferentes actos sexuales practicados y con quién y cuándo; cuestiones acerca de la preferencia y la identidad sexuales; si conocían a alguien con sida. Como en el caso de cualquier información de primera mano, cabía la posibilidad de que el estudio no fuese fiable, pero había sido diseñado para asegurar el anonimato y generar respuestas sinceras.

El estudio se concluyó en 1992, cuando la enfermedad era mucho menos tratable que hoy. Francis primero intentó ver si existía una correlación positiva entre tener un amigo con sida y expresar una preferencia por el sexo homosexual. Como esperaba, existía. «Después de todo, la gente escoge a sus amigos —explica—, y los homosexuales tienen más probabilidades de tener como amigos a otros homosexuales.»

Pero uno no escoge a su familia. De modo que lo siguiente que hizo Francis fue buscar una correlación entre tener un familiar con sida y expresar una preferencia homosexual. En esta ocasión, en el caso de los hombres, la correlación era negativa. Esto no parecía tener sentido. Muchos científicos creen que la orientación sexual de una persona está determinada antes del nacimiento, como una función del destino genético. En todo caso, las personas de la misma familia deberían tener más probabilidades de compartir la misma orientación. «Entonces me di cuenta, oh, Dios mío, de que tenían miedo del sida», declara Francis.

Francis concentró su atención en este subconjunto de alrededor de 150 encuestados que tenían un familiar enfermo de sida. Debido a que el estudio recababa las historias sexuales de los encuestados además de sus respuestas actuales acerca del sexo, le permitió a Francis calcular, aunque de forma rudimentaria, cómo podían haber cambiado sus vidas como resultado de haber visto de cerca los costosos horrores del sida.

Esto es lo que descubrió: ni un solo hombre del estudio que tenía un familiar enfermo de sida declaró haber mantenido relaciones sexuales con un hombre en los cinco años anteriores; ni un solo hombre en ese grupo declaró sentirse atraído por los hombres o considerarse homosexual. Las mujeres de ese grupo también evitaban el sexo con los hombres. En cuanto a ellas, el porcentaje de haber mantenido relaciones sexuales con mujeres recientemente y declarar la identidad y atracción homosexuales era más del doble que en el caso de las que no tenían un familiar enfermo de sida.

Debido a que el volumen de la muestra era tan reducido —la simple casualidad sugiere que no más de un puñado de hombres en un grupo de ese tamaño se sentiría atraído por los hombres—, resulta difícil alcanzar conclusiones definitivas a partir de los datos del estudio. (Obviamente, no todos los hombres cambian su comportamiento o identidad sexual cuando un pariente contrae el sida.) Pero, en conjunto, las cifras del estudio de Francis sugieren que puede existir un efecto causal: que tener un pariente con sida puede cambiar no sólo el comportamiento sexual, sino también la identidad que se asume y el deseo.

En otras palabras, la preferencia sexual, aunque tal vez se encuentre en gran medida predeterminada, también puede estar sujeta a las fuerzas más típicamente asociadas a la economía que a la biología. Si esto resulta ser cierto, cambiaría el modo en que todo el mundo —científicos, políticos, teólogos...— piensa acerca de la sexualidad. Pero probablemente no cambie excesivamente el modo en que piensan los economistas. Para ellos, siempre ha estado claro: nos guste o no, todo tiene su precio.

¿ENGAÑADOS?
¿IMPORTA SI UN ACTIVISTA QUE SACA A LA LUZ LAS ACTIVIDADES INTERNAS DEL KU KLUX KLAN NO ES SINCERO ACERCA DE CÓMO CONSIGUIÓ DICHOS SECRETOS?

8 de enero de 2006

Nuestro libro *Freakonomics* incluye un capítulo titulado «¿En qué se parece el Ku Klux Klan a un grupo de agentes inmobiliarios?». Este capítulo fue nuestro intento de dar vida al concepto económico conocido como asimetría de la información, un estado en el que en una transacción una de las partes posee mejor información que otra. Probablemente resulta evidente que los agentes inmobiliarios por lo general cuentan con mejor información que sus clientes. La historia del Klan era quizá menos obvia. Defendíamos que el secretismo del Klan —sus rituales, lenguaje inventado, contraseñas, etcétera— formaba una asimetría de la información que fomentaba su objetivo de atemorizar a personas negras y de otros grupos.

Pero el Klan no era el héroe de nuestra historia. El héroe era un hombre llamado Stetson Kennedy, un hombre blanco, natural de Florida y procedente de una familia tradicional, que desde una edad temprana trató de atacar las injusticias raciales y sociales. De todas sus cruzadas —por el sindicalismo, el derecho al voto y otras incontables causas—, Kennedy es más conocido por enfrentarse al Klan en los años cuarenta. En su libro *The Klan Unmasked* (originalmente publicado en 1954 como *Cabalgué con el Ku Klux Klan*), Kennedy describe cómo adoptó una identidad falsa para infiltrarse en la sección principal del Klan en Atlanta, fue elegido para servir como *klavalier* (un hombre de mano dura del Klan) y repetidamente se encontró a sí mismo en el centro de acontecimientos sorprendentes, exponiéndose en todo momento a un gran riesgo personal.

¿Qué hizo Kennedy con toda la información secreta que reunió? La divulgó por todas partes: a fiscales del Estado, a grupos por los derechos humanos e incluso a locutores como Drew Pearson y los productores del programa de radio *Superman*, que emitieron públicamente las actividades hasta el momento secretas del Ku Klux Klan. Kennedy cogió una asimetría de la información y vituperó al Klan. Y al hacerlo, escribimos nosotros, desempeñó un papel importante en la sofocación del renacimiento del Klan en los Estados Unidos de posguerra.

Kennedy ha sido debidamente loado por su activismo: su amigo Woody Guthrie escribió una vez una canción acerca de él, y recientemente se ha declarado un Día de Stetson Kennedy en St. John's County, Florida, donde Kennedy aún reside. Allí es donde le entrevistamos hace casi dos años; nuestra versión de su sorprendente historia real se basó en dichas entrevistas, *The Klan Unmasked* y una pequeña montaña de libros de historia y artículos de periódico.

Pero, ¿la historia de Kennedy es tan cierta como sorprendente?

Ésa es la pregunta inquietante que empezó a perseguir a otro autor de Florida, Ben Green, que en 1992 comenzó a escribir un libro acerca de Harry T. Moore, defensor de los derechos civiles negro asesinado en 1951. Durante un tiempo, Stetson Kennedy colaboró en el libro. Aunque Green sólo estaba interesado en la infiltración de Kennedy en el Klan de forma tangencial —no era fundamental para la historia de Moore— al final consultó los voluminosos archivos de Kennedy, conservados en bibliotecas de Nueva York y Atlanta.

Estos documentos reflejaban la vida extraordinariamente pintoresca de un hombre que había sido, entre otras cosas, poeta, folclorista, periodista de escándalos y activista sindical. Pero Green quedó consternado al descubrir que la historia narrada en los propios documentos de Kennedy difería bastante de lo que Kennedy escribió en *The Klan Unmasked*.

En *The Klan Unmasked*, Kennedy se hacía pasar por un vendedor de enciclopedias llamado John Perkins que, en una de sus primeras maniobras secretas, visita al antiguo gobernador de Georgia —supuesto simpatizante del Klan— y se congracia con él al ofrecerse para distribuir alguna literatura de odio. Sin embargo, uno de los documentos de los archivos de Kenndy indica que éste en efecto se había entrevistado con el ex gobernador, pero no como infiltrado. En realidad, le había entrevistado para un libro que estaba escribiendo (este documento tampoco menciona ninguna literatura de odio).

Un examen detenido de los archivos de Kennedy parece revelar un tema recurrente: entrevistas legítimas que realizó a líderes y simpatizantes del Klan reaparecerían en *The Klan Unmasked* en diferentes contextos y con diferentes hechos. En una vena similar, los archivos ofrecen pruebas de que Kenndy cubrió actos públicos del Klan en calidad de reportero, pero después los narró en su libro como proezas secretas. Kennedy también había amasado una gran cantidad de literatura acerca del Klan y otros grupos de odio en los que se había introducido, pero sus propios archivos sugieren que se unió a la mayoría de estos grupos por correo.

Así pues, ¿Kennedy se infiltró personalmente en el Klan en Atlanta, como describe *The Klan Unmasked*?

En sus archivos se encuentra una serie de memorandos presentados a la Liga Antidifamación, uno de los diferentes grupos por los derechos civiles a los que Kennedy informaba. Algunos de los memorandos eran obra suya; otros fueron escritos por un hombre identificado como John Brown, sindicalista y antiguo dirigente del Klan reformado que se ofreció para infiltrarse en el Klan. «Este trabajador se va a unir al Klan por mí —escribió Kennedy en un memorando a principios de 1946—. Estoy seguro de que es de confianza.»

En memorandos posteriores —en realidad, en cientos de páginas de correspondencia variada de Kennedy de la época—, Kennedy atribuía con total naturalidad parte de su información más poderosa a John Brown: declaraba que uno de los memorandos era «una crónica de mi informante en el interior del Klan acerca de la reunión del Klan de Atlanta No. 1 el 12 de agosto y del Klan de Atlanta No. 297 el 15 de agosto». A medida que John Brown suministraba información a Kennedy, Kennedy entonces la transmitía a grupos como la Liga Antidifamación, además de a fiscales y periodistas. No fue hasta que escribió *The Klan Unmasked*, varios años después, cuando Kennedy se colocó a sí mismo, como Zelig, en el centro de toda la acción.

Ben Green, pese a los meses pasados inmerso en los archivos de Kennedy, no pudo identificar al hombre una vez conocido como John Brown. Green sí consiguió entrevistar a Dan Duke, un antiguo fiscal del Estado que, como se presentaba en *The Klan Unmasked*, trabajó estrechamente con Kennedy. Duke reconocía que Kennedy «se introdujo en algunas reuniones [del Klan]», pero cuestionó abiertamente la descripción dramatizada de la relación por parte de Kennedy. «Nada de eso ocurrió», le dijo a Green. En 1999, cuando finalmente Green publicó su libro sobre Harry T. Moore, *Before His Time*, éste contenía una nota al pie que calificaba *The Klan Unmasked* como «una novelización».

Green no es la única persona que ha concluido que Kennedy ha alterado la verdad. Jim Clark, que imparte historia en la Universidad de Central Florida, declara que Kennedy «construyó una reputación nacional sobre muchas cosas que no ocurrieron». Meredith Babb, directora de University Press de Florida, editorial que ha publicado cuatro de los libros de Kennedy, llama ahora a Kennedy «folclorista emprendedor». Pero, salvo por la nota al pie de Green, todos guardaron silencio hasta que la presentación de las andanzas de Kennedy en *Freakonomics* produjo una nueva ronda de atención. ¿Por qué? «Sería como matar a Santa Claus —declara Green—. Para mí, la parte más triste de esta historia es que lo que realmente hizo no fue suficiente para él, y se sintió empujado a inventar, embellecer o cosechar el mérito de cosas que él no hizo.»

Cuando hace varias semanas, durante un almuerzo cerca de su casa de Florida, se le presentaron documentos de sus propios archivos y se le preguntó directamente si *The Klan Unmasked* estaba de algún modo «refundido y novelado», Kennedy respondió de forma negativa. «Pero, más allá de eso, no.» Cuando se le presionó, Kennedy sí admitió que «en algunos casos cogí los informes y notas de este otro tipo y los incorporé a una única narración». Resulta que Kennedy había admitido tal cosa al menos en otra ocasión. Peggy Bulger, directora del Centro Norteamericano de Folclore en la Biblioteca del Congreso, escribió una disertación en 1992 titulada «Stetson Kennedy: folclore aplicado y defensa cultural», basada en parte en exhaustivas entrevistas con su sujeto. En una nota final, Bulger escribe que «Kennedy combinó sus experiencias personales de incógnito con los relatos proporcionados por John Brown en su obra *Cabalgué con el Ku Klux Klan* en 1954.»

Por supuesto, no nos alegró demasiado enterarnos de que una

historia que habíamos incluido en *Freakonomics* se construía sobre unos cimientos tan poco sólidos —en especial cuando el libro está destinado a derribar elementos de la sabiduría convencional en lugar de reafirmarlos, y en lo que respecta a Stetson Kennedy, el elemento de sabiduría más convencional de todos es su reputación como infiltrado en el Klan.

También está el hecho de que en nuestra obra defendemos una menor dependencia de la anécdota en favor de los datos, con la idea de que los números tienden a mentir menos que las personas. Pero la historia de Stetson Kennedy era una larga serie de anécdotas, que, independientemente de las veces que hubieran sido citadas durante décadas, habían sido creadas casi todas por la misma fuente de interés propio.

Tal vez lo único que importa es la larga vida de Kennedy luchando del lado correcto. Tal vez, tomando prestada la fraseología de Peggy Bulger, un objetivo de «defensa cultural» requiere el uso de «folclore aplicado» más que el tipo de franqueza que debería ser más típico de la historia o el periodismo. Una cosa que sí sigue siendo cierta es que Kennedy era sin duda un maestro de la asimetría de la información. Hasta, claro está, que los datos le alcanzaron.

COMPLETAR EL VACÍO DE LOS IMPUESTOS
POR QUÉ LOS NORTEAMERICANOS DEBERÍAN PEDIR A GRITOS QUE HACIENDA REALICE MÁS INSPECCIONES, NO MENOS

2 de abril de 2006

Ésta es la época del año en que los ciudadanos estadounidenses piensan inevitablemente en Hacienda y, también inevitablemente, en cuánto la odian. Pero la mayoría de la gente que odia Hacienda probablemente lo hace por las razones equivocadas. Creen que es una agencia cruel e implacable, pero en realidad apenas es lo cruel e implacable que debería ser.

Lo primero que cabe recordar es que Hacienda no redacta el código fiscal. La agencia señala rápidamente con el dedo al verdadero villano: «En Estados Unidos el Congreso aprueba las leyes fiscales y exige que los contribuyentes las acaten», dice su declaración de misión. «El papel de Hacienda consiste en ayudar a la gran mayoría de los contribuyentes que cumplen con su deber con la ley fiscal, al tiempo que se asegura de que la minoría que no está dispuesta a acatarla paga lo que le corresponde.»

Así pues, Hacienda es como un policía de calle o, más exactamente, la mayor flota de policías de calle del mundo, a los que se les pide que hagan respetar las leyes escritas por varios cientos de personas en beneficio de varios cientos de millones de personas, gran parte de los cuales encuentra estas leyes demasiado complicadas, demasiado caras o injustas.

Y aun así, la mayoría de los norteamericanos declaran enorgullecerse de pagar sus impuestos. En un sondeo independiente realizado el año pasado por la Junta de Supervisión de Hacienda, el 96% de los encuestados estaba de acuerdo con la afirmación de que «Es deber cívico de todo estadounidense pagar los impuestos que le corresponden», mientras el 93% estaba de acuerdo con que a todas las personas que «defraudan debería imputárseles su responsabilidad». Por otro lado, cuando se les preguntaba qué influye en su decisión de declarar y pagar los impuestos de forma honrada, el 62% respondía que «el miedo a una inspección», mientras que el 68% decía que era el hecho de que sus ingresos ya estuviesen siendo declarados a Hacienda por terceras partes. Pese a todo el deber cívico que flota alrededor, parecería que la mayor parte del cumplimiento está determinado por buenos incentivos a la antigua.

Entonces, ¿cuáles de estos incentivos funcionan y cuáles no? Para averiguarlo, Hacienda condujo el Programa de Investigación Nacional, un estudio de tres años durante los cuales se revisaron detenidamente 46.000 declaraciones de la renta seleccionadas al azar en 2001. (Hacienda no especifica a qué se sometieron esas 46.000 personas, pero perfectamente pudo ser el tipo de inquisición que ha ganado a la agencia su horrible reputación.) Sirviéndose de esta muestra, el estudio halló un vacío impositivo —la diferencia entre los impuestos adeudados y los pagados realmente— de 345.000 millones de dólares, o casi una quinta parte de todos los impuestos recaudados por Hacienda. Esta suma resulta ser justo varios millones inferior al déficit federal proyectado para 2007;

también asciende a más de 1.000 dólares estafados por cada hombre, mujer y niño de Estados Unidos.

Pero la mayoría de las personas no defraudan. Y cuando echas un vistazo a quién defrauda y quién no lo hace, resulta bastante claro por qué la gente sencillamente paga los impuestos. La estadística clave del estudio de Hacienda se denomina Porcentaje Neto de Fraude. Mide la cantidad que se no se declara en cada uno de los puntos principales de esas 46.000 declaraciones de la renta. En la categoría de «sueldos, salarios, consejos», por ejemplo, los norteamericanos no sólo declaran sus ingresos reales. Entretanto, en la categoría de «ingresos de propietario no agrícola» —piensa en los trabajadores por cuenta propia como un restaurador o el jefe de una pequeña empresa constructora— el 57% de los ingresos no son declarados. Eso significa 68.000 millones de dólares en impuestos impagados.

¿Por qué existe una diferencia entre el asalariado y un restaurador? La respuesta es simple: la única persona que declara los ingresos del restaurador a Hacienda es el mismo restaurador; para el asalariado, su empleador está generando un certificado de ingresos e impuestos pagados para que Hacienda sepa exactamente cuánto ha ganado. Y los impuestos del asalariado son retenidos de su sueldo, mientras que el restaurador tiene todo el año para decidir si pagará, y cuánto.

¿Significa esto que el trabajador por cuenta propia medio es menos honrado que el asalariado medio? No necesariamente. Es sólo que tiene un incentivo mucho mayor para defraudar. Sabe que la única forma de que Hacienda conozca sus verdaderos ingresos y gastos es una inspección. Y lo único que tiene que hacer es mirar el porcentaje infinitesimal de inspecciones de Hacienda —el año pasado, la agencia llevó a cabo inspecciones cara a cara a sólo el 0,19% de todos los contribuyentes— para sentirse bastante seguro y seguir adelante y defraudar.

Entonces, ¿por qué la gente paga realmente sus impuestos: porque es lo correcto o porque temen ser atrapados si no lo hacen? Sin duda parece esto último. Una combinación de buena tecnología (el empleador que informa y retiene) y una lógica pobre (la mayoría de la gente que no defrauda sobreestima radicalmente las posibilidades de ser auditado) hacen que el sistema funcione.

Y aunque suena mal que los estadounidenses pagan casi una quinta parte menos de lo que les corresponde, el economista fiscal Joel Slenrod calcula que Estados Unidos se encuentra entre los primeros países en cuanto a tasas de cumplimiento mundial.

Aun así, a menos que estés estafando una quinta parte o más, deberías estar muy enfadado con Hacienda, no porque esté demasiado alerta, sino porque no está ni de lejos lo suficientemente alerta. ¿Por qué deberías pagar lo que te corresponde cuando la agencia deja que varios miles de millones de dólares de otras personas queden sin cobrarse cada año?

A la misma Hacienda le encantaría cambiar esta dinámica. En los últimos años, ha incrementado de forma significativa su impuesto de seguridad del estado y su índice de inspecciones, a pesar de contar con un presupuesto sólo levemente mayor. Uno de los cometidos principales del comisionado de Hacienda (el actual es Mark Everson) consiste en solicitar recursos al Congreso y la Casa Blanca. A pesar de todo el evidente atractivo de que Hacienda recoja cada dólar debido al gobierno, es igual de evidentemente poco atractivo para la mayoría de los políticos defender una Hacienda más fuerte. Michael Dukakis lo intentó durante la campaña presidencial de 1988 y... bueno, no funcionó.

Con el cometido de hacer cumplir un código impositivo que a nadie gusta sobre un público que sabe que prácticamente puede defraudar a voluntad, Hacienda hace lo que puede por paliar los efectos negativos. De vez en cuando da con un filón.

A principios de los ochenta, un inspector de Hacienda en Washington llamado John Szylagyi había observado suficientes inspecciones aleatorias para saber que algunos contribuyentes declaraban erróneamente tener dependientes por una deducción. En ocasiones se trataba de un error auténtico (una mujer y un hombre divorciados hacían una declaración de los hijos por duplicado), y en ocasiones las declaraciones eran cómicamente fraudulentas (Szilagyi recuerda al menos a un dependiente que aparecía en la lista como *Fluffy*, que de forma bastante evidente era una mascota en lugar de un niño).

Szilagyi decidió que la forma más eficaz de arreglar ese desastre consistía simplemente en exigir que los contribuyentes aportaran los números de la seguridad social de sus hijos. «Inicialmente, existía una gran resistencia a la idea —declara Szilagyi, ahora de sesenta y seis años y retirado en Florida—. La respuesta que obtuve fue que se parecía mucho a 1984.» La idea nunca llegó a convencer en la agencia. Unos años más tarde, sin embargo, cuando el Congreso pedía mayores recaudaciones de impuestos, la idea de Szilagyi se recuperó y aceleró para el año fiscal 1986. Cuando, durante el mes de abril siguiente, comenzaron a entrar las declaraciones, recuerda Szilagyi, él y sus jefes quedaron asombrados: siete millones de niños a cargo se habían desvanecido repentinamente de las declaraciones, una combinación incalculable de mascotas reales y niños fantasma. El giro inteligente de Szilagyi generó casi 3.000 millones de dólares en ingresos en un solo año.

Los jefes inmediatos de Szilagyi creyeron que éste debía recibir algún tipo de recompensa por su idea, pero sus superiores no estaban convencidos. De modo que Szilagyi acudió a su congresista, que reanudó el proceso de recompensa. Finalmente, cinco años después de que su genial idea se convirtiese en ley, Szilagyi, que ganaba alrededor de 80.000 dólares al año en esa época, recibió un cheque por 25.000 dólares. Para entonces, su idea había generado aproximadamente 14.000 millones de dólares.

Lo cual sugiere al menos una razón legítima para que Hacienda no guste: si la agencia no hubiese sido tan tacaña con la recompensa de Szilagyi entonces, probablemente habría atraído a muchos más genios anticorrupción que hoy realmente necesita.

3

DEL *BLOG* DE *FREAKONOMICS*

Los siguientes extractos se encuentran inevitablemente repletos de pensamientos incompletos (como mínimo), dado que la escritura de un *blog* es por naturaleza más impulsiva, más coloquial, incluso más aleatoria que lo que uno escribiría en un libro o un periódico. Pero, por suerte, tal discurso casual proporciona cierto valor. Los extractos que aparecen a continuación han sido ligeramente editados, en su mayor parte para compensar por el hecho de que, a diferencia de una página *web*, un libro impreso no puede (aún) permitirte hacer clic aquí para continuar leyendo. Los extractos se dividen en cuatro categorías:

1. Reflexiones acerca de *Freakonomics* en sí, y su repercusión (p. 246)
2. Una continuación del debate aborto-crimen presentado en *Freakonomics* (p. 254)
3. Reflexiones al azar acerca de temas al azar, la mayoría de ellos relacionados con *Freakonomics* de una manera vaga, de la forma en que la comida «estilo *kosher*» no es del todo *kosher* pero tampoco son langostinos (p. 266)
4. Críticas y elogios de una naturaleza más personal (p. 276)

Estos *postings* representan quizás el 3% de lo que hemos escrito en nuestro *blog* desde que comenzó, y no hemos incluido ningún comentario de los lectores, que con frecuencia son mucho más apasionantes (y divertidos) que nuestros propios *posts*. Todo el *blog* puede hallarse en www.freakonomics.com/blog/.

Otra diferencia básica entre el *blog* y nuestro libro es que, salvo los dos primeros extractos que aparecen a continuación, todos fueron escritos por uno de nosotros, no por ambos, y se encuentran en consecuencia firmados por «SDL» (Levitt) o «SJD» (Dubner).

1. *Acerca de* Freakonomics *en sí*

Un breve compendio de ideas acerca de cómo se escribió, publicó y recibió el libro.

Desprendernos de nuestro bebé

Todo padre cree que tiene el niño más bonito del mundo. Al parecer, la evolución ha moldeado nuestros cerebros para que, si miras fijamente el rostro de tu propio hijo día tras día, comience a parecer hermoso. Cuando los hijos de otros tienen comida pegada en la cara, resulta asqueroso; con tu propio hijo, es de algún modo encantador.

Bueno, hemos estado mirando fijamente el manuscrito de *Freakonomics* tanto que ahora nos parece hermoso, con todos sus pegotes y defectos. De modo que comenzamos a pensar que tal vez en realidad algunas personas querrían leerlo y que, después de hacerlo, podrían incluso querer expresar sus opiniones acerca de él. De ahí el nacimiento de esta página *web*. Esperamos que sea un lugar feliz (o al menos felizmente polémico) durante un tiempo.

SDL y SJD *(30 de marzo de 2005)*

¿Freakonomics *apesta?*

Nuestro editor ha estado promocionando y vendiendo *Freakonomics* afanosamente, lo cual, por supuesto, es su trabajo, y lo cual, de modo nada sorprendente, aplaudimos. Cuando se produce algo positivo —una buena crítica en el *Wall Street Journal*, por ejemplo, o una próxima aparición en *The Daily Show With John Stewart*— el editor divulga la noticia diligentemente. Pero creemos que merece la pena considerar algunas opiniones alternativas. Ése después de todo es el espíritu de *Freakonomics*: examinar los datos, cualesquiera que sean, y seguirlos, adondequiera que conduzcan. De modo que éstas son algunas personas que creen que *Freakonomics* es, en parte o totalmente, una gran bomba fétida:

Felix Salmon, periodista y autor de *blog*, escribió una larga y exasperada crítica que calificaba *Freakonomics* de «una serie de capítulos inconexos» en los que «Levitt y Dubner adoptan una actitud de superioridad moral» y «se burlan de la sabiduría convencional»; Steve Sailer, que ha argumentado de forma enérgica contra la relación entre «Roe contra Wade» y el descenso del crimen (una búsqueda en Google de «Sailer» y «Freakonomics» producirá una gran variedad de comentarios); una crítica de *Newsday* (del 24 de abril de 2005), escrita por Scott McLemee, que censura el «estilo de evasiva lucidez» del libro; un crítica en la revista *Time* (del 2 de mayo de 2005), de Amanda Ripley, que escribe que «el desafortunadamente titulado *Freakonomics* no contiene una teoría unificadora... lo cual es una lástima». Para ser justos con nosotros mismos, deberíamos señalar que tanto la crítica de *Time* como la de *Newsday* eran en gran parte positivas. Pero también deberíamos señalar que un conocido escritor norteamericano de no ficción, cuando se le envió una copia temprana de *Freakonomics* de publicidad, rechazó promocionarla basándose en que «lo que falta en la parte acerca del crimen es una nota de humildad».

¿Nos entristecen estos comentarios? A nivel personal, sin duda. Pero a nivel de *Freakonomics*, no. Hace años, el profesor de Derecho de Harvard Alan Dershowitz abrió una charcutería *kosher* en Harvard Square, como señal de protesta por diferentes motivos. Dershowitz, conocido tanto por su abrazo a la libertad de expresión como por su acumen legal, dijo —y nosotros lo parafraseamos como mucho vagamente— que nada era más valioso para él que el derecho de las personas a protestar por su charcutería.

De modo que, por favor, no nos creas cuando digamos que *Freakonomics* es un buen libro. Tampoco creas las críticas positivas. Siéntete libre de decidir: puedes husmear un poco por aquí, en esta misma *web*. Quizá decides que *Freakonomics* es, después de todo, una estupidez. Respetamos tu derecho a hacerlo.

SDL y SJD *(26 de abril de 2005)*

Se ha escrito mucho acerca de *Freakonomics*, pero en lo referente a seriedad, nada iguala la recopilación de ensayos reunidos en el *blog* Crooked Timber (*http://crookedtimber.org/2005/05/23/steven-levitt-seminar-introduction/*). Allí encontrarás cinco debates acerca de *Freakonomics* mantenidos por académicos de diferentes disciplinas, junto con mi respuesta a dichos ensayos.

También he cortado y pegado mi respuesta aquí, lo cual básicamente tiene sentido aun cuando no hayas leído los ensayos originales.

Comencemos con el título. *Freakonomics*. Debatimos de forma interminable sobre el título. Desde la perspectiva de bautizarlo, la dificultad de este libro radica en que no tiene un tema. Pensamos en un título interrogativo (*¿Qué tienen en común los luchadores de sumo y los maestros de escuela?*), algunos títulos no intimidatorios (*El lado oculto de todas las cosas* o *No es necesariamente así*), y algunos títulos descabellados (*Visión de Rayos-E*, con la «E» por Economía).

Sin embargo, al final, *Freakonomics* se convirtió en la elección evidente, por razones ancladas en el contraste entre mi propia investigación sobre los nombres de persona y las de otros. Limitémonos a asumir que mi investigación es correcta y que es realmente cierto que un nombre en un currículo influye a la hora recibir una oferta de trabajo, pero no en los resultados en la vida a largo plazo. Esto probablemente implica que los nombres importan un poco para las primeras impresiones, pero después pierden relevancia una vez adquirimos cierta familiaridad. ¿Cuándo fue la última vez que te dijiste a ti mismo: «Oprah es un nombre ridículo, sin duda no veré su programa»? O: «Beatles... qué nombre más ridículo para un grupo. Nadie compraría sus discos.»

Al dar nombre a un libro, necesitas algo que capte la atención para abrirse camino entre los miles de libros que compiten, pero pese a lo mal que suena *Freakonomics* la primera vez que lo oyes, veinte veces más tarde resulta familiar, como Oprah. Yo calculo que los autores de los comentarios de Crooked Timber ya iban suavizando su odio por el título cuando acababan de escribir. Y dentro de un año, tal vez incluso olviden que odiaron el título. Al menos eso es lo que ocurrió con nuestra editorial, que en un principio rechazó el título, y sólo lo permitió en el último momento, y ahora nos dicen que necesitamos firmar con ellos para un segundo libro porque nadie más puede comercializar nuestros libros tan bien como ellos. Y si hay un segundo libro, tenemos un título en mente tan atrevido que tendrá que encantar.

¿Y qué hay de la ausencia de un tema unificador en el libro? Mi intuición, llevada por la respuesta del público a este libro, es que a nadie le importa realmente o quiere siquiera un tema unificador en un libro. Todo el mundo teme no contar con uno, dado que la mayoría de los libros lo tienen. (A este respecto, creo que los temas unificadores en los libros se parecen mucho a los gastos de campaña: todos los candidatos se sienten obligados a gastar un montón de dinero por miedo a las desastrosas consecuencias que podrían sobrevenir si se arriesgan y no gastan, gastan y gastan.) Pero cuando leo los increíbles libros de Malcolm Gladwell, no me importa el tema, sencillamente me encantan sus historias. Sus libros encabezan las listas porque tiene un gusto verdaderamente bueno y es el mejor narrador actual. Para mí, y para otras personas con las que hablo, los temas unificadores en ocasiones se meten en el camino de sus historias que de forma individual son sorprendentemente interesantes. Asimismo, los libros de relatos no poseen un tema unificador. Sin duda, tampoco me siento engañado por eso. Quizás algo más valioso que lo que Dubner y yo podamos lograr nunca sería hacer del mundo un lugar seguro para los libros que contienen grandes historias pero carecen de tema unificador.

Todos los comentarios de Crooked Timber dedicaban algún tiempo a discutir dónde encajaba yo en la economía y en las ciencias sociales más en general. Si tuviese que formular tres deseos, tal vez uno de ellos sería convertirme en un científico social verdaderamente interdisciplinario que utiliza sus datos para describir el comportamiento humano de forma que arroja luz no sólo sobre la economía, sino también sobre la sociología, las ciencias políticas y la psicología. Si preguntas a mis alumnos si sé cálculo, responderán «no muy bien». No me siento orgulloso de ello, pero soy realista. Si preguntas a los pensadores económicos realmente importantes como Gary Becker o Kevin Murphy con qué frecuencia tengo razón, se limitarán a responder que estoy mostrando una gran mejora, porque son amables. Lo único en lo que soy bueno, de verdad y con sinceridad, es formulando preguntas que la gente al parecer encuentra interesantes, y descubriendo cómo engañar a los datos para responder a esas preguntas. Nunca seré un sociólogo, científico político o psicólogo pasable siquiera. Pero está bien. Considero que lo que crea problemas a numerosos economistas es la falsa creencia de que pueden ser buenos en todo.

Hace algunos años, cuando me tomé un período sabático en el Centro de Estudio Avanzado de Ciencias del Comportamiento de Stanford, ofrecí una conferencia a otros compañeros acerca de mi investigación. Una parte del público se sintió indignada, preguntando por qué me llamaba a mí mismo economista dado lo que hacía. Decían que en realidad era sociólogo. Sólo había que contemplar el horror en los rostros de los sociólogos presentes en la sala para saber que tampoco era sociólogo. Pero, partiendo de la posición de que no sé mucho, mi actitud es lo suficientemente abierta para escribir en colaboración con un etnógrafo (Sudhir Venkatesh), un especialista en econometría (Jack Porter), un politólogo (Tim Groseclose), y ahora un periodista (Stephen Dubner). Y quizás, además de asegurar que en el futuro alguien publique un libro sin un tema, facilitaré a estudiosos de todas las ciencias sociales que sigan el tipo de camino «adisciplinario» (en oposición al interdisciplinario) en el que me encuentro yo.

Lo siguiente es la cuestión de los incentivos. Del mismo modo que la «maximización de utilidad» puede convertirse en una tautología, los autores de los comentarios señalaban que nuestro uso del término «incentivo» va en esa misma dirección. Al ampliar los incentivos, como hicimos en *Freakonomics*, para abarcar no sólo los económicos sino también los incentivos sociales y morales, hemos cubierto prácticamente todo. Aun así, creo que realmente no existe otra elección. Centrarnos en los incentivos económicos en exclusiva sería obviamente insensato. En la otra cara de la moneda, para mí —y creo que esto es lo que me convierte en economista en última instancia—, no puedo librarme de la idea de que las personas son individuos que toman decisiones activamente tratando de obtener lo que desean de una forma razonablemente sofisticada. El aspecto más real en el que creo que los incentivos son el tema unificador de mi investigación (incluso en casos en los que no se hallaban presentes de un modo evidente, como en el del aborto-crimen), es que cuando quiera que intento responder a una pregunta, me pongo en el lugar de los actores y me pregunto: «¿Qué haría yo si me encontrara en esa situación?» Soy el tipo de persona que siempre está tratando de urdir un plan para burlar el sistema o evitar ser timado, así que supongo que las personas a las que estoy estudiando piensan del mismo modo. De manera que cuando pienso en la legalización del aborto, creo que parece una forma realmente enferma de póliza de seguros contra el embarazo no deseado. Cuando veo que un luchador de sumo tiene más que ganar de una victoria que lo que el otro renuncia al perder, imagino que harán un trato. Cuando pienso en los agentes inmobiliarios, estoy constantemente paranoico con que tratan de exprimirme.

Soy el primero en admitir que, si todos los economistas fueran como yo, el campo probablemente sería un desastre. Pero el hecho de que, a pesar de ello, soy más o menos del agrado de otros economistas me dice que hay mucho más espacio para economistas políticamente incorrectos en la profesión.

SDL *(23 de mayo de 2005)*

Nuestro viaje a California

La semana pasada fuimos a California. Nuestra editorial, William Morrow/Harper Collins, había determinado que *Freakonomics* no se estaba vendiendo tan bien allí como en el resto de los lugares. Puede haberse tratado de un simple caso de adopción tardía —Levitt y yo residimos en Chicago y Nueva York respectivamente, dos ciudades en las que el libro empezó con fuerza—, pero Harper no iba a arriesgarse. Así pues, habiendo evitado hasta ese momento cualquier cosa parecida a una gira de presentación del libro, partimos hacia el oeste por tres días. El apuro era mayor para Levitt que para mí. Odia la interacción humana (o eso dice). En nuestro primer día de estancia allí, en Los Ángeles, aseguraba constantemente sentirse suicida. Pero lo decía de un modo despreocupado, y con una leve sonrisa. Me sentí como Mandy Patinkin en *La princesa prometida*, cuando le dice a Wally Shawn: «No creo que esa palabra signifique lo que tú crees que significa.» Pero, eh: Levitt es un tío más de números que de letras. Tal vez lo que quería decir era «homicida».

El último día, visitamos la sede de Google en Mountain View. La gente de Google más tarde nos pidió que escribiéramos nuestras impresiones, que se colgarían en el *blog* de Google. Esto es lo que teníamos que decir:

Para: Todos los googlers
De: Los chichos de Freakonomics
Fecha: 4 de agosto de 2005
Re: Nuestra visita la semana pasada

No sabíamos muy bien qué esperar en Google. Hace unos meses, habíamos sido invitados para hacer una especie de presentación en Google mientras estuviéramos en California. ¿Nos interesaba? Claro, dijimos. Cuando algo está tan lejos, generalmente aceptas sin pensarlo demasiado.

Debido a que llegamos tarde al Googleplex —veníamos de una reunión con algunas personas que querían convertir *Freakonomics* en un juego de mesa (!)— nuestra excursión se acortó un poco. Aun así, conseguimos ver:

—Vuestras torres de alta tensión con los colores del logo de Google en el puesto de «seguridad» extremadamente discreto.

—Vuestro ordenador generador de etiquetas de nombres y registro, muy fácil de utilizar.

—Vuestros lavabos muy, muy lujosos.

—Vuestras encimeras antiguas de finas capas de corcho que ponían nerviosos a los bomberos.

—Vuestros perros sueltos, uno más afable que el siguiente.

—Vuestras bonitas pantallas de búsqueda desplazables, que son una gran muestra de arte conceptual: Hillary Duff... Jennifer López... Spanish Dictionary. (Nos decepcionó un poco no alcanzar a ver «Freakonomics», pero tal vez quedó en vuestro filtro: la gente en ocasiones lo deletrea de formas bastante raras.)

—Vuestros suelos de cuarzo, cactus robustos, elegantes yurtas y escaleras ecológicas en el edificio África.

Entonces llegó el momento de la «presentación». Nuestro guía,

Hunter Walk, nos condujo hasta la sala en la que hablaríamos: ¡Ay! No se trataba de una salita, con una mesa de conferencias y una veintena de personas, como habíamos imaginado. Era una sala grande, con hileras e hileras de sillas, todas llenas de trabajadores de Google, y muchos, muchos trabajadores más sentados en el suelo y de pie al final y... bueno, no exactamente colgados de las vigas del techo, pero lo parecía. Las paredes eran negras, los focos del escenario se encontraban candentes, la sala animada por el parloteo. No era una presentación; era una «presentación». Fue un momento Sally Field: «¡Les gustamos! ¡Les gustamos de verdad!» (Somos conscientes, por supuesto, de que el miembro medio de Google es demasiado joven para captar esta referencia. No os preocupéis; de todas formas no es muy divertida.) Al abrirnos paso entre los trabajadores que se encontraban sentados en el suelo, nos sentimos como si hubiéramos tenido que llevar un par de guitarras eléctricas; era posible que fuese lo más cerca que ninguno de nosotros había estado de sentirse por un momento como una estrella de rock. (Lo cierto es que yo fui una estrella de rock de segunda fila, pero eso fue en los ochenta, así que no cuenta realmente.)

Lo otro es que Hunter había encargado varios centenares de ejemplares de *Freakonomics* de Amazon* y los repartió, de modo que ahora, al mirar a través de las largas filas de sillas, podía verse a un miembro de Google tras otro con el libro abierto sobre el regazo, como si se preparase para oír un discurso del presidente Mao. Fue, bueno, *freaky*. Algo parecido a encontrarte con tu propio funeral.

Teníamos que discutir para decidir qué tipo de charla daríamos. No tenemos mucha experiencia en ello. Hunter nos animó y se mostró paciente. Había un atril y un micrófono, así que decidimos dar una charla de colegas, discutir el libro (por qué los traficantes de crack aún viven con sus madres, por ejemplo) y contar varias historias basadas en investigaciones llevadas a cabo tras el libro (la prostitución de los monos en Yale, por ejemplo). Parece que no lo hicimos mal, basándonos en el hecho de que os reísteis mucho, aunque

* Inmediatamente nos preguntamos si el pedido de Hunter contaría como una compra al por mayor y por lo tanto tendría un peso inferior en la lista de los más vendidos del *New York Times*.

también es posible que sólo os rierais de nosotros. La carcajada más sonora se produjo cuando Levitt mencionó que hablamos en Yahoo! un día antes y reunimos a mucha menos gente. Lo divertido es que era cierto. El número de asistentes era alrededor del doble que en Yahoo! Por otra parte, eso significa que Google puede haber perdido el doble de productividad, a menos que penséis que nuestra charla acerca de la economía de lo extraño pueda haber incrementado de algún modo la productividad, en cuyo caso pensasteis mucho más que nosotros. La mejor pregunta del día fue ésta: «¿Qué haríais con nuestros datos si os los proporcionáramos?» Creednos, ya lo hemos pensado bastante. Volveremos a vernos.

Tras nuestra charla, contábamos con unos minutos para deambular y hablar con diferentes trabajadores. Ésta fue la parte más remarcable del día. No sólo todos vosotros erais inteligentes, curiosos y afables, sino que erais tremendamente felices. En primer lugar, sin duda no existe compañía en el mundo en la que tantos empleados lleven camisetas con el logo de la empresa, lo cual tomamos como una señal de verdadero orgullo (o quizá simplemente de un gran, gran descuento). Pero la felicidad se entreveía en una docena de formas más. Parece que ése es el resultado de realizar un trabajo interesante con colegas inteligentes en un entorno hermoso, todo con un sentimiento de misión profundo. Un precio de las acciones en 297 dólares tampoco perjudica.

SJD *(19 de agosto de 2005)*

2. «Roe contra Wade» y el crimen, continuación

De todos los temas tratados en *Freakonomics*, uno pensaría que la teoría que relacionaba la legalización del aborto con un descenso en el crimen produciría la mayor parte del correo de insultos y amenazas. Pero ése no fue el caso en absoluto. Al parecer, cuando la gente lee por sí misma el argumento como se expone en el capítulo 4, y comprueba que no se trata de un argumento remotamente político o religioso, pondera por sí misma cómo se siente respecto a la teoría y raras veces recurre a una defensa acalorada de sus creencias, sean cuales sean.

No puede decirse lo mismo del resto de las historias del libro. El estudio acerca de los agentes inmobiliarios, por ejemplo, provocó cientos de mensajes airados de correo electrónico, la mayoría de ellos procedentes de agentes de la propiedad inmobiliaria descontentos con nuestra descripción de cómo la estructura de incentivos de su negocio alentaba a que los agentes se aprovecharan de sus propios clientes.

También hubo numerosos e-mails de maestros a quienes no les gustó oír hablar acerca de colegas que engañan; de padres que no podían aceptar algunas de nuestras conclusiones en torno al cuidado de los hijos; y de lectores que creían que todo el capítulo acerca de los nombres era una soberana idiotez.

Pero si la historia aborto-crimen no produjo mucha indignación entre los lectores, sin duda tuvo resonancia en los medios de comunicación y en otros sitios. Esto nunca fue más cierto que cuando William Bennett citó el libro en el proceso de creación de una enorme polémica racial para sí mismo. A continuación aparecen dos *posts* que tratan diferentes aspectos del debate aborto-crimen. El primero es una valoración de las afirmaciones de Bennett. El segundo es una respuesta a un reto académico a la teoría aborto-crimen; es realmente técnica (los lectores medrosos tal vez sólo quieran leer los tres últimos párrafos), pero esencial para comprender la investigación original.

Bill Bennett y Freakonomics

Bill Bennett y yo tenemos bastantes cosas en común. Ambos hemos escrito acerca del crimen (su teoría del «superdepredador» se trata brevemente en *Freakonomics*), ambos hemos reflexionado mucho acerca de las drogas ilegales y la educación (él era el «zar de las drogas» original y es ex secretario de Educación), y a ambos nos encantan las apuestas (aunque al parecer yo pongo mucho menos en juego y quizá con más éxito).

Ahora también compartimos el hecho de que ambos hemos realizado polémicas declaraciones acerca de la relación entre el aborto y el crimen.

A continuación aparece lo que Bennett declaró durante la emisión del programa *Bill Bennett's Morning in America*, de la Salem Radio Network, el 28 de septiembre:

LLAMADA: Me he dado cuenta de que los medios de comunicación, sabe, hablan mucho acerca de la pérdida de ingresos, o la incapacidad del gobierno para financiar la Seguridad Social, y sentía curiosidad, y he leído artículos en los últimos meses de que los abortos que se han producido desde Roe contra Wade, los ingresos perdidos por las personas que no nacieron en los últimos treinta y pico años, podrían financiar la Seguridad Social como hoy la conocemos. Y los medios de comunicación simplemente... nunca tocan esto en absoluto.

BENNETT: ¿Suponiendo que todos son ciudadanos productivos?

LLAMADA: Suponiendo que lo son. Aunque sólo una parte de ellos lo fueran, sería una gran suma de ingresos.

BENNETT: Tal vez, tal vez, pero tampoco sabemos cuáles serían los costes. Creo... ¿el aborto se realiza de forma desproporcionada entre las mujeres solteras? No.

LLAMADA: No conozco las cifras exactas, pero es un poco así, sí.

BENNETT: Vale, bien, quiero decir, no lo sé. No discutiría por la posición pro vida basada en esto, porque no lo sabes. Quiero decir que puede tener efectos negativos y positivos... sabes, uno de los argumentos de ese libro, *Freakonomics*, que defienden es que el descenso en el índice de criminalidad, sabes, tratan esa hipótesis, que una de las razones de que el crimen descienda es que ha aumentado el número de abortos. Bueno...

LLAMADA: Bueno, no creo que esa estadística sea precisa.

BENNETT: Bueno, yo tampoco creo que lo sea, yo tampoco creo que lo sea, porque, antes de nada, creo que simplemente hay mucho que no se sabe. Pero sí que sé que es cierto que si se quisiera reducir el crimen, se podría... si ése fuera el único propósito, se podría hacer abortar a todas las mujeres negras de este país, y el índice de criminalidad descendería. Eso sería imposible, ridículo y moralmente reprensible, pero el índice de criminalidad descendería. Así que estas extrapolaciones extravagantes, de gran alcance y envergadura son, creo, delicadas.

Los comentarios de Bennett, como es lógico, han provocado un escándalo, en los medios de comunicación e incluso en la Casa blanca, que ha denunciado su declaración.

Éstas son mis reflexiones acerca de este intercambio de palabras:

1. La gente debería recordar que esto se produjo en un programa de radio sin guión en respuesta a la pregunta de un oyente. Estaba claramente improvisado. Es una situación muy diferente de, pongamos, si Bennett escribe un artículo de opinión.
2. La raza no ocupa un papel importante del debate aborto-crimen que John Donohue y yo hemos expuesto en estudios académicos y que Dubner y yo discutimos en *Freakonomics.* Es cierto que, en general, en Estados Unidos la implicación en el crimen es mayor entre los negros que entre los blancos. Resulta significativo, no obstante, que una vez controlas los ingresos, la probabilidad de crecer en un hogar con una mujer como cabeza de familia, con una madre adolescente, y cómo es el entorno urbano, la importancia de la raza desaparece en el caso de todos los delitos excepto el de homicidio. (Como hemos escrito, la diferencia de homicidios se explica en parte por los mercados del crack.) En otras palabras, en el caso de la mayoría de los delitos, se prevería que una persona blanca y una persona negra que crecen puerta con puerta con ingresos similares y la misma estructura familiar tuvieran la misma implicación en el crimen. Empíricamente, lo que importa es el hecho de que los abortos se practican de forma desproporcionada ante embarazos no deseados, y de forma desproporcionada a mujeres adolescentes y mujeres solteras.
3. Algunas personas podrían pensar que mis comentarios en el punto 2 sólo eluden el tema racial porque es políticamente correcto hacerlo. Cualquiera que haya leído *Freakonomics* sabe que no me asusta enfrentarme a temas raciales de forma directa. La mayor parte del libro trata cuestiones raciales que suponen un reto (por ejemplo, la diferencia de resultados en los exámenes escolares entre blancos y negros, los nombres

típicamente negros, etcétera). Hablo en serio cuando digo que, desde una perspectiva puramente basada en los hechos y la estadística, la raza no es en ningún sentido central para nuestros argumentos acerca del aborto y la criminalidad.

4. Cuando una mujer aborta, en general no cambia el número total de hijos que tiene; en lugar de ello, se está cambiando el tiempo para que esos nacimientos se retrasen en la vida. Éste es un hecho que cabe recordar. Uno de cada cuatro embarazos acaba en aborto y esto ha sido cierto durante treinta años en Estados Unidos. Pero el impacto del aborto en el índice global de nacimientos ha sido bastante escaso.
5. En vista del punto 4, resulta difícil saber siquiera qué quiere decir Bennett cuando declara «se podría hacer abortar a todas las mujeres negras de este país, y el índice de criminalidad descendería». En su comentario se halla implícita la idea de que una fuerza exterior, como un gobierno, fuerce a las mujeres negras a abortar. Ésta es claramente una situación por completo distinta del aborto como lo conocemos hoy, en la que una mujer elige abortar o no ahora, y después comienza su familia, más adelante, cuando su situación es más estable y propicia. La distinción entre una mujer que elige controlar su fertilidad y el gobierno que elige limitar su fertilidad es fundamental y la gente con frecuencia parece perder de vista esta diferencia.
6. Si viviésemos en un mundo en el que el gobierno elige quién se reproduce, entonces Bennett tendría razón al decir que «se podría hacer abortar a todas las mujeres negras de este país, y el índice de criminalidad descendería». Por supuesto, asimismo sería cierto que, si se evitara el nacimiento de todos los bebés blancos, asiáticos, varones, republicanos y demócratas de este mundo, también descendería la criminalidad. Inmediatamente después de hacer la declaración acerca de los negros siguió diciendo: «Eso sería imposible, ridículo y moralmente reprensible, pero el índice de criminalidad descendería.» Hizo una declaración objetiva (si prohíbes a cualquier grupo que se reproduzca, el índice de criminalidad descenderá), y después señaló que sólo porque

una declaración sea cierta no significa que sea deseable o moral. Es decir, por supuesto, una distinción increíblemente importante y que nosotros hacemos una y otra vez en *Freakonomics*.

7. Hay una cosa por la que sí llamaría la atención a Bennett: por decir primero que no cree nuestra hipótesis aborto-crimen, pero después revelar que sí que lo cree con sus comentarios acerca de los bebés negros. Todo no puede ser.
8. Como aparte, la hipótesis inicial del oyente que hace la llamada es completamente errónea. Si el aborto fuese ilegal, los problemas de la Seguridad Social no se resolverían. Como se ha apuntado antes, la mayoría de los abortos sólo cambian en que un niño no nace hoy pero otro nace unos años más tarde de la misma madre.

SDL *(30 de septiembre de 2005)*

Vuelta a empezar por nuestras últimas críticas

Gracias a artículos recientes en el *Wall Street Journal* y *Economist*, un documento de trabajo de Chris Foote y Chris Goetz duramente crítico con John Donohue y conmigo ha acaparado una enorme atención.

En ese documento de trabajo, Foote y Goetz criticaban el análisis subyacente a una de las tablas de nuestro artículo original que sugería una relación entre la legalización del aborto y la criminalidad. (Cabe recordar que el enfoque que ellos critican era una de las cuatro pruebas diferentes que presentamos en ese estudio; no ofrecen críticas de los otros tres enfoques.)

Foote y Goetz hicieron dos cambios básicos en el análisis original que nosotros realizamos. Primero, señalaron correctamente que el texto de nuestro artículo establecía que habíamos incluido interacciones estado-año en nuestras especificaciones de regresión, cuando en realidad la tabla que se publicó no incluía esas interacciones. En segundo lugar, argumentaban con razón que, sin controlar los cambios en el número de cohortes, el análisis original que realizamos proporcionaba una prueba de si los grupos expuestos a altos índices de aborto legal cometían menos delitos, pero no incluimos directamente una prueba de si los embarazos no deseados eran uno de los canales por los que operaba esta reducción del crimen. (Nótese: no afirmábamos que este análisis particular fuera una prueba directa de la hipótesis de los embarazos no deseados. Esta última sección del estudio constituía el análisis más especulativo de todo lo que hicimos, y sinceramente nos sorprendió que funcionase en absoluto, dadas las grandes exigencias que hacía a los datos.) Descubrieron que, una vez realizados dichos cambios, los resultados de nuestra Tabla 7 original esencialmente desaparecen.

Sin embargo, el análisis de Foote y Goetz presenta un problema fundamental. Los datos del aborto disponibles es probable que sean ruidosos. A medida que se añaden más y más variables de control (por ejemplo, casi mil interacciones estado-año), la variación significativa en los índices de aborto desaparece. La proporción de intensidad de señal con respecto a ruido en lo que queda de la variación en abortos analizados empeora más y más. Esto llevará a que el impacto calculado de los abortos en el crimen disminuya. Debido a que este trabajo utiliza una única franja de edad y estado (por ejemplo, individuos de 19 años en Ohio en 1994) como unidad de análisis, los análisis realizados están altamente saturados de interacciones: interacciones estado-edad, interacciones edad-año e interacciones estado-año. Juntas, estas interacciones constituyen más del 99% de la varianza entre índices de arresto y más del 96% de la varianza en el proxy del aborto. Se trata de un ejercicio que exige mucho a los datos.

En vista de esto, no parece polémico que se quisiera hacer lo mejor posible al calcular el aborto cuando se realizaba tal ejercicio.

La medición del aborto utilizada por Foote y Goetz era una generada por el Instituto Alan Gutmacher. El Instituto Alan Gutmacher realiza cálculos aproximados basados en informes de las entidades que practican los abortos del número de intervenciones realizadas por nacimiento en cada estado y año.

Para representar la exposición al aborto de, digamos, jóvenes de diecinueve años arrestados, en California en 1993, Foote y Goetz utilizaron el índice de abortos de California en 1973. Ésta no es una primera aproximación poco razonable (y en efecto es la que nosotros utilizamos en la mayoría de las secciones de nuestro estudio original porque resulta simple y transparente), pero es sólo una aproximación por distintas razones:

1. Existe una gran movilidad entre estados. Por consiguiente, muchos de los jóvenes de 19 años arrestados en California en 1993 no eran naturales de California. Habían nacido en otros estados, o posiblemente en otros países. En realidad, creo que las cifras recientes sugieren que más del 30% de esos jóvenes menores de veinte años no residen en el estado en el que nacieron.
2. La utilización de una fecha veinte años antes para calcular la exposición al aborto de un joven de diecinueve años induce a una enorme cantidad de ruido. Si yo tuviera diecinueve años en 1993, podría haber nacido el 2 de enero de 1973 (eso haría que el 1 de enero de 1993 siguiera teniendo diecinueve años) o el 31 de diciembre de 1974 (con lo cual cumpliría diecinueve el 31 de diciembre de 1993). Los abortos se producen un tiempo antes de los días de nacimiento, típicamente alrededor de a las 13 semanas de embarazo. De modo que la fecha relevante (aproximadamente) de cuando las personas que en 1993 tienen diecinueve años se habrían expuesto al aborto legal es alrededor de seis meses antes de nacer, o del 2 de julio de 1972 al 30 de junio de 1974. Pese a que ese margen coincide con 1973 (el año que Foote y Goetz utilizan como su período de tiempo de exposición al aborto), ¡nótese que también incluye medio 1972 y medio 1974!
3. Una parte nada insignificante de los abortos practicados en Estados Unidos, especialmente en la época en que se estaba llevando a cabo la legalización, incluía a las mujeres que cruzaban los límites estatales para abortar. Como consecuencia, calcular los abortos en términos del estado en que se practica la intervención (lo que hacen los datos de Foote y Goetz), en lugar del estado de residencia de la mujer que es intervenida, induce a un mayor error de cálculo en su representación del aborto.
4. Los números del aborto de Alan Gutmacher distan, incluso con la admisión de las personas que recogen los datos, de

ser perfectos. En efecto, la correlación entre estos cálculos del aborto y otra serie de tiempo recogida por el Centro para el Control de Enfermedades está muy por debajo de una que sugiere que incluso si los problemas 1, 2 y 3 no existieran, habría un error de cálculo sustancial. La correlación entre el cálculo de Alan Gutmacher y el cálculo del Centro para el Control de las Enfermedades, de forma nada sorprendente, disminuye más y más cuantas más variables de control se incluyen. Eso es exactamente lo que se esperaría si los controles extraen la intensidad de señal de los cálculos de aborto y dejan detrás sobre todo ruido.

Lo que John Donohue y yo hemos hecho (con la ayuda fantástica en la investigación de Etha Lieber) trata de encarar lo mejor posible esos cuatro problemas con el cálculo del aborto que Foote y Goetz utilizan. En particular, nosotros hacemos lo siguiente:

1. Como describimos en nuestro informe original acerca del aborto, se puede manejar la movilidad entre los estados utilizando los censos por décadas para determinar el estado de nacimiento de los residentes actuales de un estado. (Los resultados de esta corrección en nuestras regresiones del crimen se exponen en la Tabla 5 del informe original.) Esto es posible porque la información del censo incluye el estado de nacimiento y el estado actual de residencia de una muestra del 5% de la población de Estados Unidos. Nótese que la corrección que podemos hacer es poco probable que sea perfecta, así que puede que no resuelva el problema por completo, pero claramente nos lleva en la dirección correcta.
2. Dado que el margen de exposición al aborto de los individuos de diecinueve años en 1993 se extiende desde 1972 hasta 1974, la solución evidente a este problema consiste en dejar que los abortos practicados en 1972, 1973 y 1974 influyan en los arrestos de los jóvenes de 19 años en 1993. Resulta sencillo averiguar los valores que se quieren poner a los índices del aborto en los diferentes años; o se puede hacer sin parámetros y dejar que sean los datos los que decidan; las respuestas son prácticamente idénticas.

3. Para tratar el hecho de que muchas mujeres cruzaban los límites estatales para abortar en los años setenta, utilizamos los cálculos del Instituto Gutmacher de los abortos practicados a mujeres en comparación con los nacimientos en dicho estado. (Ignorábamos la existencia de esos datos mejores cuando redactamos el informe inicial, de otro modo los habríamos utilizado entonces.) No cabe duda de que calcular el número de abortos por estado de residencia es mejor que calcularlos por el lugar donde se realiza la intervención.
4. La solución habitual al error de cálculo consiste en realizar un análisis de variables instrumentales en el que utilizas proxy ruidoso del fenómeno que se ha calculado mal como instrumento para otro proxy ruidoso. (Reconozco que la mayoría de los lectores de este *blog* no comprenderán qué quiero decir con esto.) En este contexto, es probable que el cálculo de los abortos legales realizado independientemente por el Departamento de Censos sea un instrumento excelente. Debido a que existe tanto ruido en cada uno de los cálculos, los errores habituales se incrementan cuando se lleva a cabo este procedimiento de variables instrumentales, pero bajo un conjunto de suposiciones habitual, los cálculos obtenidos serán expulsados del margen de error presente debido al error de cálculo.

Creo que casi todo economista empírico tendería a creer que cada una de estas correcciones que hacemos al cálculo del aborto nos acercará más a captar el verdadero impacto de la legalización del aborto en el crimen. Así que la pregunta pasa a ser la siguiente: ¿qué ocurre cuando reproducimos las especificaciones expuestas en el trabajo de Foote y Goetz, pero con este proxy del aborto mejorado?

Los resultados se resumen en la tabla siguiente, que contiene dos paneles. El superior muestra los resultados del crimen violento. El panel inferior corresponde a los crímenes contra la propiedad.

Tabla 1: El efecto del aborto en la criminalidad

	Cociente de variable del aborto cuando el crimen violento es la variable dependiente			
	(1)	(2)	(3)	(4)
Original Foote-Goetz	−0.027 [0.004]**	−0.009 [0.003]**	−0.003 [0.003]	0.000 [0.003]
Resultados obtenidos con un cálculo establecido de forma más detenida	−0.083 [0.008]**	−0.046 [0.008]**	−0.031 [0.008]**	−0.021 [0.008]**
Corrección del error de cálculo del aborto mediante variables instrumentales	−0.078 [0.010]**	−0.055 [0.013]**	−0.037 [0.014]**	−0.023 [0.010]
Los controles incluyen: efectos establecidos para				
interacciones estado	Sí	Sí	Sí	Sí
e interacciones edad-año	Sí	Sí	Sí	Sí
e interacciones estado-edad	No	Sí	Sí	Sí
e interacciones estado-año	No	No	Sí	No
En población				
La variable dependiente es tasa de arrestos per cápita	No	No	No	Sí

	Cociente de variable del aborto cuando el crimen contra la propiedad es la variable dependiente			
	(1)	(2)	(3)	(4)
Original Foote-Goetz	−0.028 [0.003]**	−0.010 [0.002]**	−0.004 [0.002]*	0.000 [0.002]
Resultados obtenidos con un cálculo establecido de forma más detenida	−0.056 [0.006]**	−0,024 [0.005]**	−0.009 [0.005]	0.001 [0.005]
Corrección del error de cálculo del aborto mediante variables instrumentales	−0.053 [0.008]**	−0.044 [0.010]**	−0.028 [0.011]**	−0.013 [0.010]
Los controles incluyen: efectos establecidos para				
interacciones estado	Sí	Sí	Sí	Sí
e interacciones edad-año	Sí	Sí	Sí	Sí
e interacciones estado-edad	No	Sí	Sí	Sí
e interacciones estado-año	No	No	Sí	No
En población				
La variable dependiente es tasa de arrestos per cápita	No	No	No	No

La variable dependiente del panel superior de la tabla es arrestos por crímenes violentos, excepto en la columna 4, donde la variable dependiente es arrestos por crímenes violentos per cápita. La variable dependiente en el panel inferior de la tabla es arrestos por crímenes contra la propiedad, excepto en la columna 4, donde la variable dependiente es arrestos por crímenes contra la propiedad per cápita. La unidad de observación es de estado por año por año de edad. La muestra incluye individuos de 15 a 24 años desde 1985 hasta 1998. Si hubiese datos disponibles de todos los estados, años y edades, habría 7.140 observaciones. Sin embargo, debido a que faltan algunos datos de arrestos y valores ocasionales de cero, el número de observaciones en las regresiones del crimen violento es 6.724, y el número de observaciones en las regresiones del crimen contra la propiedad es 6.730. Los errores habituales han sido corregidos para la correlación en un grupo de nacimiento determinado en un estado en particular. La fila 1 de cada panel reproduce la de Foote y Goetz (2005), que utilizan los abortos en un estado el año antes de que naciera la persona (año-edad-1) como cálculo del aborto. La fila 2 mejora la 1 al tener en cuenta la movilidad ente estados, calculando el aborto, por estado de residencia en lugar de por el estado en el que tuvo lugar y al ajustar de manera más cuidadosa la edad actual con la exposición real al aborto. La fila 3 es idéntica a la 2, excepto en que los instrumentos para el cálculo del aborto utilizan una segunda medición del aborto generada de manera independiente calculada por el Centro para el Control de las Enfermedades.

Comenzando con el primer panel, la fila superior expone las mismas especificaciones que Foote y Goetz (no me molesto en mostrar sus cálculos que excluyen las interacciones estado-edad porque no tiene sentido hacerlo y ellos mismos declaran que prefieren las especificaciones que incluyan interacciones estado-año). Somos capaces de replicar a sus resultados. Como puede observarse, los cocientes caen cuando se introducen interacciones estado-año y controles de población.

La segunda fila de la tabla presenta los cocientes que se obtienen con nuestro cálculo realizado de forma más cuidadosa (los cambios 1-3 en la parte superior se han realizado a su cálculo del aborto). Con un cálculo del aborto mejor, como se esperaba, todos los impactos estimados del aborto se incrementan en el tablero. Los resultados son ahora estadísticamente significativos en todas las especificaciones de Foote y Goetz. Incluso en la especificación final, la más exigente, la magnitud del cociente es casi la misma que en los resultados originales que publicamos que no controlaban las interacciones estado-año y la población. La única diferencia entre lo que Foote y Goetz hicieron y lo que nosotros presentamos en la fila 2 es que nosotros hemos hecho un mejor trabajo de cálculo real del aborto. Todo lo demás es idéntico.

La tercera fila de la tabla muestra los resultados del crimen contra la propiedad. Yendo desde el cálculo del aborto de Foote y Goetz en la fila superior hasta la nuestra, más cuidadosa, en la segunda (dejando el resto igual), los cocientes pasan a ser más negativos en tres de las cuatro especificaciones. La estimación de las variables instrumentales tiene un impacto mayor en el crimen contra la propiedad que en el crimen violento. Las cuatro aproximaciones de variables instrumentales del aborto legal sobre el crimen contra la propiedad son negativas (aunque, de nuevo, calculadas de una forma menos precisa).

La simple realidad es que cuando haces un mejor trabajo al calcular el aborto, los resultados son mucho más fuertes. Esto es exactamente lo que esperas de una teoría que es cierta: realizar un trabajo empírico más cercano a la teoría debería arrojar mejores resultados que el trabajo empírico que refleja la teoría de una forma más vaga. Los cálculos aproximados sin controles de población, pero incluyendo interacciones estado-año, son tan elevados o más como en nuestro informe original. Como cabría esperar (puesto que el canal del embarazo no deseado no es el único por el que el aborto actúa para reducir el crimen), los cocientes que obtenemos se reducen cuando incluimos los controles de población. Pero, en especial en el caso del crimen violento, persiste un gran impacto en el aborto aun cuando calculamos los arrestos per cápita.

Los resultados que mostramos en esta nueva tabla concuerdan con el impacto del aborto en el crimen que hallamos en otros tres tipos de análisis que presentamos en el informe original utilizando diferentes fuentes de variación. Estos resultados concuerdan con la hipótesis del embarazo no deseado.

No cabe duda de que en el futuro habrá investigaciones que traten de invalidar nuestra prueba acerca del aborto legal. Quizás incluso lleguen a tener éxito. Pero ésta no lo tiene.

SDL *(5 de diciembre de 2005)*

3. ¿Qué tienen en común los Royals de Kansas City con un iPod?

Un objetivo útil del *blog* de *Freakonomics* (en realidad, de cualquier *blog*) es realizar reflexiones aleatorias acerca de temas aleatorios, incluido el tema de la aleatoriedad misma.

¿Qué tienen en común los Royals de Kansas City y mi iPod?

A primera vista, no mucho. Los Royals han perdido diecinueve partidos consecutivos y amenazan con batir el récord sin precedentes de inutilidad en el béisbol de las grandes ligas. Mi iPod, por otra parte, se ha convertido en una de mis posesiones materiales más queridas.

¿Y qué tienen en común? Ambos pueden enseñarnos una lección acerca de aleatoriedad.

La mente humana no tiene mucho éxito con la aleatoriedad. Si pides a la persona típica que genere una serie de caras y cruces para imitar una secuencia aleatoria al lanzar una moneda, la serie no parece realmente una secuencia generada al azar en absoluto. Puedes intentarlo tú mismo. Antes de seguir leyendo, escribe cuál esperas que sea el resultado de una serie de veinte lanzamientos de la moneda. Después pasa 15 o 20 minutos tirando monedas (o utiliza un generador de números al azar de Excel). Si eres como la típica persona, la secuencia «aleatoria» que has generado tendrá muchas menos rachas largas de todo caras o todo cruces de las que de verdad surgen en la vida real.

La reorganización de mi iPod me lo recuerda cada vez que lo utilizo. Me sorprende sistemáticamente la frecuencia con la que reproduce dos, tres y hasta cuatro canciones del mismo artista, aun cuando tengo canciones de decenas de artistas en él. En múltiples ocasiones he llegado a convencerme erróneamente de que no tengo el iPod en reorganización, sino que estoy reproduciendo las canciones de un solo artista. Si alguien se aburre realmente, tal vez pueda hacer que el iPod reorganice las canciones repetidamente, grabar los datos y comprobar si la función de reorganización realmente es aleatoria. Yo calculo que lo es, porque ¿para qué iba Apple a hacer otra cosa? Tengo un amigo, Tim Groseclose, profesor de Ciencias Políticas en UCLA, que estaba convencido de que el botón de aleatoriedad de su reproductor de CD sabía cuáles eran sus canciones favoritas y las reproducía desproporcionadamente. Así que un día hicimos una apuesta, le hice nombrar sus canciones favoritas por adelantado y gané un almuerzo.

Lo cual nos lleva a los Royals de Kansas City. Al parecer, cuando un equipo pierde 19 partidos, es algo tan extremado que, casi seguro, no puede tratarse del resultado de la aleatoriedad. Claramente eso creen entrenadores, periodistas deportivos y la mayoría de los seguidores. ¿Cuántas veces has oído hablar de un entrenador que organiza una reunión a puerta cerrada para tratar de cambiar al equipo? Pero, si lo contemplas estadísticamente, esperas que las series de 19 derrotas se produzcan, por simple aleatoriedad, con tanta frecuencia como ocurren.

Hay que reconocer que los cálculos siguientes son rudimentarios, pero te proporcionan la idea básica. Cada año, hay alrededor de dos equipos en la liga nacional que cuentan con un porcentaje de victorias del 35% aproximadamente. (En ocasiones, ningún equipo es tan malo, y otros años los hay pésimos, como Detroit en 2003; sólo ganó el 26,5% de los partidos.) Para un equipo que tiene un 35% de probabilidades de ganar cada partido, la probabilidad de perder los 19 partidos siguientes es de alrededor de una entre 4.000. Cada equipo juega 162 encuentros al año, así que tiene 162 oportunidades de comenzar una racha. (Cuentan rachas que comienzan en un año y terminan al siguiente, por lo que es correcto utilizar los 162 partidos.)

De modo que cada año, para esos dos equipos malos que ganan el 35% de sus encuentros, hay un total de 324 oportunidades de tener una racha de derrotas de los 19 partidos. Por consiguiente, esperaríamos esta racha de derrotas tan larga algo menos de una vez cada década.

En la práctica vemos, si es que vemos algo, ligeramente menos rachas largas de derrotas que las esperadas basándonos en estos cálculos. La última racha de derrotas realmente larga fue la de los Cubs en 1996-1997, de 16 encuentros. (En realidad, existe una buena razón para que las rachas prolongadas se produzcan algo menos que en el modelo simple que yo estaba utilizando. Se debe a que un equipo que gana el 35% no tiene la misma probabilidad de ganar cada partido: en ocasiones tiene un 50% de posibilidades y en ocasiones un 20%; ese tipo de variabilidad disminuye la probabilidad de rachas largas.)

De modo que no es necesario recurrir a explicaciones como «falta de concentración», estar «gafado» o «desmoralización» para explicar por qué los Royals están perdiendo tantos partidos seguidos. Sólo son un mal equipo que está teniendo algo de mala suerte.

SDL *(20 de agosto de 2005)*

¿Wikipedia? ¡Puaj!

Lo sé, lo sé, lo sé: Wikipedia es una de las maravillas del mundo *online*. Pero si alguien necesita una razón para mostrarse escéptico acerca de la fiabilidad de Wikipedia, os insto a hacer clic en la entrada «Lista de economistas», que se presenta así: «Ésta es una lista por orden alfabético de economistas reconocidos. Los economistas son estudiosos que investigan en el campo de la economía.»

Es cierto que la lista incluye a George Akerlof y Paul Samuelson y Jeffrey Sachs e incluso Steve Levitt. Pero si quieres ver lo realmente patética que puede ser Wikipedia, comprueba el sexto economista que figura bajo la D: correcto, un servidor. Aunque algunos de mis mejores amigos son economistas, yo no lo soy en absoluto.

(Nota: poco después de que publicara este *post*, un lector fue lo suficientemente pícaro para corregir rápidamente la entrada de Wikipedia.) El hecho es que la mayor fuerza de Wikipedia es también su mayor debilidad: casi cualquiera puede contribuir con algo en cualquier momento a una «enciclopedia» que los usuarios más ocasionales asumirán que de verdad es enciclopédica, pero en realidad cambia de forma regular, dependiendo de lo que introduzcan sus usuarios. Por ejemplo:

En la pág. 46 de *Freakonomics*, nos referimos de pasada a los Black Sox de Chicago, el nombre dado a los White Sox de Chicago después de que se descubriera que ocho jugadores habían actuado en connivencia con corredores de apuestas para perder las Series Mundiales de 1919.

Recientemente, un lector escribió: «Los white sox no eran conocidos como los black sox porque perdieran deliberadamente las series mundiales [sic]. Se les llamaba así porque su propietario (cuyo nombre desconozco) era demasiado tacaño para hacer que limpiaran los uniformes regularmente, de modo que con frecuencia salían al campo con los uniformes sucios. De nada.»

En realidad, éste era el segundo lector que escribía con la misma corrección. Habíamos preguntado al primero por su fuente; dijo que creía «haberlo oído en ESPN, pero no podía asegurarlo. Tras recibir este segundo mensaje, decidí investigar. Ésta es mi respuesta al lector número 2, y a quien pueda interesar:

«Busqué lo de los Black Sox. Es cierto que la entrada de Wikipedia dice lo siguiente: "Aunque muchos creen que el nombre Black Sox está relacionado con la naturaleza oscura y corrupta de la conspiración [sic], el término Black Sox ya existía antes de que se investigara el tongo. Se les dio el nombre de Black Sox porque Charles Comiskey, su mezquino propietario, se negaba a pagar por que lavaran los uniformes de los jugadores, insistiendo en cambio que los mismos jugadores debían pagar por la limpieza. Los jugadores se negaron, y las series de juegos posteriores vieron a los White Sox jugar con los uniformes cada vez más sucios, a medida que el polvo, el sudor y la suciedad se acumulaban en los uniformes blancos de lana [sic] hasta que adquirieron un tono mucho más oscuro. (¿tiene alguien alguna prueba de esto? me suena a leyenda urbana)»

Dos cosas que decir al respecto: 1. La frase entre paréntesis al final acaba de ser añadida, por mí. 2. En otras palabras, recordemos que la Wikipedia es una «enciclopedia» de libre acceso a la que se puede contribuir (o estropear) a voluntad.

He aquí una fuente más fiable: *Eight Men Out: The Black Sox and the 1919 World Series*, de Eliot Asinof (Holt, Rinehart and Winston, 1963). En la pág. 21, Asinof escribe que el propietario de los White Sox, Charles Comiskey, era en efecto agarrado en lo que se refería a sus jugadores: «Su generosidad hacia nosotros [los periodistas] era incomparable. Pero su gran club podía salir al campo con el uniforme más sucio que los seguidores habían visto nunca: Comiskey había dado órdenes de reducir los gastos de limpieza.»

Entonces, ¿es posible que los White Sox fuesen conocidos, aun un poco o de forma coloquial, como los Black Sox antes del escándalo de 1919?

Claro, es posible, pero Asinof no hace tal insinuación a lo largo del libro. De hecho, una vez pasas las páginas de introducción, no hallé las palabras «Black Sox» hasta la página 197, donde Asinof escribe acerca del período que siguió al escándalo de las Series Mundiales: «A medida que calaba el impacto de las confesiones, los norteamericanos al principio se sintieron escandalizados, después asqueados. Apenas hubo un periódico de gran difusión que no gritara su condena y desespero. En lo sucesivo, los jugadores involucrados se llamaron Black Sox.»

Nótense las palabras clave: «en lo sucesivo». ¿Es posible que Asinof se equivocara? Claro. Pero se trata de un buen libro, aceptado comúnmente como la biografía definitiva del caso. No me veo obligado a comprobar esto más allá hasta que alguien surja con una prueba contraria más fiable que Wikipedia. Pero si lo hace, me alegrará investigar más a fondo o hacer un cambio en futuras ediciones de *Freakonomics*.

Así que, por favor, queridos lectores del *blog*: hacednos saber si estamos en lo cierto o nos equivocamos respecto a los Black Sox. Nos entristecerá un poco habernos equivocado, pero nos alegraremos mucho de corregir el error. La primera persona que ofrezca una prueba concluyente de la teoría de las medias sucias* recibirá una camiseta de *Freakonomics*.

SJD *(20 de mayo y 5 de agosto de 2005)*

«El pico del petróleo»: bienvenidos a la nueva versión del ataque del tiburón por parte de los medios de comunicación

La historia de cubierta aparecida en *The New York Times Magazine* del 21 de agosto, escrita por Peter Maass, trata del «pico del petróleo». La idea tras el «pico del petróleo» consiste en que el mundo se ha encontrado camino de incrementar la producción de petróleo durante muchos años, y ahora estamos a punto de alcanzar el pico más alto y llegar a una situación en la que las reservas son cada vez más limitadas, lo cual conduce a precios de tres dígitos por un barril de petróleo, una depresión a nivel mundial sin precedentes, y como lo describe una página web: «La civilización tal y como la conocemos pronto llegará a su fin.»

Se podría creer que los defensores del día del Juicio Final serían aleccionados por la larga historia de personas de su clase que se equivocaron: Nostradamus, Malthus, Paul Ehrlich, etcétera. Sin duda, ellos no lo hacen.

Lo que la mayoría de estas circunstancias catastróficas captan mal es la idea fundamental de la economía: las personas responden a incentivos. Si el precio de un artículo asciende, la demanda de éste disminuye, las compañías que lo fabrican averiguan cómo fabricar más, y todo el mundo trata de averiguar cómo producir sustitutos. Añadamos a eso el avance de la innovación tecnológica (como la revolución verde, el control de la natalidad, etcétera). El resultado final: los mercados descubren cómo enfrentarse a problemas de suministro y demanda.

Lo cual constituye exactamente la situación del petróleo ahora mismo. No sé mucho acerca de las reservas mundiales de petróleo. Ni siquiera estoy discutiendo necesariamente su información

* En inglés, ***black sox*** significa «medias sucias». *(N. de la T.)*

acerca de cuánto va a disminuir la producción de las fuentes de petróleo existentes, o que la demanda mundial de petróleo está creciendo. Pero estos cambios en el suministro y la demanda son lentos y graduales, suponen un leve porcentaje anual. Los mercados tienen un modo de enfrentarse a situaciones como ésta: los precios se elevan ligeramente. Eso no constituye una catástrofe; se trata de un mensaje de que algunas cosas que antes merecía la pena hacer con los precios del petróleo bajos ya no la merecen. Algunas personas cambiarán de los SUV a los híbridos, por ejemplo. Tal vez estaremos dispuestos a construir algunas plantas de energía nuclear, o merecerá la pena instalar paneles solares en más casas.

Pero el artículo del *New York Times* se equivoca por completo con la economía una y otra vez. He aquí un ejemplo:

> Las consecuencias de un verdadero déficit de suministro serían incalculables. Si el consumo comienza a exceder la producción incluso por una leve cantidad, el precio del barril de petróleo podría ascender a niveles de tres dígitos. Esto, a su vez, podría acarrear una recesión global, resultado de los precios exorbitados por los combustibles para el transporte y para productos que se basan en petroquímicos, es decir, prácticamente todos los productos del mercado. El impacto en el modo de vida estadounidense sería profundo: los coches no pueden impulsarse mediante molinos de viento en los techos. Los estilos de vida de las ciudades y las afueras, que dependen de familias con dos coches y viajes constantes al trabajo, la escuela y el centro comercial, podrían volverse inasequibles o, si se impone el racionamiento de la gasolina, imposibles. De los múltiples inconvenientes, los parques de automóviles serían el menos impresionante; el coste de la calefacción aumentaría, suponiendo, por supuesto, que los ambientes climatizados no se convirtieran en un mero recuerdo.

Si suben los precios del petróleo, los consumidores de petróleo se hallarán (un poco) peor. Pero estamos hablando de la necesidad de reducir la demanda en un leve porcentaje anual. Eso no significa instalar molinos de viento en los coches, significa suprimir varios trayectos prescindibles. No significa abandonar Dakota del Norte, significa mantener el termostato un grado o dos menos durante el invierno.

Un poco más tarde, el autor escribe:

> La llegada de los precios de tres dígitos podría parecer una bendición para los saudíes, ya que recibirían mayores cantidades de dinero por su cada vez más escaso petróleo. Pero un malentendido popular acerca de los saudíes —y acerca de la OPEC en general— es que los precios altos, no importa cuánto, les benefician. A pesar de que el hecho de que el barril de petróleo cueste más de 60 dólares no ha producido una recesión global, todavía podría ocurrir: el incremento de precios puede tardar un tiempo en ejercer su impacto ruinoso. Y cuanto más suben los precios por encima de los 60 dólares, más probable será la recesión. Los precios altos del petróleo son inflacionistas; elevan el coste de prácticamente todo —desde la gasolina hasta el combustible de los aviones, los plásticos y los fertilizantes— y eso significa que la gente compra menos y viaja menos, lo cual a su vez implica un descenso en la actividad económica. De modo que tras un breve beneficio inesperado para los productores, los precios del petróleo se vendrían abajo mientras se declara la recesión y las otrora economías voraces se ralentizan, utilizando menos petróleo. Los precios han caído en picado con anterioridad, y no hace tanto tiempo: en 1998, el petróleo descendió a 10 dólares el barril tras un incremento inoportuno de la producción en la OPEC y una reducción de la demanda por parte de Asia, que atravesaba un crac económico.

Ups, ahí está todo el argumento del pico del petróleo. Cuando se incrementa el precio, desciende la demanda, y los precios del petróleo se vienen abajo. ¿Qué ha ocurrido con «el fin del mundo tal y como lo conocemos»? Ahora volvemos al barril de petróleo de 10 dólares. Sin darse cuenta, ¡el autor acaba de invocar la economía básica para invalidar toda la premisa del artículo!

Por si acaso, continúa:

> El incremento de precios puede tener otro efecto desafortunado para los productores. Cuando el barril de crudo cues-

ta 10 dólares o incluso 30, los combustibles alternativos son prohibitivamente caros. Por ejemplo, Canadá cuenta con grandes cantidades de alquitrán que puede tratarse para la obtención de petróleo, pero el coste de hacerlo es bastante alto. Aun así, esa y otras alternativas, como el bioetanol y las células de combustible de hidrógeno y el combustible líquido procedente de gas natural o carbón, se vuelven económicamente viables cuando el precio del barril asciende sobrepasando, digamos, los 40 dólares, especialmente si los gobiernos consumidores deciden ofrecer sus propios incentivos o subvenciones. De modo que, incluso si la subida de precios no provoca una recesión, los saudíes se arriesgan a perder cuota de mercado frente a rivales en cuyas manos no fundamentalistas los norteamericanos preferirían canalizar sus dólares de energía.

Como apunta el autor, la subida de precios lleva a la gente a desarrollar sustitutos. Que es exactamente la razón de que no tengamos que sentir pánico por el pico del petróleo en primer lugar.

¿Y por qué comparo el pico del petróleo con los ataques de los tiburones? Porque los ataques de tiburones permanecen más o menos constantes, pero el temor a éstos aumenta drásticamente cuando los medios de comunicación deciden informar acerca de ellos. Apuesto a que ahora ocurrirá lo mismo con el pico del petróleo. Espero montones de artículos que agudicen los temores de los consumidores ante la catástrofe producida por el petróleo, pese a que en la última década no se ha producido ningún cambio fundamental.

SDL *(21 de agosto de 2005)*

¿Estados Unidos se halla preparado para un mercado de donación de órganos?

Probablemente no. Pero, en lo que supone una muy extraña coincidencia o algún tipo de esfuerzo concertado por lanzar el mensaje del mercado de órganos, hoy aparecen dos artículos de opinión tanto en el *New York Times* como en el *Wall Street Journal* que argumentan el caso.

El primero, titulado «La lista de espera de la muerte», es de Sally Satel, psiquiatra y especialista del Instituto Norteamericano de la Empresa. La misma Satel recibió un riñón y ahora sostiene que el sistema de entrega es terrible y que el nuevo informe del Instituto de Medicina, «La donación de órganos: oportunidades para la acción», es aún peor. «Por desgracia —escribe Satel—, el informe debería subtitularse, más apropiadamente "Recomendaciones para la inacción". El argumento principal de Satel consiste en que el argumento convencional contra el mercado de órganos —por ejemplo, que ninguna parte del cuerpo humano debería estar «a la venta»— ha quedado obsoleto, y añade, por los «mercados de óvulos y esperma humanos y madres de alquiler».

El artículo del *Wall Street Journal*, titulado «El contador de riñones», pertenece a Richard Epstein, el especialista en derecho de la Universidad de Chicago y miembro de la Institución Hoover. Epstein se muestra incluso más hostil al informe del Instituto de Medicina (aunque tal vez el *Wall Street Journal* le permitió ir más allá de lo que el *Times* permitió a Satel), al decir que se trata de un informe «estrecho de miras y carente de imaginación que debería haberse desvanecido dentro del Instituto de Medicina». Epstein escribe más adelante que «La fuente principal de mejora futura sólo se encuentra en los incentivos económicos; aunque el comité del Instituto de Medicina (que cuenta con un abogado pero con ningún economista) descarta estos incentivos... La lección clave de todo esto es que deberíamos mirar con mayor sospecha cualquier objeción indiscriminada a los incentivos de mercado, especialmente por parte de los moralistas altruistas que se han convencido de que su sensibilidad estética y la repugnancia instintiva deberían acabar con cualquier esfuerzo humano por salvar vidas.»

Pese a que su artículo no lo dice, estoy casi seguro de que Epstein es asesor de LifeSharers, una organización que se describe a sí misma como «red voluntaria de donantes de órganos sin ánimo de lucro» que pretende utilizar incentivos no económicos para alentar la donación de órganos. Hace un tiempo, recibimos un e-mail de David Undis, director ejecutivo de LifeSharers. Escribió:

> Faltan incentivos en la donación de órganos. Ésa es una de las razones por las cuales la gente se muere a la espera de un transplante.

Un mercado libre de órganos humanos salvaría miles de vidas al año, pero políticamente hablando se trata de una quimera. Las probabilidades de que el Congreso legalice la compraventa de órganos en un futuro inmediato son escasas.

Formé LifeSharers para introducir un incentivo legal y no económico para la donación de órganos: si aceptas donar tus órganos cuando mueras tendrás más posibilidades de recibir un órgano en caso de que lo necesites para vivir.

Me parece sorprendente, y a multitud de personas mucho más cercanas al tema que yo, que se haya avanzado tan poco en la reforma del proceso de donación de órganos. Nunca he oído a una sola persona decir que está satisfecha con las cosas tal y como están, y mientras estoy seguro de que Undis tiene razón cuando escribe que un mercado libre de órganos es, en términos políticos, una quimera, aparentemente las cosas están comenzando a avanzar al menos un poco en esa dirección. Como Satel escribe hoy en su artículo del *Times*, «Los comités de ética de la Red Unida para la Donación de Órganos, la Sociedad Norteamericana de Cirujanos de Transplante y el Congreso Mundial de Transplantes, junto al Consejo de Bioética del Presidente de Estados Unidos y otros, han comenzado a discutir las ventajas» de ofrecer a los donantes de órganos incentivos como «amnistía fiscal, seguro de enfermedad garantizado, becas universitarias para sus hijos, depósitos en sus cuentas de jubilación, etcétera.» Resulta interesante que, mientras todos estos incentivos son económicos, ninguno de ellos se encuentra en forma de dinero contante y sonante, lo cual puede hacerlos más aceptables.

No me sorprendería si, entre estos dos artículos, al menos se cambiaran hoy unas cuantas opiniones.

SJD *(15 de mayo de 2006)*

4. ¿Por qué pagar 36,09 dólares por pollo rancio?

Un *blog* también puede ser un buen lugar para desahogarse, perorar (y, ocasionalmente, despotricar) respecto a asuntos de un carácter más personal.

¿Por qué pagar 36,09 dólares por pollo rancio?

Una vieja amiga vino a la ciudad no hace mucho y nos encontramos para comer al noreste de la ciudad. Trilby pidió una hamburguesa, sin pan, con brie; yo pedí medio pollo asado con puré de patatas. La comida tardó en llegar, pero teníamos tanto que contarnos que no nos importó.

Mi pollo, cuando llegó, no tenía buena pinta, pero di un bocado. Estaba tan rancio que tuve que escupirlo en una servilleta. Absolutamente rancio, podrido, producía náuseas, asqueroso. Llamé a la camarera, quien adoptó una expresión convenientemente horrorizada y se llevó la comida.

Apareció la encargada. Era mayor que la camarera, con el cabello oscuro y largo y acento francés. Pidió disculpas, dijo que los cocineros estaban comprobando el plato, tratando de determinar si quizá las especias o la mantequilla habían causado el problema.

«No lo creo —dije yo—. Creo que su pollo está podrido. Cocino mucho pollo y sé cómo huele el pollo podrido.» Trilby estaba de acuerdo: el plato se podía oler desde el otro lado de la mesa, probablemente desde el otro lado del restaurante.

La encargada se mostró reacia a reconocerlo. Acababan de recibir la remesa de pollo esa misma mañana, dijo, lo cual no me pareció realmente relevante, como decir: no, tal y tal no podría haber cometido un asesinato hoy porque ayer no cometió uno.

La encargada se fue y, cinco minutos más tarde, regresó. «¡Tiene razón! —dijo—. El pollo estaba malo.» Dijo que los cocineros habían comprobado el pollo, habían descubierto que estaba podrido y lo habían tirado. ¡Victoria! Pero ¿para quién? La encargada se disculpó de nuevo y preguntó si quería que me invitasen al postre o una bebida. «Bueno —repuse—, para empezar deje que intente encontrar alguna comida en la carta que no parezca asquerosa después de ese pollo.» Pedí una crema de naranja, jengibre y zanahoria, patatas fritas y espinacas salteadas.

Entonces, Trilby y yo comimos, bastante felices, aunque el sabor del pollo rancio seguía conmigo; de hecho, aún sigue conmigo. Trilby se había tomado un vaso de vino antes de pedir y se bebió otro con la comida, sauvignon blanco. Yo bebí agua. Cuando la camarera retiró nuestros platos, preguntó de nuevo si podían invitarnos al postre. «Sólo café», dijimos.

Mientras Trilby y yo hablábamos, mencioné que no hacía mucho había entrevistado a Richard Thaler, el padrino de la economía conductual, un campo de estudio bastante nuevo que trata de explicar por qué la psicología del dinero es tan complicada. Mencioné el concepto de los conductistas del «anclaje», un concepto que los vendedores de coches usados en particular conocen tan bien: establecer un precio que puede ser un 100% superior a lo que realmente necesitas para asegurarte que sales con, digamos, un beneficio del 50%.

La conversación se desvió a lo que podríamos decir cuando llegara la cuenta. Parecía haber dos opciones: «No queremos ningún postre gratis, gracias, pero teniendo en cuenta lo que ha ocurrido con el pollo, nos gustaría que nos desagraviara con la comida entera.» Eso establecería un «anclaje» en el 0% de la cuenta. O esta opción: «No queremos ningún postre gratis, gracias, pero teniendo en cuenta lo que ha ocurrido con el pollo, ¿le importaría preguntar a la encargada qué pueden hacer acerca de la cuenta?» Eso establecería un anclaje del 100% de la cuenta.

Justo entonces, la camarera trajo la cuenta. Ascendía a 31,09 dólares. Tal vez por vergüenza, o prisa, o —con mayor probabilidad— el deseo de no parecer tacaño (cuando se refiere al dinero, las cosas nunca resultan sencillas), espeté la Opción 2: por favor, ver qué «podía hacer la encargada acerca de la cuenta».

La camarera respondió, sonriente, que ya se nos había invitado a los dos vasos de vino. Para mí en particular, ésa era una recompensa exigua, dado que era Trilby quien se había tomado el vino mientras que yo aún irradiaba el sabor del pollo rancio. Pero la camarera, aún sonriente, cogió la cuenta como era de esperar y se dirigió hacia la encargada. Ésta acudió como una flecha, también sonriente.

«Teniendo en cuenta lo ocurrido con el pollo —dije—, me pregunto qué puede hacer con la cuenta.»

«No le hemos cobrado los vinos», repuso ella, con gran amabilidad, como si fuera un cirujano que había creído que tendría que quitar ambos riñones pero descubrió que sólo tenía que quitar uno.

—¿Es lo mejor que puede ofrecerme? —pregunté (aún incapaz de establecer un anclaje en el 0%).

Ella me miraba con atención, aún amablemente. En ese momento estaba haciendo un cálculo, preparándose para hacer una especie de apuesta insustancial tanto económica como psicológica, el tipo de apuesta que todos nosotros hacemos a diario. Estaba apostando a que yo no era el tipo de persona que montaría una escena. Después de todo, había sido amable durante todo el dilema, sin alzar la voz o siquiera pronunciar las palabras «vomitar» o «rancio» en voz alta. Y la encargada, claramente, creyó que ese comportamiento continuaría. Estaba apostando a que yo no tiraría mi silla hacia atrás y gritaría, que no permanecería en el exterior del restaurante diciendo a clientes en potencia que mi pollo estaba asqueroso, que todo estaba rancio, que los cocineros o debieron olerlo y creyeron que podía pasar o, si no lo habían olido, estaban tan colocados que quién sabe qué más —una cuchara, una rodaja de pulgar, una cucharada de desinfectante— podría abrirse camino en la siguiente comida. Y así, haciendo esa apuesta, dijo «Sí»: como sí, eso es lo mejor que podía ofrecerme. «De acuerdo», repliqué, y ella se marchó. Dejé una propina de 5 dólares —no tenía sentido penalizar a la pobre camarera, ¿no?— salí del restaurante y acompañé a Trilby a un taxi. La encargada había apostado porque yo no causaría problemas, y tenía razón.

Hasta ahora.

El restaurante, si deseáis saberlo, se llama French Roast, y está en la esquina noreste de la Ochenta y cinco con Broadway, en Manhattan.

La última vez que lo comprobé, el pollo asado seguía en la carta. *Bon appetit.*

SJD *(8 de mayo de 2005)*

La obtención de beneficios del incivismo en las carreteras

Apenas conduzco desde que me mudé cerca del lugar donde trabajo. De modo que, cuando lo hago, el incivismo en las carreteras atrae mi atención de inmediato. Las personas hacen cosas en coche que nunca harían en otros entornos. Tocar el claxon. Jurar. Saltarse la cola. Y eso es sólo mi mujer. Los demás conductores son mucho más malvados.

Una de las razones evidentes es que no tienes que vivir con las consecuencias durante mucho tiempo. Si te saltas la cola en el control del aeropuerto, estarás muy cerca de la gente a la que has insultado durante un tiempo. Pero con un coche, huyes rápidamente del lugar de los hechos.

Cuando solía viajar, había un enlace en el que reinaba el incivismo en especial. (Para aquellos que conocen Chicago, es donde Dan Ryan se introduce en Eisenhower.) Cuando sales de la autopista hay dos carriles. Uno de ellos lleva a la otra autopista, y el otro a una calle lateral. Casi nadie quiere salir a esa calle. Puede haber un embotellamiento de casi un kilómetro esperando pacientemente para entrar en la autopista, y alrededor del 20% de los conductores atajan brusca e ilegalmente en el último momento tras fingir que se dirigen a la calle lateral. Toda persona honrada que espera en la cola se retrasa quince minutos o más a causa de los infractores.

Los científicos sociales en ocasiones hablan acerca del concepto de «identidad». Se trata de la idea de que tenemos una visión particular del tipo de persona que somos, y nos sentimos fatal cuando hacemos cosas que se salen de la línea de esa visión. Eso nos lleva a acciones que aparentemente no nos benefician a corto plazo. En economía, George Akerlof y Rachle Kranton popularizaron la idea. Yo había leído sus estudios, pero en general tengo un sentido de la identidad tan débil que nunca comprendí del todo de qué estaban hablando. La primera vez que realmente capté lo que decían fue cuando me di cuenta de que una parte clave de mi identidad era que yo no era el tipo de persona que me colaría para acortar mi trayecto, aunque resultase fácil hacerlo, y aunque pareciera una locura esperar quince minutos en la larga cola. Pero, si me colase, tendría que repensar de forma fundamental el tipo de persona que era.

El hecho de que no me importa que mi taxi se cuele en esas colas largas (en realidad, casi lo disfruto) probablemente demuestra que me queda mucho por recorrer en mi desarrollo moral.

Todo esto es en realidad un preludio que se desvía de mi argumento principal. Estaba en Nueva York el otro día y el taxista que me llevaba adelantó una larga cola de coches que salían de la autopista para colarse en el último segundo. Como de costumbre, disfruté siendo un inocente beneficiario de su pequeño delito. Pero lo que ocurrió a continuación fue aún más gratificante para el economista que hay en mí. Un policía se encontraba de pie en medio de la carretera, haciendo señas a todos los coches que se colaban —incluido el taxi en el que viajaba yo— por encima del hombro, donde un segundo policía repartía multas como si fuese una cadena de montaje. Haciendo un cálculo aproximado, esos dos policías estaban poniendo 30 multas por hora, por 115 dólares... Con más de 1.500 dólares por policía y hora (suponiendo que las multas se pagaban), ésta era una idea de hacer dinero fantástica para la ciudad. Y coge sólo a la gente correcta. El exceso de velocidad no afecta realmente a los demás, excepto de forma indirecta. Así que para mí, tiene mucho más sentido perseguir directamente la conducta mezquina como colarse. Esto está muy relacionado con la filosofía policial de William Bratton de las «ventanas rotas». No estoy seguro de que reduzca el número de infractores en las carreteras de ningún modo fundamental, dado que la probabilidad de ser cogido sigue siendo verdaderamente pequeña. Aun así, la belleza de esto radica en que *a*) todos los conductores que siguen las reglas sienten un torrente de regocijo cuando los conductores groseros son cogidos; y *b*) es una forma muy eficaz de gravar la mala conducta.

Así pues, mi recomendación de política a seguir para los departamentos de policía de todo el país es hallar los puntos de las carreteras que se prestan a este tipo de actuación y dejar que empiece la diversión.

SDL *(18 de noviembre de 2005)*

Las normas de Las Vegas

Levitt y yo estuvimos este fin de semana en Las Vegas, investigando un poco. (En serio.) Teníamos algo de tiempo libre y jugamos al blackjack. Era Nochevieja, en el Caesars Palace, alrededor de las nueve de la noche. Nos sentamos a una mesa vacía en la que la crupier, una mujer joven de Michigan, se mostró muy paciente enseñándonos los diferentes puntos que ninguno de nosotros conocía y que indicaban que ambos éramos inexpertos.

Mantén una mano en el regazo, por ejemplo. Cuando quieras una carta, pasa tus cartas dos veces a la izquierda. Cuando te quieras plantar, mete una carta debajo de tu ficha o fichas. Etcétera.

En un momento dado, Levitt pareció carraspear. Había llegado a 21, pero de algún modo había pedido otra carta. La última carta era un 2. No es que no supiera cómo jugar, o contar; sólo estaba distraído —hablando conmigo, diría más tarde—, y la repartidora le había visto hacer algo, o no hacerlo, que indicaba que quería otra carta. Así que ahí estaba él con cuatro cartas: una figura, un 4, un 7 y un 2. La repartidora parecía comprensiva. Respondí por Levitt, le dije que no era estúpido y sin duda no habría tomado carta con 21 intencionadamente. Parecía creernos. Dijo que llamaría a su supervisor para ver qué se podía hacer.

Llamó al supervisor por encima del hombro. Yo podía ver a su supervisor y podía ver que él no podía oírla. Recordad: estábamos en un casino en Nochevieja; había bastante ruido. Ella sigue llamándole, y yo sigo viendo que él no la oye, pero ella no va a volverse para llamarle. Eso significaría dar la espalda a su mesa llena de fichas y, aunque Levitt fuera tan tonto como para pedir carta con 21, es de suponer que era lo suficientemente listo para coger un montón de fichas y salir corriendo. (O quizá, pensaba ella, el hombre es en realidad listo como un zorro y utilizaba este truco de pedir carta con 21 todo el tiempo, para que la repartidora diese la espalda a la mesa.)

Finalmente, yo mismo fui a buscar al supervisor. La repartidora explicó la situación. Él parecía aceptar la explicación de Levitt. Entonces me miró a mí.

—¿Quería usted la carta?

—Bueno, ahora que la veo, claro que la quiero —respondí. Yo tenía 17; sin duda no habría pedido carta con 17, pero un 2 me daría un bonito 19.

—Aquí tiene —dijo, y me dio el 2—. Feliz año nuevo.

Entonces la repartidora tomó una carta y se fue.

No sé mucho acerca del juego, pero lo que sí sé es que la próxima vez que esté en Las Vegas y me sienta empujado a jugar un poco al blackjack, iré al Caesars.

Y sólo para que no creáis que Levitt es un completo idiota en el juego: al día siguiente, nos sentamos en la casa de apuestas deportivas y cogió un impreso de las carreras diarias, lo estudió durante alrededor de diez minutos y entonces se levantó y apostó a un caballo. Encontró uno que salía 7/2, que nunca había participado en una carrera. Pero vio algo que le gustaba. Apostó por que el caballo ganaría y sólo ganaría. Y después vimos la carrera en una de las pantallas gigantes. Su caballo tardó unos buenos 60 segundos en colocarse en el cajón de salida —creímos que sería retirado—, pero entonces entró y se abrieron las puertas y su caballo se puso en cabeza desde el principio hasta el final. Fue bastante más impresionante que su blackjack.

SJD *(3 de enero de 2006)*

Casi acabo en Guantánamo

Llegué al aeropuerto de West Palm Beach ayer, tratando de regresar a Chicago, sólo para ver la hora de mi vuelo en el tablón de salidas como sencillamente «Retrasado». Ni siquiera fingían que iba a salir en un futuro inmediato. Con un pequeño trabajo detectivesco, encontré otro vuelo que podía llevarme a casa con una compañía diferente, compré un billete de ida y me dirigí hacia el control del aeropuerto.

Por supuesto, la compra en el último momento de un billete de ida hace saltar las alarmas de la TSA (la Administración de Seguridad en el Transporte). Así que me sacan de la fila y me registran. Primero el cuerpo. Después el equipaje.

No se me pasó por la cabeza que mi última investigación me iba a crear problemas. Últimamente he estado reflexionando mucho acerca del terrorismo. Entre las cosas que tenía en mi equipaje de mano se encontraba una descripción detallada de los actos terroristas del 11 de Septiembre, repleta de fotos de cada uno de los terroristas e información acerca de su origen. Además, páginas de mis garabatos acerca de los incentivos de los terroristas, objetivos potenciales, etcétera. Estas cosas fueron lo primero que el encargado de registrarme sacó de mi bolsa. El humor antes alegre se volvió oscuro. De repente me rodearon cuatro empleados de la TSA. No parecieron muy impresionados por mi explicación. Cuando llegó el jefe, uno de los agentes dijo: «Dice que es un profesor de economía que estudia el terrorismo.»

Procedieron a extraer hasta el último artículo de mis dos bolsas. Hace más tiempo que no limpio mi maletín que actualizo mi página *web* personal. Es un maletín con doce compartimentos, todos los cuales están repletos de basura.

—¿Qué es esto? —preguntó el agente que me registraba.

—Es un brillo de labios de *Monsters, S.A.* y un llavero —respondí.

Y así prosiguió durante treinta minutos. Aparte del brillo de labios, le interesaban especialmente mi pasaporte (por suerte, era realmente mío), mi presentación en PowerPoint, las pastillas que flotaban a diestro y siniestro entre las grietas de mi bolsa (cubiertas de pelusa y de minas de lápiz de años en el purgatorio), y un libro destartalado (*When Bad Things Happen to Good People*).

Finalmente convencido de que yo jugaba con el equipo de casa, me permitió embarcar en un avión a Chicago. Gracias a Dios había dejado en casa mi copia del manual del terrorista sobre el que había escrito recientemente en el *blog*, o estaría viajando directo a Cuba.

SDL (14 de julio de 2005)

El Premio Nobel Thomas Schelling

He cambiado de dirección en diez ocasiones desde que terminé la universidad. Y cada vez que me he mudado, he mirado la caja vieja y maltrecha de cuadernos de la universidad y he tratado de decidir si ya había llegado el momento de tirarla. Después de todo, han pasado más de quince años y no se ha abierto la caja ni una sola vez.

El hecho de que Thomas Schelling al fin ganara el premio Nobel de Economía me dio una razón para abrirla. En segundo curso de carrera, hice Introducción a la Economía, impartida por Schelling. Creo que el curso se titulaba algo así como «Conflicto y estrategia». Aún guardo vivos recuerdos del curso. Un Schelling con el pelo cortado al rape se paseaba de un lado a otro del escenario (nunca con notas, si no recuerdo mal), contando historia tras historia que iluminaba la aplicación de los conceptos simples de la teoría del juego en la vida diaria. Las pausas entre historias eran lo bastante prolongadas para darme la impresión de que se le ocurrían en el momento, aunque mi propia experiencia como profesor me hace pensar lo contrario.

Para mí, esta primera introducción a la teoría del juego fue una inspiración. Para alguien que piensa de forma estratégica, o desearía hacerlo, las herramientas básicas de la teoría del juego son esenciales. La belleza de las clases de Schelling residía en lo fácil que eran las matemáticas y lo fácilmente que se aplicaban a contextos del mundo real. Los temas del curso eran básicos: el dilema del preso en la primera lección; el propio modelo del «punto de inclinación» de Schelling en las lecciones 2 y 3; la tragedia de los juegos de beneficios comunes y públicos después; los recursos de compromiso, amenazas creíbles y no creíbles, y la estrategia y táctica del control del propio comportamiento. [Para aquellos que lo ignoran, Schelling acuñó el término «Tipping Point» (el punto en el que todo puede cambiar) treinta años antes de que Malcolm Gladwell lo hiciera popular.]

Cualquier economista podría haber enseñado esos temas en clase, pero nadie lo habría hecho como Schelling. Cada concepto iba acompañado de un aluvión de ejemplos. Mis notas son tan pobres —sólo escribía algunas palabras clave— que ahora sólo puedo adivinar qué historia se hallaba tras las palabras: «cuando Rodesia se convirtió en Zimbabue», «VHS contra Beta», «Bear Bryant no debería haber votado por la Universidad de California», «el buen hombre del tiempo tiene las de ganar», «hacer picnics junto al coche», «Landon contra Roosevelt», «tirar de la cadena aleatoriamente», etcétera.

Incluso recuerdo haber tratado de llevar a la práctica inmediatamente las lecciones de Schelling. La gente que me conoce sabe que puedo quedarme dormido en cualquier parte, en cualquier momento. Calculo que en la universidad dormí durante algún momento del 90% de mis clases. Así que cuando Schelling nos habló acerca del compromiso, decidí que me sentaría en la primera fila de la clase como forma de comprometerme a no dormir. Por desgracia, la necesidad de dormir a menudo resultó demasiado fuerte. Si

Schelling me recordase sería como el único chico en la primera fila que siempre se quedaba dormido.

Para mí, Schelling constituye el mejor exponente de la teoría del juego. Fue pionero en el campo, un hombre de ideas. Desafortunadamente para la teoría del juego, las ideas simples que son tan seductoras fueron pronto minadas. Lo que siguió era menos interesante. La teoría del juego moderna se ha vuelto extremadamente matemática, cargada de notación y muy alejada de la vida cotidiana. Muchos de mis colegas no estarían de acuerdo con esto, pero creo que la teoría del juego ha fracasado a la hora de cumplir su enorme promesa inicial. No soy el único que lo cree. Recientemente estuve hablando con un teórico de juegos. Me dijo que si supiese lo que sabía y estuviese empezando en la profesión ahora, de ningún modo sería teórico de juegos.

Schelling fue una inspiración temprana para mí. Su clase y escritos fueron una de las grandes influencias que me empujaron hacia la economía. Mi enfoque de la economía tiene mucho en común con el suyo. Le estaba diciendo esto a uno de mis colegas el año pasado, que dio la casualidad de que se topó con Schelling y le dijo que debería contarme entre sus alumnos. Schelling permaneció indiferente.

SDL *(20 de octubre de 2005)*

NOTAS

El grueso de este libro procede de la investigación de Steven D. Levitt, a menudo conjuntamente con uno o varios colaboradores. Las notas que aparecen a continuación incluyen los informes académicos en los que se basó el material; la mayoría se encuentran disponibles en: *http:/pricetheory.uchicago.edu/levitt/levittCV.html.* También hemos hecho un uso libre de la investigación de otros especialistas, que aparece citada a continuación; les agradecemos no sólo su trabajo, sino también las conversaciones posteriores que nos permitieron presentar de forma adecuada sus ideas. Una parte del material de este libro procede de investigación o entrevistas no publicadas por uno de los autores o ambos. El material que no aparece citado en estas notas generalmente fue extraído de bases de datos de fácil acceso, redacciones de noticias y obras de referencia.

NOTA EXPLICATIVA

8-9 El pasaje que aparece sangrado apareció originalmente en «The Probability That a Real-Estate Agent Is Cheating You (and Other Riddles of Modern Life)», de Stephen J. Dubner (*The New York Times Magazine*, 3 de agosto de 2003).

INTRODUCCIÓN: EL LADO OCULTO DE TODAS LAS COSAS

13-16 EL CONTINUO DESCENSO DEL CRIMEN: el argumento de la caída del crimen puede encontrarse en «Understanding Why Crime Fell in the 1990's: Four Factors That Explain the Decline and Six That Do Not», de Steven D. Levitt (*Journal of Economic Perspectives* 18, núm. 1, 2004, págs. 163-190)/ **13-14 El superdepredador:** véase «Kids with Guns», de Eric Pooley (*New York Times Magazine*, 9 de agosto de 1991); «The Coming of the Super-Predators», de John J. DiIulio Jr.

(*Weekly Standard*, 27 de noviembre de 1995); «The Lull Before the Storm?», de Tom Morganthau (*Newsweek*, 4 de diciembre de 1995); «Now for the Bad News: A Teenage Time Bomb», de Richard Zoglin (*Time*, 15 de enero de 1996); y «Crime Time Bomb», de Ted Gest (*U.S. News & World Report*, 25 de marzo de 1996). / **13-14 Los alarmantes pronósticos de James Alan Fox** pueden consultarse en dos informes gubernamentales: «Trend in Juvenile Violence: A Report to the United States Attorney General on Current and Future Rates of Juvenile Offending» (Washington D. C.: Oficina de Estadísticas Judiciales, 1996) y «Trends in Juvenile Violence: An Update» (Washington D. C.: Oficina de Estadísticas Judiciales, 1997). / **13-14 El temeroso comentario del presidente Clinton** se produjo durante un discurso en Boston en el que anunció nuevas medidas contra el crimen; véase «Clinton Urges Campaign Against Youth Crime», de Alison Mitchell (*New York Times*, 20 de febrero de 1997). / **14-16 La historia de Norma McCorvey/Jane Roe:** véase «Who is "Jane Roe"?: Anonimous No More, Norma McCorvey No Longer Supports Abortion Rights», de Douglas S. Word, (CNN.com, 18 de junio de 2003); y *I am Roe: My Life, Roe v. Wade, and Freedom of Choice*, de Norma McCorvey y Andy Meisler (Nueva York: HarperCollins, 1994). / **15-16** La relación entre el aborto y la criminalidad se establece en «The Impact of Legalized Abortion on Crime», de John J. Donohue III y Steven D. Levitt (*Quarterly Journal of Economics* 116, núm. 2, 2001, págs. 379-420). Otros estudiosos han mostrado su desacuerdo con partes de la teoría. Véase «Did Legalized Abortion Lower Crime?», de Ted Joyce (*Journal of Human Resources* 39, núm. 1, 2004, págs. 1-28); y la respuesta de Donohue y Levitt, «Further Evidence That Legalized Abortion Lowered Crime: A Response to Joyce» (*Journal of Human Resources* 39, núm. 1, 2004, págs. 29-49). Véase también «Testing Economic Hypotheses with State-Level Data: A Comment on Donohue and Levitt (2001)», de Christopher L. Foote y Christopher F. Goetz (documento de trabajo del Banco de Boston de la Reserva Federal, núm. 06-15, 2005); y, de nuevo, la respuesta de Donohue y Levitt, «Measurement Error, Legalized Abortion, the Decline in Crime: A Response to Foote and Goetz (2005)» (documento de trabajo de la Oficina Nacional de Investigación Económica, 2006).

16-19 LA HISTORIA REAL DEL MERCADO INMOBILIARIO: el estudio que compara cómo dirige un agente inmobiliario la venta de su propia casa con la de la casa de un cliente, «Market Distortions When Agents Are Better Informed: A Theoretical and Empirical Exploration of the Value of Information in Real Estate Transactions», es obra de Steven D. Levitt y Chad Syverson (documento de trabajo de la Oficina Nacional de Investigación Económica, 2005). /**16-18 Los mecánicos permisivos de California** aparecen en «An Empirical Examination of Moral Hazard in the Vehicle Inspection Market», de Thomas Hubbard (*RAND Journal of Economics* 29, núm. 1, 1998, págs. 406-426); y en «How Do Consumers Motivate Experts? Reputational Incentives in an Auto Repair Market», de Thomas Hubbard, (*Journal of Law & Economics* 45, núm. 2, 2002, págs. 437-468). / **17-18 Los médicos que realizan cesáreas de más** aparecen en «Physician Financial Incentives and Caesarean Section Delivery», de Johnathan Gruber y Maria Owings (*RAND Journal of Economics* 27, núm. 1, 1996, págs. 99-123).

19-21 EL MITO DE LOS GASTOS DE CAMPAÑA se explica más detalladamente en tres estudios: «Using Repeat Challengers to Estimate the Effect of Campaign Spending on Election Outcomes in the U. S. House», de Steven D. Levitt (*Journal of Political Economy*, agosto de 1994, págs. 777-798); «Congressional Campaign Finance Reform», de Steven D. Levitt (*Journal of Economic Perspectives* 9, 1995, págs. 183-193); y «The Impact of Federal Spending on House Election Outcomes», de Steven D. Levitt y James M. Snyder Jr. (*Journal of Political Economy* 105, núm. 1, 1997, págs. 30-53).

22-23 OCHO VASOS DE AGUA AL DÍA: véase «Can Water Aid Weight Loss?», de Robert J. Davis (*Wall Street Journal*, 16 de marzo de 2004), que cita un estudio del Instituto de Medicina que concluye que «no existe base científica para la recomendación [de ocho vasos al día] y la mayoría de la gente obtiene agua suficiente a través del consumo normal de comidas y bebidas».

23-25 De cualquier modo, merece la pena leer a Adam Smith, por supuesto (especialmente si se posee una paciencia infinita), así como *The Wordly Philosophers*, de Robert Heilbroner (Simon & Schuster, Nueva York, 1953), que contiene perfiles memorables de Smith, Karl Marx, Thorstein Veblen, John Maynard Keynes, Joseph Shumpeter y otros gigantes de la economía.

1. ¿QUÉ TIENEN EN COMÚN UN MAESTRO DE ESCUELA Y UN LUCHADOR DE SUMO?

27-28 EL ESTUDIO DE LAS GUARDERÍAS DE ISRAEL: véase «A Fine
30-31 is a Price», de Uri Gneezy y Aldo Rustichini (*Journal of Legal Studies* 29, núm. 1, enero de 2000, págs. 1-17); y «The "W" Effect of Incentives», de Uri Gneezy (documento de trabajo de la Universidad de Chicago).

29-31 EL ASESINATO EN EL TIEMPO: véase «Secular Trends of Violence, Evidence, and Theoretical Interpretations», de Manuel Eisner (*Crime and Justice: A Review of Research* 3, 2003); y «Violence and the Rise of Modern Society», de Manuel Eisner (*Criminology in Cambridge*, octubre de 2003, págs. 3-7).

30-31 THOMAS JEFFERSON ACERCA DE LA RELACIÓN CAUSA-

EFECTO: *Autobiography of Thomas Jefferson* (1829; reimpresión, G. P. Putnam's Sons, Nueva York, 1914, pág. 156) [*Autobiografía y otros escritos*, Tecnos, Madrid, 1987].

31-32 SANGRE POR DINERO: véase «The Gift of Blood», de Richard M. Titmuss (*Transaction* 8, 1971); también en *The Philosophy of Welfare: Selected Writings by R. M. Titmuss*, ed. B. Abel-Smith y K. Titmuss (Allen and Unwin, Londres, 1987). Véase también «Altruism, Attribution, and Intrinsic Motivation in the Recruitment of Blood Donors», de William E. Upton (tesis de doctorado, Universidad Cornell, 1973).

32-33 CUANDO SIETE MILLONES DE NIÑOS DESAPARECIERON DE LA NOCHE A LA MAÑANA: véase «Who Are the Ineligible EITC Recipients?», de Jeffrey Liebman (*National Tax Journal* 53, 2000, págs. 1165-1186). El estudio de Liebman citaba a John Szilagyi en «Where Some of Those Dependents Went» (*1990 Research Conference Report: How Do We Affect Taxpayer Behavior?*, Hacienda, marzo de 1991, págs. 162-163).

32-44 LOS PROFESORES TRAMPOSOS EN CHICAGO: este estudio, que también proporciona información importante acerca de las pruebas de alto índice, aparece detalladamente en otros dos estudios: «Rotten Apples: An Investigation of the Prevalence and Predictors of Teacher Cheating» (*Quarterly Journal of Economics* 118, núm. 3, 2003, págs. 843-877); y «Catching Cheating Teachers: The Results of an Inusual Experiment in Implementing Theory», de Brian A. Jacob y Steven D. Levitt (*Brookings-Wharton Papers on Urban Affairs*, 2003, págs. 185-209). / **34-35 La alumna de quinto curso de Oackland con el profesor superamable:** basado en la entrevista de uno de los autores con un antiguo ayudante de director de las Escuelas Públicas de Oakland. / **41-43 Trampas entre los profesores de Carolina del Norte:** véase «Standardized Test: Irregularities in Administering of Test Affect Results», de G. H. Gay (*Journal of Instructional Psychology* 17, núm. 2, 1990, págs. 93-103). / **42-43 La historia de Arne Duncan, director de las Escuelas Públicas de Chicago**, está en gran parte basada en entrevistas de los autores; véase también «The Outsider Comes In», de Amy D'Orio (*District Administration: The Magazine for K-12 Education Leaders*, agosto de 2002) y distintos artículos de Ray Quintanilla publicados en el *Chicago Tribune*.

44-46 EL EXAMEN DE BALONCESTO DE LA UNIVERSIDAD DE GEORGIA se hizo público cuando la universidad dio a conocer 1.500 páginas de documentos en respuesta a una investigación llevada a cabo por la Asociación Nacional Colegiada de Atletismo.

46 LOS BLACK SOX DE CHICAGO: Varios lectores de la versión original de *Freakonomics* han declarado que los White Sox pasaron a llamarse Black Sox no a causa del escándalo de las apuestas, sino por otra razón completamente diferente. Así es como aparece la explicación en

la enciclopedia creada por los usuarios *wikipedia.org*: «El término "Black Sox" surgió antes en [1919], cuando [el propietario del equipo, Charles] Comiskey decidió hacer que los jugadores pagaran por la limpieza de sus uniformes. Los jugadores dejaron de hacerlo como protesta, y cuando sus medias blancas se volvieron sucias y oscuras, los periodistas les pusieron ese apodo.» Por muy atractiva que resulte esta explicación, Levitt y Dubner no han encontrado respaldo para ella en los archivos históricos.

46-52 LAS TRAMPAS EN EL SUMO: véase «Winning Isn't Everything: Corruption in Sumo Wrestling», de Mark Duggan y Steven D. Levitt, (*American Economic Review* 92, núm. 5, diciembre de 2002, págs. 1594-1605). / **46-52 Hay mucho que aprender acerca del sumo,** y una parte interesante puede hallarse en los siguientes libros: *The Big Book of Sumo*, de Mina Hall (Stonebridge Press, Berkeley, California, 1997); *Nakabon*, de Keisuke Itai (Shogakkan Press, Tokio, 2000); y *Yaocho*, de Onaruto (Line Books, Tokio, 2000) / **51-52 Dos denunciantes de la existencia de prácticas ilegales en el sumo** mueren de forma misteriosa: véase «Sumo Wrestlers (They're BIG) Facing a Hard Fall», de Cerril WuDunn (*New York Times*, 28 de junio de 1996); y «Sumo Quake: Japan's Revered Sport is Marred by Charges of Tax Evasion, Match Fixing, Ties to Organizad Crime, and Two Mysterious Deaths», de Anthony Spaeth, cobertura de Irene M. Kunii y Hiroki Tashiro (*Time, International Edition*, 30 de septiembre de 1996).

52-58 EL HOMBRE DE LAS ROSQUILLAS: Paul Feldman buscaba un economista investigador que se interesase por sus datos, y consiguió la atención de Steven Levitt. (Habían pasado varios estudiosos más.) Levitt y después Dubner visitaron posteriormente el negocio de rosquillas de Feldman cerca de Washington, D. C. Su investigación llevó a un artículo esencialmente similar a la versión de la historia publicada aquí: «What the Bagel Man Saw», de Stephen J. Dubner y Steven D. Levitt (*The New York Times Magazine*, 6 de junio de 2004). Levitt también ha escrito además un estudio académico acerca del negocio de rosquillas de Feldman: «An Economist Sells Bagels. A base Study in Profit Maximizatin» (documento de trabajo de la Oficina Nacional de Investigación Económica, 2006) / **54-55 El estudio «Cerveza en la playa»** procede de «Mental Accounting and Consumer Choice», de Richard H. Thaler (*Marketing Science* 4, verano de 1985, págs. 119-214); también recomendamos leer *The Winner's Curse: Paradoxes and Anomalies of Economic Life*, de Richard H. Thaler (Free Press, Nueva York, 1992).

2. ¿EN QUÉ SE PARECE EL KU KLUX KLAN A UN GRUPO DE AGENTES INMOBILIARIOS?

59-69 EXTENDER LOS SECRETOS DEL KLAN: esta sección ha sido revisada considerablemente desde que se publicó la versión original de *Freakonomics*, debido al descubrimiento por parte de los autores de que Stetson Kennedy —tanto en su memoria *The Klan Unmasked* como en entrevistas con los autores— había falseado su papel al afirmar haberse infiltrado y atacado al Klan. (Véase págs. 235-239 de «Engañados» [*New York Times*, 8 de enero de 2006] para una explicación más completa de este tema.) Para una historia general del Klan, véase *Knights of the Ku Klux Klan* (1919), de Winfield Jones; *Hooded Americanism: The First Century of the Ku Klux Klan, 1865-1965*, de David M. Chalmers (Garden City, Nueva York, Doubleday, 1965); *The Fiery Cross: The Ku Klux Klan in America*, de Wyn Craig (Nueva York, Simon & Schuster, 1987); y muchos otros. Los escritos más relevantes acerca de Stetson Kennedy incluyen *Southern Exposure* (Garden City, Nueva York: Doubleday, 1946; reeditada en 1991 por Florida Atlantic University Press) y *The Klan Unmasked* (Boca Raton: Florida Atlantic University Press, 1990), que fue publicado originalmente como *I Rode with the Ku Klux Klan* (Londres, Arco Publishers, 1954). También nos ha sido de ayuda *Before His Time: The Untold Story of Harry T. Moore, America's First Civil Rights Martyr*, de Ben Green (Nueva York, Simon & Schuster, 1999). Los documentos de Stetson Kennedy relacionados con el Klan, además de los informes de «John Brown» y otro material relacionado, pueden encontrarse en diferentes archivos, incluido el Centro Schomburg para la Investigación de la Cultura Negra, una biblioteca pública de Nueva York; la Biblioteca Universitaria del Estado de Georgia en Atlanta; y los archivos de la Liga Antidifamación de Nueva York. Se pueden encontrar transcripciones del programa de radio de Drew Pearson *Washington Merry-Go-Round* en ***http://www.aladin.wrlc.org/collect/pearson/pearson.shtml.***

69-70 ¿QUÉ OCURRIÓ CON LAS TARIFAS DE LOS SEGUROS?: véase «Does the Internet Make Markets More Competitive? Evidence from Life Insurance Industry», de Jeffrey R. Brown y Austan Gollsbee (*Journal of Political Economy* 110, núm. 3, junio de 2002, págs. 481-507).

70 EL JUEZ DEL TRIBUNAL SUPREMO LOUIS D. BRANDEIS escribió «Suele decirse que la luz del sol es el mejor de los desinfectantes»: véase, *Other's People Money-and How Bankers Use It,* de Louis D. Brandeis (Frederick A. Stokes, Nueva York, 1914).

70 EL ACERTIJO DEL COCHE NUEVO USADO: esta tesis, y en realidad gran parte de lo que hoy pensamos en torno a la «información asimétrica», procede de un estudio escrito por George A. Akerlof durante su primer año como profesor asistente en Berkeley, en 1966-

1967. Fue rechazado en tres ocasiones —dos de las publicaciones dijeron a Akerlof que «no publicaban estudios sobre temas tan triviales», como más tarde recordaría él— antes de publicarse como «The Market for "Lemons": Quality Uncertainty and the Market Mechanism» (*Quarterly Journal of Economics*, agosto de 1970). Unos treinta años después, el estudio granjeó a Akerlof el Premio Nobel de Economía; comúnmente se le considera el hombre más simpático que ha ganado nunca el galardón.

72-73 LAS CINTAS DE ENRON: en el momento en que se escribe este libro, las grabaciones pueden escucharse en *http://www.cobs.com/stories/2004/06/01/eveningnews/main6_20626.shtml.* Véase también «Enron Traders on Grandma Millie and Making Out Like Bandits», de Richard A. Oppel Jr. (*New York Times*, 13 de junio de 2004).

73-74 ¿ES NECESARIA LA ANGIOPLASTIA?: véase «New Heart Studies Question the Value of Opening Arteries», de Gina Kolata (*New York Times*, 21 de marzo de 2004).

74-79 LA VERDADERA HISTORIA DEL MERCADO INMOBILIARIO, SEGUNDA PARTE: véase «Market Distortions When Agents Are Better Informed: A Theoretical and Empirical Exploration of the Value of Information in Real-Estate Transactions», de Steven D. Levitt y Chad Syverson (documento de trabajo de la Oficina Nacional de Investigación Científica, 2005).

79-80 TRENT LOTT, ¿UN SEGREGACIONISTA NO TAN SECRETO?: las circunstancias que rodean los comentarios perjudiciales de Lott aparecen resumidas en «Lott: Tripped Up by History», de Dan Goodgame y Karen Tumulty (*Time.com/cnn.com*, 16 de diciembre de 2002).

80-82 *EL ESLABÓN MÁS DÉBIL*: véase «Testing Theories of Discrimination: Evidence from *The Weakest Link*, de Steven D. Levitt (*Journal of Law and Economics* 17, octubre de 2004, págs. 431-452). / **82 La teoría de la discriminación basada en el gusto** se origina con *The Economics of Discrimination*, de Gary S. Becker (University of Chicago Press, Chicago, 1957). / **82 La teoría de la discriminación basada en la información** deriva de múltiples estudios, incluido «A Statistical Theory of Racism and Sexism», de Edmund Phelps (*American Economic Review* 62, núm. 4, 1972, págs. 659-661); y «The theory of Discrimination», de Kenneth Arrow, *Discrimination in Labor Markets*, ed. Orley Ashenfelter y Albert Rees (Princeton University Press, Princeton, Nueva Jersey, 1973).

82-86 LA HISTORIA DE LAS CITAS *ONLINE*: véase «What Makes You Clic: An Empirical Analysis of Online Dating», Günter J. Hitsch, Ali Hortaçsu y Dan Ariely (documento de trabajo de la Universidad de Chicago, 2005).

86-87 LOS VOTANTES MENTÍAN ACERCA DE DINKINS/GIULIA-

NI: véase, *Private Truths, Public Lies: The Social Consequences of Preference Falsification*, de Timur Kuran (Harvard University Press, Cambridge, Massachussets, 1995); y «Governor Joins Dinkins Attack Against Rival», de Kevin Sack (*New York Times*, 27 de octubre de 1989; y «Uncertainty over Polls Clouds Strategy in Mayor Race», de Sam Roberts, (*New York Times*, 31 de octubre de 1989).

87 LA MENTIRA DE LOS VOTANTES ACERCA DE DAVID DUKE: véase *Private Truths, Public Lies*, de Kuran; también «Republican Quits Louisiana Race in Effort to Defeat Ex-Klansman», de Peter Applebome (*New York Times Magazine*, 5 de octubre de 1990); y «Racial Politics in South's Contests: How Wind of Hate or Last Gasp?», de Peter Applebome (*New York Times*, 5 de noviembre de 1990).

87 DAVID DUKE, MAESTRO DEL ABUSO DE INFORMACIÓN: entre las múltiples fuentes utilizadas en este material se encuentran «David Duke's Work-Release Program», de Karen Henderson (*National Public Radio*, 14 de mayo de 2004); y el exhaustivo «Duke's Decline», de John McQuaid (*New Orleans Times-Picayune*, 13 de abril de 2003).

3. ¿POR QUÉ CONTINÚAN LOS TRAFICANTES DE DROGAS VIVIENDO CON SUS MADRES?

89-90 LA «SABIDURÍA CONVENCIONAL» DE JOHN KENNETH GALBRAITH: véase «The Concept of the Conventional Wisdom», segundo capítulo de *The Affluent Society* (Houghton Mifflin, Boston, 1958).

90 MITCH SNYDER Y LOS MILLONES DE SIN TECHO: la controversia en torno al activismo de Snyder recibió amplia cobertura, especialmente por los periódicos de Colorado a principios de los ochenta y adquirió nueva notoriedad en 1990, cuando Snyder se suicidó. Gary S. Becker y Guity Nashat Becker ofrecen una buena perspectiva general en «How the Homeless "Crisis" Was Hyped", en *The economics of Life* (McGraw-Hill, Nueva York, 1997, págs. 175-176); el capítulo fue adaptado a partir de un artículo de *Business Week* de 1994 de los mismos autores.

91 LA INVENCIÓN DE LA HALITOSIS CRÓNICA: la extraña y absorbente historia del Listerine aparece hermosamente redactada en *Twenty Ads That Shook the World: The Century's Most Groundbreaking Advertising and How It Changed Us All*, de James B. Twitchell (Crown, Nueva York, 2000, págs. 60-69).

91 GEORGE W. BUSH COMO UN COWBOY DE MENTIRA: véase «New Year's Resolutions», de Paul Krugman (*New York Times*, 26 de diciembre de 2003).

91-92 NO TANTAS VIOLACIONES COMO GENERALMENTE SE CREE: las estadísticas del Estudio del Crimen Nacional indican que el riesgo de una mujer a lo largo de su vida de ser víctima de relaciones sexuales no deseadas o de intento de relaciones sexuales no deseadas es una de cada ocho (no una de cada tres, como suelen discutir los defensores). En el caso de los hombres, el Estudio del Crimen Nacional indica una incidencia de uno entre cuarenta, en lugar de la incidencia de uno entre nueve citada por los defensores.

92 NO TANTO CRIMEN COMO REALMENTE HABÍA: véase «Report Says Atlanta Underreported Crimes to Help Land 1996 Olympics», de Mark Niesse (Associated Press, 20 de febrero de 2004).

93-108 LA LARGA Y EXTRAÑA INCURSIÓN DE SUDHIR VENKATESH EN LA GUARIDA DEL CRACK: en el momento en que se escribe este libro Sudhir Venkatesh es profesor de Sociología y Estudios Afroamericanos en la Universidad de Columbia. / **93-98 El material biográfico** acerca de Venkatesh procede en gran parte de entrevistas del autor; véase también «The Gang Way», de Jordan Marsh (*Chicago Reader*, 8 de agosto de 1997); y «The Science of Fitting In», de Robert L. Kaiser (*Chicago Tribune*, 10 de diciembre de 2000). / **98-108 Los pormenores de la banda de crack** aparecen en cuatro estudios de Sudhir Alladi Venkatesh y Steven D. Levitt: «The Financial Activities of an Urban Street Gang» (*Quarterly Journal of Economics* 115, núm. 3, agosto de 2000, págs. 755-789); «"Are We a Family or a Business?" History and Disjuncture in the Urban American Street Gang» (*Theory and Society* 29, otoño de 2000, págs. 427-462); «Growing Up in the Projects: The Economic Lives of a Cohort of Men Who Came of Age in Chicago Public Housing» (*American Economic Review* 91, núm. 2, 2001, págs. 79-84); y «The Political Economy of an American Street Gang» (documento de trabajo de la American Bar Foundation, 1998). Véase también *American Project: The Rise and Fall of a Modern Ghetto*, de Sudhir Venkatesh (Harvard University Press, Cambridge, Massachusetts, 2000). / **103-104 El tráfico de crack como el trabajo más peligroso de Estados Unidos:** según la Oficina de Estadísticas Laborales, las diez ocupaciones más peligrosas son: talador, pescador, piloto y navegante, trabajadores con estructuras metálicas, conductores/viajantes, reparadores de tejados, instaladores de electricidad, ocupaciones de granja, trabajadores de la construcción y conductores de camión.

108 LA INVENCIÓN DE LAS MEDIAS DE NAILON: fue Wallace Carothers, un joven químico procedente de Iowa y empleado de DuPont quien, tras siete años de pruebas, halló el modo de introducir polímeros líquidos en minúsculas cánulas para crear una fibra de hilos extremadamente fuertes. Era el nailon. Unos años más tarde, DuPont introdujo las medias de nailon en Nueva York y Londres. Contrariamente a

lo que suele creerse, el nombre del maravilloso tejido no derivaba de la combinación de los nombres de dichas ciudades. Tampoco se trataba, como se rumoreaba, de un acrónimo de «Now You've Lost, Old Nippon»,* un desaire al mercado dominante de la seda japonesa. El nombre era en realidad una versión de «No Run»,** un eslogan que en realidad las nuevas medias no podían confirmar, pero cuyo fallo apenas disminuyó su éxito. Carothers, depresivo de toda la vida, no vivió para ver el éxito generalizado de su invento: se suicidó en 1937 bebiendo cianuro. Véase *Enough for One Life-time: Wallace Carothers, Inventor of Nylon*, de Matthew E. Hermes (Chemical Heritage Foundation, Filadelfia, 1996).

109 ARGOT DEL CRACK: el Consejo de Alcoholismo y Drogodependencia de Dallas ha reunido una lista extraordinariamente divertida de nombres para la cocaína en la calle. Para la cocaína en polvo: Badrock, Bazooka, Beam, Berni, Bernice, Big C, Blast, Blizzard, Blow, Blunt, Bouncing Powder, Bump, C, Caballo, Caine, Candy, Caviar, Charlie, Chicken Scratch, Coca, Cocktail, Coconut, Coke, Cola, Damablanca, Dust, Flake, Flex, Florida Snow, Foo Foo, Freeze, G-Rock, Girl, Goofball, Happy Dust, Happy Powder, Happy Trails, Heaven, King, Lady, Lady Caine, Late Night, Line, Mama Coca, Marching Dust/Powder, Mojo, Monster, Mujer, Nieve, Nose, Nose Candy, P-Dogs, Peruvian, Powder, Press, Prime Time, Rush, Shot, Sleighride, Sniff, Snort, Snow, Snowbirds, Soda, Speedball, Sporting, Stardust, Sugar, Sweet Stuff, Toke, Trails, White Lady, White Powder, Yeyo, Zip. Para la cocaína fumable: Base, Ball, Beat, Bisquits, Bones, Boost, Boulders, Brick, Bump, Cakes, Casper, Chalk, Cookies, Crumbs, Cubes, Fatbags, Freebase, Gravel, Hardball, Hell, Kibbles n' Bits, Kryptonite, Love, Moonrocks, Nuggets, Onion, Pebbles, Piedras, Piece, Ready Rock, Roca, Rock(s), Rock Star, Scotty, Scrabble, Smoke House, Stones, Teeth, Tornado.

109 EL JOHNNY APPLESEED DEL CRACK: Oscar Danilo Blandon y su supuesta alianza con la CIA se tratan detalladamente, y de un modo que despertó una gran controversia, en una serie de tres artículos, publicados en el *San Jose Mercury News* y escritos por Gary Webb, que comenzó el 18 de agosto de 1996. Véase también «Though Evidence is Thin, Tale of CIA and Drugs Has a Life of Its Own», de Tim Golden (*New York Times*, 21 de octubre de 1996); y *Dark Alliance: The CIA, the Contras, and the Crack Cocaine Explosion*, de Gary Webb (Seven Stories Press, Nueva York, 1998). Más tarde, el departamento de Justicia estadounidense examinó detalladamente el asunto en «The CIA-Contra-Crack Cocaine Controversy: A Review of

* Ahora has perdido tú, viejo japonés. *(N. de la T.)*

** Sin carreras. *(N. de la T.)*

the Justice Department's Investigations and Prosecutions», disponible en el momento en que se escribe este libro en *www.usdoj.gov/oig/special/9712/ch01p1.htm.*

110 LAS BANDAS EN AMÉRICA: véase *The Gang*, de Frederick Thrasher (Chicago University Press, Chicago, 1927).

112 LA DISMINUCIÓN DE VARIAS DIFERENCIAS ENTRE BLANCOS Y NEGROS, ANTES DEL CRACK: véase «An Overview of Social and Economic Trends By Race», de Rebecca Blank, en *America Becoming: Racial Trenes and Their Consequences*, ed. Neil J. Smelser, William Julius Wilson y Faith Mitchell (National Academy Press, Washington, D. C., 2001, págs. 21-40). / **112 En relación a la mortalidad infantil**, véase «Civil Rights, the War on Poverty, and Black-White Convergence in Infant Mortality in Mississippi», de Douglas V. Almond, Kenneth Y. Chay y Michael Greenstone (documento de trabajo de la Oficina Nacional de Investigación Económica, 2003).

112 LOS DISTINTOS EFECTOS DESTRUCTIVOS DEL CRACK se analizan en «The Impact of Crack Cocaine», de Roland G. Fryer Jr., Paul Heaton, Steven D. Levitt y Kevin Murphy (documento de trabajo de la Universidad de Chicago, 2005).

4. ¿ADÓNDE HAN IDO TODOS LOS CRIMINALES?

115-117 LA PROHIBICIÓN DEL ABORTO DE NICOLAI CEAUSESCU: la información general acerca de Rumanía y los Ceausescu procede de diferentes fuentes, entre las cuales se hallan «Eastern Europe, the Third Communism» (*Time*, 18 de marzo de 1966); «Ceausescu Ruled with an Iron Grip» (*Washington Post*, 26 de diciembre de 1989); «The Ceausescus: 24 Years of Fierce Repression, Isolation and Independence», de Ralph Blumenthal (*New York Times*, 26 de diciembre de 1989); «In Cradle of Rumanian Revolt, Anger Quickly Overcame Fear», de Serge Schmemann (*New York Times*, 30 de diciembre de 1989); «Overplanned Parenthood: Ceausescu's Cruel Law», de Karen Breslau (*Newsweek*, 22 de enero de 1990), y «The Economic Legacy of Ceausescu», de Nicolas Holman (*Student Economic Review*, 1994). / **115-116 La relación entre la prohibición del aborto en Rumanía y los resultados de vida** ha sido analizada en dos documentos: «The Impact of an Abortion Ban on Socio-Economic Outcomes of Children: Evidence from Romania», de Cristian Pop-Eleches (documento de trabajo de la Universidad de Columbia, 2002); y «The Suply of Birth Control Methods, Education and Fertility: Evidence from Romania», de Cristian Pop-Eleches (documento de trabajo de la Universidad de Columbia, 2002).

117-118 EL GRAN DESCENSO DEL CRIMEN EN ESTADOS UNIDOS:

como hemos señalado, este material procede de «Understanding Why Crime Fell in the 1990's: Four Factors That Explain the Decline and Six That Do Not», de Steven D. Levitt (*Journal of Economic Perspectives* 18, núm. 1, 2004, págs. 163-190). / **117-118 La «exageración intencionada» de James Alan Fox:** véase «No Simple Solution For Solving Violent Crimes», de Torsten Ove (*Pittsburg Post-Gazette*, 12 de septiembre de 1999).

120 LOS POLÍTICOS ERAN CADA VEZ MÁS BLANDOS CON EL CRIMEN: este y otros temas aparecen analizados en «Stiffer Jail Terms Hill Make Gunmen More Gun-Shy», «How to Tackle Crime? Take a Tough, Head-On Stance» y «The Economic Approach to Fighting Crime», de Gary S. Becker y Guity Nashat Becker, aparecidos ambos en *The Economics of Life* (McGraw-Hill, Nueva York, 1997, págs. 135-144); los capítulos fueron adaptados a partir de los artículos de *Business Week* de los mismos autores.

120-122 MAYOR CONFIANZA EN LAS CÁRCELES: referente al incremento por quince de los presos por delitos de drogas, «An Empirical Analysis of Imprisoning Drug Offenders», de Ilyana Kuziemko y Steven D. Levitt (*Journal Of Public Economics* 88, núms. 9-10, 2004, págs. 2043-2066). / **120-121 ¿Y si soltamos a todos los presos?:** véase «On Behalf of a Moratorium on Prison Construction», de William Nagel, (*Crime and Delinquency* 23, 1977, págs. 152-174). / **120-121 «Aparentemente es necesario un doctorado...»:** véase «Arresting Ideas: Tougher Law Enforcement Is Driving Down Urban Crime», de John J. DiIulio Jr. (*Policy Review*, núm. 75, otoño de 1995).

121-123 PENA DE MUERTE: para consultar un informe completo acerca de la no ejecución de un solo criminal por parte de Nueva York, véase «Capital Punishment in New York State: Statistics from Eight Years of Representation, 1995-2003» (Nueva York, Capital Defender Office, agosto de 2003), disponible en el momento en que escribimos en *nycdo.org/8yr.html.* Más recientemente, el Tribunal de Apelación de Nueva York halló la pena capital inconstitucional, y en efecto detuvo todas las ejecuciones. / **122-123 Ejecutar a un criminal se traduce en siete homicidios menos:** véase «The Deterrent Effect of Capital Punishment: A Question of Life and Death», de Isaac Ehrlich (*American Economic Review* 65, 1975, págs. 397-417); y «Capital Punishment and Deterrence: Some Further Thoughts and Evidence», de Isaac Ehrlich (*Journal of Political Economy* 85, 1977, págs. 741-788). / **122-123 «No volveré a jugar con la maquinaria de la muerte»:** de la opinión discrepante del juez Harry A. Blackmun en una decisión del Tribunal Supremo en 1994 que denegaba la revisión de un caso de pena capital de Texas: «Callins contra Collins», 510 U.S. 1141 (1994); citado en *Congressional Quarterly Researcher* 5, núm. 9 (10 de marzo de 1995). Cabe señalar que los jueces norteamericanos también parecen haber perdido apetito por la pena de muerte, en parte, al parecer, por la frecuencia con que personas inocentes han sido ejecutadas en los últimos años, o exoneradas cuando se encontraban en el corredor de la muerte. Durante la década de los noventa, se impuso la pena capital a una media de 290 criminales; en los cuatro primeros años de este siglo, esa cifra ha descendido a 174. Véase «Fewer Death Sentences Being Imposed in U.S.», de Adam Liptak (*New York Times*, 15 de septiembre de 2004).

123-125 ¿LA POLICÍA HACE DESCENDER EL CRIMEN DE VERDAD?: véase «Using Electoral Cycles in Police Hiring to Estimate the Effect of Police on Crime», de Steven D. Levitt (*American Economic Review* 87, núm. 3, 1997, págs. 270-290); y ««Why Do Increased Arrest Rates Appear to Reduce Crime: Deterrence, Incapacitation, or Measurement Error?», de Steven D. Levitt (*Economic Inquiry* 36, núm. 3, 1998, págs. 353-372); y «The Response of Crime Reporting Behavior to Changes in the Size of the Police Force: Implications for Studies of Police Effectiveness Using Reported Crime Data», de Steven D. Levitt (*Journal of Quantitative Criminology* 14, febrero de 1998, págs. 62-81). / **124-125 Los sesenta como una buena época para ser criminal:** véase *The Economics of Life*, de Gary S. Becker y Guity Nashat Becker (McGraw-Hill, Nueva York, 1997, págs. 142-143).

124-128 EL «MILAGRO» DEL CRIMEN DE LA CIUDAD DE NUEVA YORK: la cita del «período ateniense» procede de la entrevista de uno de los autores con el antiguo capitán de la policía, William J. Gorta, uno de los creadores de CompStat. / **125 La teoría de la ventana rota:** véase «Broken Windows: The Police and Neighborhood Safety», ed. James Q. Wilson y George L. Kelling (*Atlantic Monthly*, marzo de 1982). / **127-128 Bratton contrata más efectivos policiales en Los Ángeles:** véase «The Gang Buster», de Terry McCarthy (*Time*, 19 de enero de 2004).

128-132 LEYES DE CONTROL DE ARMAS: en referencia al hecho de que Estados Unidos posee más armas que adultos, véase *Guns in America: Results of a Comprehensive Survey of Gun Ownership and Use*, de Philip Cook y Jens Ludwig (Police Foundation, Washington, 1996). / **128-129 La relación entre el crimen y las armas:** véase «More Guns, More Crime», de Mark Duggan (*Journal of Political Economy* 109, núm. 5, 2001, págs. 1086-1114). / **129 Armas en Suiza:** véase «Armed to the Teeth, and Free», de Stephen P. Halbrook (*Wall Street Journal Europe*, 4 de junio de 1999). / **129-130 La impotencia de la ley Brady:** véase «Homicide and Suicide Rates Associated with Implementation of the Brady Handgun Violence Prevention Act», de Jens Ludwig y Philip Cook (*Journal of the American Medical Association* 284, núm. 5, 2000, págs. 585-591). /**130 Los delincuentes compran armas del mercado negro:** véase *Armed and Considered Dangerous: A Survey of Felons and Their Firearms*, de James D. Wright y Peter H. Rossi

(Aldine de Gruyter, Hawthorne, Nueva York, 1986). / **130 El cambio de armas por psicoterapia:** véase «Wise Clima-Down, Bad Veto» (*Los Angeles Times*, 5 de octubre de 1994). / **130-131 Por qué no funcionan los compromisos de readquisición:** véase «Money for Guns: Evaluation of the Seatle Gun Buy-Back Program», de C. Callahan, F. Rivera y T. Koepsell (*Public Health Reports* 109, núm. 4, 1994, págs. 472-477); «Youth Violence in Boston: Law Markets; Serious Youth Offenders, and a Use-Reduction Strategy», de David Kennedy, Anne Pichl y Anthony Braga (*Law and Contemporary Problems* 59, 1996, págs. 147-183); y «Australia: A Massive Buy-back of Low-Risk Guns», de Peter Reuter y Jenny Mouzon, en *Evaluating Gun Policy: Effects on Crime and Violence*, ed. Jens Ludwig y Philip Cook (Brookings Institution, Washington D.C., 2003). / **131 La teoría para llevar de John Lott:** véase «Right-to-Carry Concealed Guns and the Importance of Deterrence», de John R. Lott y David Mustard (*Journal of Legal Studies* 26, enero de 1997, págs. 1-68); y *More Guns, Less Crime: Understanding Crime and Gun Control Laws*, de John R. Lott Jr. (University of Chicago Press, Chicago, 1998). / **131 John Lott como Mary Rosh:** véase «The Mystery of Mary Rosh», de Julián Sánchez (*Reason*, mayo de 2003); y «Scholar Invents Fan to Answer His Critics», de Richard Morin (*Washington Post*, 1 de febrero de 2003). / **131-133 Refutada la teoría de las armas de Lott:** véase «Shooting Down the "More Guns, Less Crime" Hypothesis», de Ian Ayres y John J. Donohue III (*Stanford Law Review* 55, 2003, págs. 1193-1312); «More Guns, More Crime», de Mark Duggan (*Journal of Political Economy* 109, núm. 5, 2001, págs. 1086-1114).

131-133 EL ESTALLIDO DE LA BURBUJA DEL CRACK: para una reflexión acerca de la historia y detalles del crack, véase «The Impact of Crack Cocaine», de Roland G. Fryer Jr., Paul Heaton, Steven Levitt, y Kevin Murphy (documento de trabajo de la Universidad de Chicago, 2005). / **132 25% de homicidios:** véase «Crack and Homicide in New York City: A Case Study in the Epidemiology of Violence», de Paul J. Goldstein, Henry H. Brownstein, Patrick J. Ryan y Patricia A. Bellucci, en *Crack in America: Demon Drugs and Social Justice*, ed. Craig Reinarman y Harry G. Levine (University of California Press, Berkeley, 1997, págs. 113-130).

133 LA TEORÍA DEL «ENVEJECIMIENTO DE LA POBLACIÓN»: véase «The Limited Role of Changing Age Structure in Explaining Agregate Crime Rates», de Steven D. Levitt (*Criminology* 37, núm. 3, 1999, págs. 581-599). A pesar de que actualmente la teoría del envejecimiento ha sido descartada, distinguidos expertos continúan sugiriéndola; véase «Most Crimes of Violence and Property Hover at 30-Year Low», de Mathew L. Wald (*New York Times*, 5 de septiembre de 2004), donde Lawrence A. Greenfield, director de la Oficina de Estadísticas de

Justicia, declara: «Probablemente no hay una explicación basada en un solo factor de por qué han estado descendiendo los índices de criminalidad todos estos años y se encuentran ahora en su nivel más bajo desde que comenzamos a medirlos en 1973. Probablemente esté relacionado con la demografía, o con tener a muchos de los delincuentes con mayores antecedentes entre rejas.» / **133 «Acecha una nube»:** véase «Crime and Public Policy», de James Q. Wilson, en *Crime*, edición de James Q. Wilson y Joan Petersilia (ICS Press, San Francisco, 1995, pág. 507).

133-142 LA RELACIÓN ENTRE EL CRIMEN Y EL ABORTO: para obtener una visión general, véase «The Impact of Legalized Abortion on Crime», de John J. Donohue III y Steven D. Levitt (*Quarterly Journal of Economics* 116, núm. 2, 2001, págs. 379-420), y «Further Evidence That Legalized Abortion Lowered Crime: A Response to Joyce», de John J. Donohue III y Steven D. Levitt (*Journal of Human Resources* 39, núm. 1, 2004, págs. 29-49). / **134 Estudios acerca del aborto en Europa del Este y Escandinavia:** véase «The Psycological Sequelae of Therapeutic Abortion-Denied and Completed», de P. K. Dagg (*American Journal of Psychiatry* 148, núm. 5, mayo de 1991, págs. 578-585), y *Born Unwanted: Development Effects of Denied Abortion*, de Henry David, Zdenek Dytrych, *et al.* (Springer, Nueva York, 1988). / **135 La opinión de «Roe contra Wade»:** «Roe contra Wade», 410 U. S. 113 (1973). / **136 Un estudio muestra que el hijo típico:** véase «Abortion Legalization and Child Living Circumstances: Who Is the "Marginal Child"?», de Jonathan Gruber, Philip P. Levine, y Douglas Staiger (*Quarterly Journal of Economics* 114, 1999, págs. 263-291). / **136 Indicadores más sólidos de un futuro criminal:** véase «Family Factors as Correalates and Predictors of Juvenile Conduct Problems and Delinquency», de Rolf Loeber y Magda Stouthamer-Loeber, en *Crime and Justice*, vol. 7, edición de Michael Tonry y Norval Morris (University of Chicago Press, Chicago, 1986); y *Crime in the Making: Pathways and Turning Points Trough Life*, de Robert Sampson y John Laub (Harvard University Press, Cambridge, Massachusetts, 1986). / **136 También tener una madre adolescente:** véase «The Impact of Income and Family Structure on Delinquency», de William S. Comanor y Llad Philllips (documento de trabajo de la Universidad de California en Santa Barbara, 1999). / **136 Otro estudio ha demostrado que el nivel educativo bajo de la madre:** «Maternal Smoking During Pregnancy and Risk of Criminal Behavior Among Adult Male Offspring in the Northern Finland 1996 Birth Cohort», de Pirkko Räsäneu *et al.* (*American Journal of Psychiatry* 156, 1999, págs. 857-862). / **136 El infanticidio disminuyó drásticamente:** véase «Legalized Abortion and the Homicide of Young Children: An Empirical Investigation», de Susan Sorenson, Douglas Wiebe y Richard Berk (*Analyses of Social Issues and Public Policy* 2, núm. 1, 2002, págs. 239-256). / **139 Estudios de Australia y Canadá:** véase «Does Increased Abortion

Lead to Lower Crime? Evaluating the Relationship between Crime, Abortion and Fertility», de Anindya Sen, manuscrito inédito, y «Abortion and Crime», de Andrew Leigh y Justin Wolfers (*AQ: Journal of Contemporary Analysis* 72, núm. 4, 2000, págs. 28-30). / **139 Muchas de las niñas que no nacieron a causa del aborto:** véase «The Impact of Legalizad Abortion on Teen Childbearing», de John J. Donohue III, Jeffrey Grogger y Steven D. Levitt (documento de trabajo de la Universidad de Chicago, 2002). / **139 El aborto peor que la esclavitud:** véase «Accusing Justice: Some Variations of the Themes of Robert M. Cover's *Justice Accused*», de Michael S. Paulsen (*Journal of Law and Religion* 7, núm. 33, 1989, págs. 33-97). / **139 El aborto como el «único instrumento eficaz en la prevención del crimen»:** véase *The Police Mystique: An Insider's Look at Cops, Crime, and the Criminal Justice System*, de Anthony V. Bouza (Plenum, Nueva York, 1990). / **140 Nueve millones de dólares para salvar a un búho manchado:** véase «Economics in an Endangered Species Act», de Gardner M. Brown y Jason F. Shogren (*Journal of Economic Perspectives* 12, núm. 3, 1998, págs. 3-20). / **140 31 dólares para la prevención de otro vertido como el del *Exxon Valdez*:** véase «Assessing Damages for the Exxon Valdez Oil Spill», Glenn W. Harrison (documento de trabajo de la Universidad de Florida Central, 2004). / **140-141 Lista de precios de partes del cuerpo:** extraída del Paquete Informativo de Compensación de los trabajadores del estado de Connecticut, pág. 27, disponible en el momento en que escribimos en *wcc.state.ct.us/download/acrobat/info-packet.pdf.*

5. ¿QUÉ HACE A UN PADRE PERFECTO?

143-146 LA SABIDURÍA EN CONSTANTE CAMBIO DE LOS EXPERTOS EN EL CUIDADO DE LOS HIJOS: *Raising America: Experts, Parents, and a Century of Advice about Children*, de Ann Hulbert (Knopf, Nueva York, 2003) es un compendio enormemente útil de consejos acerca del cuidado de los hijos. / **143-144 La «estrategia de manejo de los hijos» y la advertencia de la privación del sueño:** véase *On Becoming Babywise*, de Gary Ezzo y Robert Bucknam (Multnomah, Sisters, Oregon, 1995), págs. 32 y 53. / **144 T. Berry Brazelton y el niño «interactivo»:** *Infants and Mothers: Difference in Development*, de T. Berry Brazelton, ed. rev. (Delta/Seymour Lawrence, Nueva York, 1983, pág. xxiii). / **144 Advertencia de L. Emmett Holt contra el «estímulo excesivo»:** *The Happy Baby*, de L. Emmett Holt (Dodd, Mead, Nueva York, 1924, pág. 7). / **144 El llanto como «ejercicio del bebé»:** *The Care and Feeding of Children: A Catecism for the Use of Mothers and Children's Nurses*, de L. Emmett Holt (Appleton, Nueva York, 1894, pág. 53).

144-148 ¿UN ARMA O UNA PISCINA?: véase «Pools More Dangerous than Guns», de Steven D. Levitt (*Chicago Sun-Times*, 28 de julio de 2001).

145-149 PETER SANDMAN EN TORNO A LA ENFERMEDAD DE LAS VACAS LOCAS Y OTROS PELIGROS: véase «Squeaky clean? Not Even Close», de Amanda Hesser (*New York Times*, 28 de enero de 2004), y «The Peter Sandman Risk Communication Web Site» en *http://www.psandman.com/index.htm.*

149-152 ¿CUÁNTO INFLUYEN LOS PADRES REALMENTE?: véase *The Nurture Assumption: Why Children Turn Out the Way They Do*, Judith Richard Harris (Free Press, Nueva York, 1998); un perfil de Harris que al mismo tiempo proporciona un resumen excelente del debate naturaleza-educación, véase «Do Parents Matter?», de Malcolm Gladwell (*The New Yorker*, 17 de agosto de 1998), y «Peer Pressure», de Carol Tavris (*New York Times Book Review*, 13 de septiembre de 1998). / **150 «Allá vamos otra vez»:** véase Tabriz *(New York Times)*. / **151 Pinker calificó las ideas de Harris de «alucinantes»:** «Sibling Rivalry: Why the Nature/Nurture Debate Won't Go Away», de Steven Pinker (*Boston Globe*, 13 de octubre de 2002), adaptación de *The Blank Slate: The Modern Denial of Human Nature*, de Steven Pinker (Viking, Nueva York, 2002).

152-155 ELECCIÓN DE ESCUELA EN CHICAGO: este material procede de «The Impact of School Choice on Student Outcomes: An Analysis of Chicago Public Schools», de Julie Berry Cullen, Brian Jacob y Steven D. Levitt (*Journal of Public Economics*, de próxima publicación), y «The Effect of School Choice on Student Outcomes: Evidence from Randomized Lotteries», de Julie Berry Cullen, Brian Jacob y Steven D. Levitt (documento de trabajo de la Oficina Nacional de Investigación Científica).

155 ALUMNOS QUE LLEGAN AL INSTITUTO SIN ESTAR PREPARADOS PARA EL TRABAJO DE INSTITUTO: véase «More Students Passing Regents, but Achievement Gap Persists», de Tamar Lewin (*New York Times*, 18 de marzo de 2004).

155-156 LA DIFERENCIA DE INGRESOS ENTRE BLANCOS Y NEGROS ANALIZADA HASTA LA DIFERENCIA DE CALIFICACIONES EN OCTAVO CURSO: «The Role of Pre-Market Factors in Black-White Wage Differences», de Derek Neal y William R. Johnson (*Journal of Political Economy* 104, 1996, págs. 869-895), y «The Roles of Human Capital in Earnings Differences Between Black and White Men», de June O'Neill (*Journal of Economic Perspectives* 4, núm. 4, 1990, págs. 25-46). / **156 «Reducción de la diferencia de calificaciones entre blancos y negros»:** «America's Next Achievement Test: Closing the Black-White Test Score Gap», de Christopher Jencks y Meredith Phillips (*American Prospect* 40, septiembre-octubre de 1998, págs. 44-53).

156 «ACTUAR COMO UN BLANCO»: véase «The Economics of "Acting White"», de David Austen-Smith y Roland G. Fryer Jr. (documento de trabajo de la Oficina Nacional de Investigación Científica, 2003). / **156 Kareem Abdul-Jabbar:** *Giant Steps*, de Kareem Abdul-Jabbar y Peter Knobler (Bantam, Nueva York, 1983), pág. 16.

156-170 LA DIFERENCIA DE CALIFICACIONES ENTRE BLANCOS Y NEGROS Y EL ECLS: este material procede de «Understanding the Black-White Test Score Gap in the First Two Years of School», de Roland G. Fryer Jr. y Steven D. Levitt (*The Review of Economics and Statistics* 86, núm. 2, 2004, págs. 447-464). Pese a que este estudio contiene escasa información acerca de la correlación entre las calificaciones y los factores de entorno familiar (televisión, castigos corporales, etc.), se incluye una regresión de dichos datos en el apéndice del estudio. Respecto al estudio del ECLS en sí: en el momento en que escribimos, existe una perspectiva general en *nces.ed.gov/ecls/*.

166-167 PADRES ADOPTIVOS CON COCIENTES INTELECTUALES SUPERIORES AL DE LA MADRE BIOLÓGICA: véase «The Nature and Nurture of Economic Outcomes», de Bruce Sacerdote (documento de trabajo de la Oficina Nacional de Investigación Económica, 2000).

168-169 FIN DEL ALFABETISMO: véase «Educators Flocking to Finland, Land of Literate Children», de Lisette Alvarez (*New York Times*, 9 de abril de 2004).

169 UN LIBRO PARA CADA PEQUEÑO: véase «Governor Wants Books for Tots; Kids Would Get 60 by Age 5 in Effort to Boost Literacy», de John Keilman (*Chicago Tribune*, 12 de enero de 2004).

170-171 LA INFLUENCIA DE LOS PADRES ADOPTIVOS: véase «The Nature and Nurture of Economic Outcomes», de Sacerdote.

6. EL CUIDADO PERFECTO DE LOS HIJOS, SEGUNDA PARTE; O: ¿TENDRÍA UNA ROSHANDA UN OLOR TAN DULCE SI SU NOMBRE FUESE OTRO?

173-174 LA HISTORIA DE LOSER LANE: procede de las entrevistas de uno de los autores y de «Winner and Loser: Names Don't Decide Destiny», de Sean Gardiner (*Newsday*, 22 de julio de 2002).

174 EL JUEZ Y LA «TENTADORA»: basado en entrevistas de los autores.

175-176 ROLAND G. FRYER Y EL ESTUDIO DEL RENDIMIENTO INFERIOR DEL ALUMNO NEGRO: extraído de entrevistas de los autores; véase «Cigarette Brand Preferentes Among Adolescents», de Lloyd Johnston, Patrick O'Malley, Jerald Bachman y John Schulenberg (*Monitoring the Future Ocasional Paper* 45, Instituto de Investigación Social, Universidad de Michigan, 1999).

175-183 NOMBRES NEGROS (Y OTRAS DIFERENCIAS CULTURALES ENTRE BLANCOS Y NEGROS): véase «The Causes and Consequences of Distinctively Black Names», de Roland G. Fryer Jr. y Steven D. Levitt (*Quarterly Journal of Economics* 119, núm. 3, agosto de 2004, págs. 767-805).

180 LOS CURRÍCULOS «BLANCOS» APLASTAN A LOS CURRÍCU-

LOS «NEGROS»: el estudio de auditoría más reciente que ha llegado a una conclusión es «Are Emily and Greg More Employable than Lakisha and Jamal? A Field Experiment Evidence on Labor Market Discrimination», de Marianne Bertrand y Sendhil Mullainathan (documento de trabajo de la Oficina Nacional de Investigación Económica, 2003).

181 YO XING HEYNO AUGUSTUS EISNER ALEXANDER WEISER KNUCKLES JEREMIJENKO-CONLEY: véase «A Boy Named Yo, Etc.: Name Changes, Both Practical and Fanciful, Are on the Rise», de Tara Bahrampour (*New York Times*, 25 de septiembre de 2003).

181 MICHAEL GOLDBERG, SIJ NACIDO EN LA INDIA: véase «Livery Driver is Wounded in a Shooting», de Robert F. Worth (*New York Times*, 9 de febrero de 2004).

181 WILLIAM MORRIS, NACIDO ZELMAN MOSES: entrevista de los autores con Alan Kannof, antiguo jefe de operaciones de la agencia William Morris.

183 NOMBRES DE MARCA COMO NOMBRES DE PILA: procedente de los datos de certificados de nacimientos de California y tratado también en «Naming the Baby: Parents Brand Their Tot with What's Hot», de Stephanie Kang (*Wall Street Journal*, 26 de diciembre de 2003).

183 UNA NIÑA LLAMADA SHITHEAD: la mujer que telefoneó al programa de radio para hablar a Roland Fryer de su nieta Shithead podía estar mal informada, o incluso mintiendo descaradamente. A pesar de ello, no era la única que consideraba que los nombres de negros en ocasiones van demasiado lejos. Bill Cosby, durante un discurso en mayo de 2004 en la gala de celebración del décimo quinto aniversario de «Brown contra el Consejo de Educación» en la Asociación Nacional para el Progreso de la Gente Negra, arremetió contra los negros de bajos ingresos por multitud de conductas autodestructivas, incluida la imposición de nombres propios «del gueto». Cosby se vio sumariamente vilipendiado por críticos tanto negros como blancos. (Véase «The New Cosby Kids», de Barbara Ehrenreich, *New York Times*, 8 de julio de 2004, y «America's Granddad Gets Ornery», de Debra Dickerson, *Slate*, 13 de julio de 2004.) Poco después, el secretario de Educación de California, Richard Riordan —el adinerado ex alcalde blanco de Los Ángeles—, se vio atacado por lo que se percibió como un desprecio racial. (Véase «Riordan Stung by "Gotcha" News», de Tim Rutten, *Los Angeles Times*, 10 de julio de 2004.) Riordan, durante una visita a una biblioteca de Santa Barbara con el fin de promover un programa de lectura, conoció a una niña de seis años llamada Isis. La niña le dijo a Riordan que su nombre significaba «princesa egipcia»; Riordan, tratando de bromear, replicó: «Significa niña tonta y cochina.» El escándalo resultante llevó a activistas negros a pedir la dimisión de Riordan. Mervyn Dymally, un miembro de la Asamblea

Legislativa de Compton, explicó que Isis era «una niña afroamericana. ¿Le habría dicho lo mismo a una niña blanca?». No obstante, resultó que Isis era blanca. Algunos activistas trataron de proseguir con la protesta contra Riordan, pero la madre de Isis, Trinity, alentó a todo el mundo a relajarse. Su hija, explicó, no se había tomado el chiste de Riordan en serio. «Tengo la impresión —declaró Trinity— de que no pensó que fuese un hombre demasiado inteligente.»

189-190 UNA LISTA MUCHO MÁS EXTENSA DE NOMBRES DE NIÑO Y NIÑA: a continuación reproducimos una recopilación de nombres interesantes, bonitos, inusuales, muy comunes o de algún modo clásicos, junto al nivel educativo que representan. (Cada nombre posee una incidencia de al menos diez casos en los datos de los nombres de California.)

ALGUNOS NOMBRES DE NIÑA
(Años de educación de la madre entre paréntesis)

Abigail (14,72), Adelaide (15,33), Alessandra (15,19), Alexandra (14,67), Alice (14,30), Alison (14,82), Allison (14,54), Amalia (15,25), Amanda (13,30), Amber (12,64), Amy (14,09), Anabelle (14,68), Anastasia (13,98), Angelina (12,74), Annabel (15,40), Anne (15,49), Anya (14,97), Ashley (12,89), Autumn (12,86), Ava (14,97), Aziza (11,52), Bailey (13,83), Beatrice (14,74), Beatriz (11,42), Belinda (12,79), Betty (11,50), Breanna (12,71), Britt (15,39), Brittany (12,87), Bronte (14,42), Brooklyn (13,50), Brooklynne (13,10), Caitlin (14,36), Caitlynn (13,03), Cammie (12,00), Campbell (15,69), Carly (14,25), Carmella (14,25), Cassandra (13,38), Cassidy (13,86), Cate (15,23), Cathleen (14,31), Cecilia (14,36), Chanel (13,00), Charisma (13,85), Charlotte (14,98), Chastity* (10,66), Cherokee (11,86), Chloe (14,52), Christina (13,59), Ciara (13,40), Cierra (12,97), Cordelia (15,19), Courmey (13,55), Crimson (11,53), Cynthia (12,79), Dahlia (14,94), Danielle (13,69), Daphne (14,42), Darlene (12,22), Dawn (12,71), Deborah (13,70), December (12,00), Delilah (13,00), Denise (12,71), Deniz (15,27), Desiree (12,62), Destiny (11,65), Diamond (11,70), Diana (13,54), Diane (14,10), Dora (14,31), Eden (14,41), Eileen (14,69), Ekaterina (15,09), Elizabeth (14,25), Elizabethann (12,46), Ella (15,30), Ellen (15,17), Emerald (13,17), Emily (14,17), Emma (15,23), Faith (13,39), Florence (14,83), Francesca (14,80), Frankie (12,52), Franziska (15,18), Gabrielle (14,26), Gennifer (14,75), Georgia (14,82), Geraldine (11,83), Ginger (13,54), Grace (15,03), Gracie (13,81), Gretchen (14,91), Gwyneth (15,04), Haley (13,84), Halle (14,86), Hannah (14,44), Hilary (14,59), Hillary (13,94), Ilana (15,83), Ilene (13,59), Indigo (14,38), Isabel (15,31), Isabell (13,50), Ivy (13,43),

* Acerca de la adolescente llamada Temptress citada en las págs. 174-175, a juzgar por las pobres cifras relacionadas con el nombre Chastity, cuesta creer que Temptress se hubiera beneficiado mucho de llamarse así.

Jacquelin (12,78), Jacqueline (14,40), Jade (13,04), Jamie (13,52), Jane (15,12), Janet (12,94), Jeanette (13,43), Jeannette (13,86), Jemma (15,04), Jennifer (13,77), Johanna (14,76), Jordan (13,85), Joyce (12,80), Juliet (14,96), Kailey (13,76), Kara (13,95), Karissa (13,05), Kate (15,23), Katelynne (12,65), Katherine (14,95), Kayla (12,96), Kelsey (14,17), Kendra (13,63), Kennedy (14,17), Kimia (15,66), Kylie (13,83), Laci (12,41), Ladonna (11,60), Lauren (14,58), Leah (14,30), Lenora (13,26), Lexington (13,44), Lexus (12,55), Liberty (13,36), Liesl (15,42), Lily (14,84), Linda (12,76), Linden (15,94), Lizabeth (13,42), Lizbeth (9,66), Lucia (13,59), Lucille (14,76), Lucy (15,01), Lydia (14,40), MacKenzie (14,44), Madeline (15,12), Madison (14,13), Mandy (13,00), Mara (15,33), Margaret (15,14), Mariah (13,00), Mary (14,20), Matisse (15,36), Maya (15,26), Meadow (12,65), Megan (13,99), Melanie (13,90), Meredith (15,57), Michaela (14,13), Micheala (12,95), Millicent (14,61), Molly (14,84), Montana (13,70), Naomi (14,05), Naseem (15,23), Natalie (14,58), Nevada (14,61), Nicole (13,77), Nora (14,88), Olive (15,64), Olivia (14,79), Paige (14,04), Paisley (13,84), Paris (13,71), Patience (11,80), Pearl (13,48), Penelope (14,53), Phoebe (15,18), Phoenix (13,28), Phyllis (11,93), Portia (15,03), Precious (11,30), Quinn (15,20), Rachel (14,51), Rachell (11,76), Rebecca (14,05), Renee (13,79), Rhiannon (13,16), Rikki (12,54), Ronnie (12,72), Rosalind (15,26), Ruby (14,26), Sabrina (13,31), Sadie (13,69), Samantha (13,37), Sarah (14,16), Sasha (14,22), Sayeh (15,25), Scarlett (13,60), Selma (12,78), September (12,80), Shannon (14,11), Shayla (12,77), Shayna (14,00), Shelby (13,42), Sherri (12,32), Shira (15,60), Shirley (12,49), Simone (14,96), Siobhan (14,88), Skylynn (12,61), Solveig (14,36), Sophie (15,45), Stacy (13,08), Stephanie (13,45), Stevie (12,67), Storm (12,31), Sunshine (12,03), Susan (13,73), Suzanne (14,37), Svetlana (11,65), Tabitha (12,49), Talia (15,27), Tallulah (14,88), Tatiana (14,42), Tatum (14,25), Taylor (13,65), Tess (14,83), Tia (12,93), Tiffany (12,49), Tracy (13,50), Trinity (12,60), Trudy (14,88), Vanessa (12,94), Venus (12,73), Veronica (13,83), Veronique (15,80), Violet (13,72), Whitney (13,79), Willow (13,83), Yael (15,55), Yasmine (14,10), Wonne (13,02) y Zoe (15,03).

ALGUNOS NOMBRES DE NIÑO

(Años de educación de la madre entre paréntesis)

Aaron (13,74), Abdelrahman (14,08), Ace (12,39), Adam (14,07), Aidan (15,35), Alexander (14,49), Alistair (15,34), Andrew (14,19), Aristotle (14,20), Ashley (12,95), Atticus (14,97), Baylor (14,84), Bjorn (15,12), Blane (13,55), Blue (13,85), Brian (13,92), Buck (12,81), Bud (12,21), Buddy (11,95), Caleb (13,91), Callum (15,20), Carter (14,98), Chaim (14,63), Christ (11,50), Christian (13,55), Clyde (12,94), Cooper (14,96), Dakota (12,92), Daniel (14,01), Dashiell (15,26), David (13,77), Deniz (15,65), Dylan (13,58), Eamon (15,39), Elton (12,23), Emil (14,05), Eric (14,02), Finn (15,87), Forrest (13,75), Franklin (13,55), Gabriel (14,39), Gary (12,56), Giancarlo (15,05), Giuseppe (13,24), Graydon (15,51), Gustavo (11,68), Hashem (12,76), Hugh (14,60), Hugo (13,00), Idean (14,35), Indiana (13,80), Isaiah (13,12), Jackson (15,22), Jacob (13,76), Jagger (13,27), Jamieson (15,13), Jedidiah

(14,06), Jeffrey (13,88), Jeremy (13,46), Jesus (8,71), Jihad (11,60), Johan (15,11), JohnPaul (14,22), Jonathan (13,86), Jordan (13,73), Jorge (10,49), Joshua (13,49), Josiah (13,98), Jules (15,48), Justice (12,45), Kai (14,85), Keanu (13,17), Keller (15,07), Kevin (14,03), Kieron (14,00), Kobe (13,12), Kramer (14,80), Kurt (14,33), Lachlan (15,60), Lars (15,09), Leo (14,76), Lev (14,35), Lincoln (14,87), Lonny (11,93), Luca (13,56), Malcolm (14,80), Marvin (11,86), Max (14,93), Maximilian (15,17), Michael (13,66), Michelangelo (15,58), Miro (15,00), Mohammad (12,45), Moises (9,69), Moses (13,11), Moshe (14,41), Muhammad (13,21), Mustafa (13,85), Nathaniel (14,13), Nicholas (14,02), Noah (14,45), Norman (12,90), Oliver (15,14), Orlando (12,72), Otto (13,73), Parker (14,69), Parsa (15,22), Patrick (14,25), Paul (14,13), Peter (15,00), Philip (14,82), Philippe (15,61), Phoenix (13,08), Presley (12,68), Quentin (13,84), Ralph (13,45), Raphael (14,63), Reagan (14,92), Rex (13,77), Rexford (14,89), Rocco (13,68), Rocky (11,47), Roland (13,95), Romain (15,69), Royce (13,73), Russell (13,68), Ryan (14,04), Sage (13,63), Saleh (10,15), Satchel (15,52), Schuyler (14,73), Sean (14,12), Sequoia (13,15), Sergei (14,28), Sergio (11,92), Shawn (12,72), Shelby (12,88), Simon (14,74), Slater (14,62), Solomon (14,20), Spencer (14,53), Stephen (14,01), Stetson (12,90), Steven (13,31), Tanner (13,82), Tariq (13,16), Tennyson (15,63), Terence (14,36), Terry (12,16), Thaddeus (14,56), Theodore (14,61), Thomas (14,08), Timothy (13,58), Toby (13,24), Trace (14,09), Trevor (13,89), Tristan (13,95), Troy (13,52), Ulysses (14,25), Uriel (15,00), Valentino (12,25), Virgil (11,87), Vladimir (13,37), Walker (14,75), Whitney (15,58), Willem (15,38), William (14,17), Willie (12,12), Winston (15,07), Xavier (13,37), Yasser (14,25), Zachary (14,02), Zachory (11,92), Zane (13,93) y Zebulon (15,00).

192 NOMBRES DE NIÑA BLANCA MÁS POPULARES, 1960 Y 2000: los nombres de California en realidad comienzan en 1961, pero la diferencia año a año es insignificante.

193-194 SHIRLEY TEMPLE COMO SÍNTOMA: véase *A Matter of Taste: How Names, Fashions, and Culture Change*, de Stanley Lieberson (Yale University Press, New Heaven, Connecticut, 2000). Liberson, sociólogo de Harvard, es el maestro reconocido de (entre otros temas) el estudio académico de los nombres. Por ejemplo, *A Matter of Taste* detalla cómo, desde 1960, las familias de judíos americanos fueron las pioneras en la popularización de multitud de nombres de niña (Amy, Danielle, Erica, Jennifer, Jessica, Melissa, Rachel, Rebecca, Sarah, Stacy, Stephanie, Tracy) mientras sólo unos pocos (Ashley, Kelly y Kimberly) comenzaron en familias no judías. Se puede hallar otra buena discusión de los hábitos relativos a los nombres en «Where Have All The Lisas Gone?», de Peggy Orenstein (*New York Times Magazine*, 6 de julio de 2003); aunque sólo sea por diversión, véase *The Sweetest Sound* (2001), documental de Alan Berliner acerca de los nombres.

194 NOMBRES DE NIÑO QUE SE CONVIERTEN EN NOMBRES DE NIÑA (PERO NO VICEVERSA): esta observación se extrae del

trabajo de Cleveland Kent Evans, psicólogo y especialista en onomástica en la Universidad de Bellevue, Nebraska. En el momento en que escribimos este libro, hay una muestra del trabajo de Evan disponible en *academia.bellevue.edu/~CKEvans/cevans.html.* Véase también *Inusual & Most Popular Baby Names*, de Cleveland Kent Evans (Publications International/Signet, Lincolnwood, Illinois, 1994), y *The Ultimate Baby Name Book*, de Cleveland Kent Evans (Publications Internacional/Plume, Lincolnwood, Illinois, 1997).

EPÍLOGO. DOS CAMINOS A HARVARD

197-198 EL CHICO BLANCO QUE CRECIÓ A LAS AFUERAS DE CHICAGO: este pasaje, además del anterior acerca del mismo chico que aparece en las páginas 151-152, procede de entrevistas del autor y de *Truth Versus Lies*, de Ted Kaczynski, manuscrito inédito, 1998. Véase también «I Don't Want to Live Long, I Would Rather Get the Death Penalty than Spend the Rest of My Life in Prison», de Stephen J. Dubner (*Time*, 18 de octubre de 1999).

197-198 EL CHICO NEGRO DE DAYTONA BEACH: este pasaje, además del anterior acerca del mismo chico que aparece en la página 152, procede de entrevistas del autor con Roland G. Fryer Jr.

AGRADECIMIENTOS

Conjuntamente, nos gustaría dar las gracias a dos personas que contribuyeron a la creación de este libro: Claire Wachtel, de William Morrow, y Suzanne Gluck, de la agencia William Morris. Éste es el tercer libro que Stephen Dubner ha escrito bajo sus auspicios; sigue estando agradecido y, en alguna ocasión, pasmado. Éste es el primer libro como tal de Steven Levitt, y, como era de esperar, ha quedado impresionado. Queremos dar las gracias a los colegas por su talento y apoyo desde ambas entidades: Jane Friedman, Michael Morrison, Lisa Gallagher, Debbie Stier, Dee Dee De Bartlo, George Bick, Brian McSharry, Jennifer Pooley, Kevin Callahan, Trent Duffy y muchos otros de William Morrow; Tracy Fisher, Raffaella DeAngelis, Kares Gerwin, Erin Malone, Georgia Cool, Candace Finn yAndy McNicol, y muchos otros de la agencia William Morris. También desearíamos expresar nuestra gratitud a los diferentes sujetos de este libro (especialmente a Stetson Kennedy, Paul Feldman, Sudhir Venkatesh, Arne Duncan y Roland Fryer) por su tiempo y preocupación. Gracias también a los amigos y colegas que nos ayudaron a mejorar el manuscrito, incluidos Melanie Thernstrom, Lisa Chase y Colin Camerer. Y a Linda Jines, a quien se le ocurrió el título: buen trabajo.

AGRADECIMIENTOS PERSONALES

Tengo una enorme deuda contraída con mis múltiples coautores y colegas, cuyas ideas llenan este libro, y con toda la gente amable que se ha molestado en enseñarme lo que sé de la economía y de la vida. Me siento especialmente agradecido a la Universidad de Chicago, cuyo Becker Center on Price Theory me proporciona el ambiente de investigación ideal; y también a la American Bar Foundation, por su camaradería y apoyo. Mi esposa, Jeannette, y nuestros hijos, Amanda, Olivia, Nicholas y Sophie, convierten cada día en un placer, a pesar de que añoramos muchísimo a Andrew. Gracias a mis padres, que me mostraron que ser diferente no era malo. Y sobre todo, quiero dar las gracias a mi buen amigo y coautor Stephen Dubner, un escritor brillante y un genio creativo.

S. D. L

Aún me queda por escribir un libro que no germine, o al menos no surja, de las páginas del *New York Times Magazine*. Éste no es una excepción. Por ello, doy las gracias a Hugo Lindgren, Adam Moss y Gerry Marzorati; también gracias a Vera Titunik y Paul Tough por invitar al Hombre de las Rosquillas a las páginas de *Magazine*. Estoy enormemente agradecido a Steven Levitt, inteligente, sabio y tan amable como para hacerme soñar —bueno, casi— que yo mismo me he convertido en economista. Ahora sé por qué media profesión desea tener un despacho adjunto al de Levitt. Y finalmente, como siempre, gracias a Ellen, Solomon y Anya, os quiero.

S. J. D.

ÍNDICE TEMÁTICO

ÍNDICE

OTROS TÍTULOS DE ESTA COLECCIÓN

PREGÚNTALE A PLATÓN

Lou Marinoff

Tarde o temprano la vida nos plantea preguntas fundamentales: ¿es necesario el sufrimiento?, ¿nos guía la razón o la pasión?, entre otras muchas. Este libro propone las claves para utilizar las grandes ideas de los principales pensadores, desde la Antigüedad hasta nuestros días, y muestra de qué modo la filosofía puede cambiar nuestra vida, transformando el malestar en bienestar.

Tras la calurosa acogida en todo el mundo de *Más Platón y menos Prozac*, Lou Marinoff pretende con esta obra facilitar al lector la toma de decisiones en la vida, consciente de que los seres humanos nos preguntamos sobre el pasado, el presente y el futuro, y necesitamos otorgar sentido tanto a lo que nos sucede como a los que no nos sucede.

EL MITO DE LA IZQUIERDA

GUSTAVO BUENO

En los comienzos del siglo XXI, ¿es posible defender la vigencia de la oposición entre derechas e izquierdas? ¿Hay una sola izquierda o varias? En opinión del filósofo Gustavo Bueno, las definiciones de lo que significa la izquierda y la derecha parecen haberse desdibujado, por lo que considera llegado el momento de abordar ambos conceptos y de analizar su origen. Así lo pone de manifiesto en la tesis mantenida en *El mito de la izquierda*, al tiempo que presenta varias novedades principales a la hora de abordar y sistematizar la cuestión de la diversidad de las izquierdas y su clasificación.

Así, Gustavo Bueno profundiza sobre esta espinosa cuestión, y lo hace con el fin de construir una teoría filosófica de la izquierda que sea capaz de situar las diferentes teorías y movimientos existentes y que, al mismo tiempo, no se despegue de la realidad histórica ni pierda de vista el futuro.